贺培育 主　编

李　斌 执行主编

湘　学

研究报告

（2019）

社会科学文献出版社

SOCIAL SCIENCES ACADEMIC PRESS (CHINA)

前　言

  撰写《湘学研究报告》是湖南省湘学研究院成立以来的一项重要工作。每年年初，湘学研究院组织省内湘学研究相关科研人员编撰"湘学研究年度报告"，目的是使广大湘学研究工作者把握湘学研究的最新动态，便于搜集、检索、了解湘学研究的最新成果，并在此基础上开拓湘学研究新领域。

  早期从事湘学研究的学者将湘学视为"湘境之学"或"湘人之学"，认为湘学导源于理学而未局限于理学，在千年的发展嬗变中，由偏重心性之学逐步向经世之学推进，其阶段性、地域性极为明显。以历史上湖湘境内形成的学术形态、湖湘学派、湖湘学术思想为研究对象，凝练成具有鲜明地域特色的"湘学"概念。

  "辨章学术，考镜源流"，作为历代学者推崇的学术研究的方法和路径，也适用于湘学研究。当今学者为了拓宽湘学研究的视野，提出了湘学的近代转型、湘学的当代价值等问题，这无疑提升了湘学研究的境界，有利于构建新时代湘学研究的平台。基于此，《湘学研究报告》所归纳、综合、阐述的有关湘学研究成果，不再局限于地方学术思想意义上的湘学，而是将湖湘哲学、政治、经济、文学艺术以及宗教、民俗等研究成果都纳入其中。诚然，全面深刻地认识湘学，离不开孕育湘学的知识基础与历史文化背景。

  与往年相比，我们希望《湘学研究报告（2019）》能够发现一批让人眼前一亮的有思想深度、有学术价值的湘学研究成果。从报告内容看，当前湘学研究已经进入一个新的阶段，湘学研究不再局限于湘境之内，而是与蜀学、关学、洛学、闽学、浙学等地域学术进行比较研究，形成"百花齐放、百家争鸣"的地域学术研究局面。近年来，每年有许多珍贵的湘学文献资料被挖掘整理刊发出来，这是研究湘学的基础。陈寅恪先生说："一时代之学术，必有其新材料与新问题。取用此材料，以研求问题，则为此时代学术之新潮流。"可用此观点指导我们的湘学研究。通过对湘学文献资料的整理与研究，我们发现湘学研究并不寂寞，我们的先辈，不仅是湘人，还包括众多流寓湖湘的外省人，无不抱着极大的热情研究湘学。钱基博先生是其中杰出的代表，他在《近百年湖南学风》中说："张皇湖南，而不为湖南，为天下；诵说先贤，而不为先贤，为今人。"钱基博先生在湖南蓝田国立师范学院的讲演中说，"依据湘学先辈之治学方法，以说明本院之一年级国文教学"，赞叹"近百年来，中国文学，不出三派，而溯其宗之所出，皆在湖南"，最后"希望诸位努力提高自己国文程度，来领导全国学生，像你们上辈一样，这是我对湘学先辈的一番敬意"。曹典球在《我所知道的湘学及其未来》一文中说："至于学术之为事，本是为人群服务而造幸福的，不是炫异矜奇、欺骗愚民而造罪恶的，是以必要有芳菲纯洁、光明磊落、特立独行的性格的人，而后可以讲学术，创立学术。屈原曰：'春兰兮秋菊，长无绝兮终古'，愿以此为湘学前途存一个永远的希望。"

作为湖南地域学术思想、地域文化集合体的湘学，其敢为天下先的创新精神、忧国忧民的爱国精神、经世致用的务实精神，是勤劳智慧的湖南人民在长期的社会实践和不懈奋斗中培育出的精神文明，是中华文化多样性结构中一个独具特色的组成部分。湘学精神品格与社会主义核心价值体系的基本内容相契合。湘学植根于湖湘地域数千年传承演进所形成的悠久文明，是当代湖南走向未来所不可忽视的文化基础，重整湘学刻不容缓。对湘学进行深入研究，有助于整合优秀传统文化资源为地方社会经济发展服务，以实现中华优秀传统文化的创造性转化和创新性发展，这既是湘学研究本身的时代使命，也是我们编撰《湘学研究报告》的终极意义所在。

目录

第一章 湘学内涵：发掘与源流探微

近年来关于湘学的研究方兴未艾，而对湘学内涵与源流的研究每年都有相当的成果，众多学者在研究湘学成果的基础上，归纳、总结湘学的概念、内涵与源流。与前几年湘学研究成果相比较，学术界似乎不再纠结争论"湘学是什么"的概念问题，而是更多地以包容的心态发表研究湘学的观点。就 2018 年湘学研究成果的内容与特点而言，在湘学的学术思想、湘学的传承与创新、湘学在近代的转型、书院与湘学的发展、湘学与区域文化的交流等方面取得了系列创新的研究成果，突出了湘学丰富的思想内涵、鲜明的学术特色、清晰的发展脉络以及成就和影响巨大的学术传统。在"湘学该研究什么""湘学的学术定位""湘学的内涵与源流""湘学的传承与发展""湘学的转型"等问题上逐渐达成共识，并取得突破性的成果。

一 湘学概述：学术分类与流派

作为湖南地方学术意义上的湘学，其既具有本土的特殊性问题，又具有地域学术研究中的一些普遍性问题，需要站在中华学术或者中华传统文化这样的高度来考察。首先需要对地域学术进行界定。一般有两种不同的说法。一种是当代学者提出的将某地域作为研究对象而建立起来的一种学术，譬如"徽学"将徽州的历史文化作为学术研究对象，"敦煌学"将敦煌的历史文献、文物作为研究对象。另一种是以历史上形成的地域化的学术形态、地域学派、地域学术思想为研究对象，这些地域学术的名称在历史上已经形成，譬如"浙学""关学""湘学""蜀学"等，它们是历史上已经形成的地域学术名称。今天的地域学术研究者在使用作为地域学术名称的"浙学""关学""湘学""蜀学"时，往往将其看作某一个地域全部历史学术文化的统称，譬如将"浙学"看作浙江地区在上古、中古、近古、近代学术的总和，将"蜀学"看作四川地区在上古、中古、近古、近代学术的总和。其实，"浙学""关学""湘学""蜀学"这些概念形成之初，并没有被当作某一地域学术从古至今的总称。譬如，宋代形成的"浙学""关学""湖湘学""蜀学"等地域学术，都是指具体的宋代学派和人物。往往是后来的学者将这些地域学派往前追溯，往后延伸，从而出现了标志某一地域学术史的"浙学""湘学""蜀学"，如将湘学往前追溯到鬻熊、屈原，往后延伸到晚清、民国学术，就出现了广义的湘学概念。地域学术是中国学术史上一个很有价值的概念。中国地大物博，地方学术形成得很早。春秋战国时期，诸子百家就有很强的地域性。譬如，儒家形成于齐鲁，道家形成于楚地，法家形成于秦晋。汉代独尊儒术之后，地域学术基本上以儒学为主体，即儒学的地域化。齐鲁是儒学的重镇，所以汉代的地域学术主要有齐学、鲁学之分。但两汉经学的兴起是由于汉武帝采用"罢黜百家，独尊儒术"的政策，汉代通过设五经博士而研究、传播经学，虽然有师法、家法的经学门派，但不是严格的地域学术。儒家地域性学术地位的真正奠定，是在宋代以后。汉代经学是通过太学设五经博士研究学术和培养人才，所以汉代经学的发达是自上而下的。而宋代儒学的兴起不一样，宋代的学术、文化下移，儒家士大夫往往是在民间从事儒学研究、人才培养，通过一种自下而上的途径推动宋学兴起。北宋庆历年间是宋学兴起的开端，全祖望在《宋元学案》中说"庆历之际，学统四起"。北宋庆历时期地域性学统四起，在齐鲁、蜀中、关中、洛阳、湖南、浙江、福建等地，先后形成了不同的地域性学派。我们今天讨论的蜀学、关学、洛学、湖湘学、闽学、浙学，基本上是两宋时期的地域学派，大多数在当时就已经明确以地域来命名该学派了。[①]

（一）濂溪学

"濂溪学"系北宋周敦颐创立的理学，也称"濂学"。周敦颐原居道州营道（今湖南道县）濂溪，世称"濂溪先生"，先生喜谈名理，精于易学，晚年在庐山莲花峰下建濂溪书堂讲学，从学者众，著名理学家程颢、程颐亦游于门下，因而形成"濂溪学派"。濂溪学既是湖湘学的源头，也是道南

---

① 舒大刚、吴光、刘学智、张新民、朱汉民：《百花齐放　百家争鸣——地域学术论辩大会纪实》，《地域儒学研究》2018 年第 2 期。

学派的原始起点。以无极概念为核心的濂溪学，是中国古典哲学的重要内容。理学是儒家学说在中古时期的应有形态。理学因应时代的变化，突破历史的困境，自我更新，使儒家学说得以复兴。中国中古时期这一次儒家思想的复兴，较之欧洲的文艺复兴运动，提早了四百年。在中国中古史上，理学思想无疑处于思想文化的主导地位，并且向周边国家辐射，在东亚形成了儒家文化圈，从而为近古时期思想文化的发展奠定了基础，也为整个东亚思想文化的充分发展做好了准备。假如没有这次思想复兴，而使中国社会直接面对元、清的冲击与西方工业革命后的海外扩张，结局不堪设想。①

周敦颐的思想学说直接影响到程颢、程颐、张载，再通过二程（程颢、程颐）的弟子杨时，影响到罗从彦、李侗和朱熹，朱熹为周敦颐的五传弟子。又通过二程的另一位弟子谢良佐，影响到胡安国、胡宏、张栻。张栻与朱熹在湖南长沙的岳麓书院相见，经过"朱张会讲"，播下湖湘学派的种子。清代学者王闿运撰写的楹联"吾道南来，原是濂溪一脉；大江东去，无非湘水余波"，是对濂溪学、湖湘学派的最简明概括，至今仍然悬挂在岳麓书院。"濂溪一脉"表示濂学的创兴，"吾道南来"表示洛学的南传，"大江东去"则表示闽学的开展、阳明心学的兴起及在东亚各国的传布。在湖南产生的周敦颐的理学思想，经过濂—洛—关—闽四个阶段的发展，从中国传播到韩国、越南、日本，成为中国乃至东亚将近一千年社会文明发展的主导思想。②

周敦颐作为理学开山祖，继孔孟之后的儒学大家，他是真正把先前的政治儒学转向人性儒学的第一人。他把人道与天道统一，认为人作为自然界中的一员，与天道一样有最高境界，太极与人极相应，即"立人极"。周敦颐文中的君子是对圣贤之人的统称，特别是在君子与小人的对举中。但根据人格修养的高下又不能简单地分为"君子"与"小人"。周敦颐的圣贤道德修养具有不同的人格境界，具有程度不同的层次，即使同为君子但仍有圣、贤之别，"圣希天、贤希圣、士希贤"，处于不同层次的人都有自己的奋斗目标。他注意到了人的个性差别、品德修行的精深之别，"大而化之

---

① 张京华：《濂溪理学的哲学意蕴》，《湖南社会科学》2018 年第 1 期。
② 张京华：《濂溪理学的哲学意蕴》，《湖南社会科学》2018 年第 1 期。

谓之圣，才德出众谓之贤，讲学修立谓之士"。曹端注："士，学者之称也，学者见贤而思齐也。"士人应讲学修立，需"见贤思齐"，不能仅有修学之才，还需要进行品德的修养，努力达到更高的奋斗目标，成为才德出众的贤人。"才德出众之贤人，不敢自以为胜，而望同于圣人，则又法圣人而行焉。"具有了贤人的品德，还需进而学圣，希冀达到更高的奋斗目标。虽然圣贤是一个很高的目标，但"希贤、希圣"，不断去努力实现人生奋斗目标，终可达到"立人极"的最高境界。这是周敦颐哲学思想中较先儒学具有进步的观点，他对不同的人提出不同的奋斗目标，反映出一种孜孜不倦、奋发向上的精神，这种精神与《周易》中的"天行健，君子以自强不息"一脉相承。①

（二）船山学

明末清初思想家王船山处在从南宋湖湘学到清末近代湘学的两个高峰之间。从思想发展层面而言，王船山起着承前启后的重要作用。"船山学"概念，最早在1982年船山学术研讨会上由方克立教授提出。他提出了要建立"船山学"这门学科，认为"船山学是一门以我国十七世纪著名唯物主义思想家王夫之生平活动和学术思想为研究对象的新学问"，"船山哲学代表了中国哲学的最高成就"，"船山学不仅是中国人民的历史遗产，而且是全人类共同的思想财富"。王兴国先生是这一观点的坚定支持者、推广者、实践者，并以他杰出的工作，使船山学初步形成，并逐渐成为一门国内外学者十分重视的热门学科。在这一实践过程中，他对船山学概念的内涵和外延提出了独特而又全面的见解，船山学的发展已大大超出此前定义的范围。除了船山的生平和学术思想外，一切与船山有关的理论与实践问题的研究均被列入船山学的视野：（1）船山的生平、行踪、事迹、历史遗迹、文物保护；（2）船山的家庭、亲属和师友以及他们对船山的影响；（3）船山著作的写作和刊刻、出版情况，船山著作佚文的收集和整理；（4）船山各方面学术思想的专题和综合性研究，船山生平和学术思想研究中有争议的问题；（5）船山思想渊源、影响及其在世界思想史、中国思想史和湖湘文化史上的历史地位；（6）船山研究的方法论探讨和研究；（7）船山思想

---

① 张官妹：《濂溪学"君子"内涵及现实意义》，《湖南科技学院学报》2018年第7期。

的现实意义，除了船山思想的现实意义研究之外，还应包括船山历史遗迹、文物及船山学、船山学社品牌的开发利用；（8）船山学发展的历史阶段及各阶段历史特点，不同历史阶段中一些对船山学有贡献的代表人物及有代表性的著作的研究；（9）从思贤讲舍到船山学社等国内外有关船山的教育和学术机构的研究；（10）从民国时期的《船山学报》到当代的《船山学刊》，包括《衡阳师范学院学报》的船山研究专栏的研究；（11）港台及国外船山学的情况及其特点；（12）船山思想和著作的普及推广；（13）船山学的未来发展和展望。这一观点的提出既是对以往船山学研究的总结，又大大丰富和拓展了船山学概念的内涵和外延，无疑对船山学的学科建设和船山学研究的实践起到了极大的推动作用。船山学的概念虽然在1982年才提出，但对船山思想和著作的研究是比较早的。由于船山长期隐居山林，生活贫困，其著作完成后均赠送友人，加之船山反清的政治立场，在较长一段时间内未能公开于市，遂刊印不多，传播不广，影响不大。直到近代之后，这一百多年，船山之学才逐步成为"显学"。①

（三）近代湘学

从晚清至民国，湖南从军政界到学术界涌现出大批杰出人才，湖南人的文化自豪感也因此兴起，旗帜鲜明地提出了"湘学"的概念，并发表了大量关于湘学的文章。湖南科技学院国学院秦仪通过搜集民国报刊资料，整理数篇近代名人撰写的湘学文章，并刊登在《湖南科技学院学报》上。

钱基博著《依据湘学先辈之治学方法以说明本院之一年级国文教学——新生学习指导讲话》，该文原刊于湖南蓝田国立师范学院校刊《国师季刊》（第9期，1941年）。该文最初为钱基博先生在蓝田国师一次讲演的讲稿，后收入《国师季刊》。在这篇文章中，钱基博从湖南"雄深雅健"的自然风物讲到湖南文学自成一派的独特风格，追溯了湖南灿烂的文化和悠久的历史，援引了屈原、柳宗元的作品以为阐发；继而从湘中文学陡然转笔至湘人文学，并认为湘中乃近百年中国文学之滥觞，近百年中国文学三派都源自湖南，这三派包括汤魏经世之学、曾国藩湘乡一派以及王闿运湘

---

① 王全志：《王兴国与船山学的不解之缘》，《湖南科技学院学报》2018年第12期。

潭一派，而后即历数了三派先辈治文学之道。由于该文原是对学生的讲话，因此后面很大一部分是以先辈激励后生，授以习文之法，借此呼吁学生依据湘学先辈之治学方法，重视国文，提高国文水平，也是对湘学先辈的一番敬意。①

章士钊著《湘学概略》，原文刊于《南强月刊》创刊号。文章认为湘学以王船山为旗帜和标杆，综述湘学为两大类，以政事、讲学二派别之。又略述湘学名家数位，并阐述了湖南人的群体个性特征对整个湘人学术成就的影响。船山之言义理，宗宋五子，躬行实践。政事一派，船山以《读通鉴论》及《宋论》导源于先。贺熙龄、贺长龄、魏源、左宗棠等学问一脉相承，可统称为经世派。曾国藩治军，以治学精神贯彻，取得巨大成就。光绪年间江标在湖南刊发《湘学报》，流传甚广、影响深远。湘学之精要，可以"负重不辞，成功不居"概括。②

曹典球著《我所知道的湘学及其未来》，发表于《中央日报》（长沙）1946年双十节特刊上。曹典球认为湘学当自宋代开始，理学应在湘学中占有重要地位，清末以来治理学者剧减可视作湘学之一大变革。然事皆有因，此地方学术之变迁与湖南这一地一人密切相关。理学既衰，湘人有志于学者无不期致用于时，故有此一变。他并未过多云及其对湘学将来命运发展的预测，仅怀一美好期冀而已。"至于学术之为事，本是为人群服务而造幸福的，不是炫异矜奇、欺骗愚民而造罪恶的，是以必要有芳菲纯洁、光明磊落、特立独行的性格的人，而后可以讲学术，创立学术。屈原曰：'春兰兮秋菊，长无绝兮终古'，愿以此为湘学前途存一个永远的希望。"③

秦薰陶撰《湘学述要》，原文刊于《行健月刊》（第5卷第12期，1943年）、《湖南教育》（第45、46期，1943年）、《湖南教育通讯》（第5、6期合刊，1946年4月）、《大同半月刊》（长沙）（第3期，1946年）、《自强月刊》（第1卷第6、7期，1947年）。《湘学述要》一文首先简述了湘学在清代以前的历史渊源，将其分为辞章、性理、科学三派；其次梳理了明清以来湘学的发展状况，将其分为革命学派、性理及考古学派、经世学派、

---

① 钱基博著，秦仪整理《依据湘学先辈之治学方法以说明本院之一年级国文教学——新生学习指导讲话》，《湖南科技学院学报》2018年第8期。
② 章士钊著，秦仪整理《湘学概略》，《湖南科技学院学报》2018年第7期。
③ 曹典球著，秦仪整理《我所知道的湘学及其将来》，《湖南科技学院学报》2018年第7期。

经学派、辞章派、诸子学派、史学派七类；最后探讨了湘学的优点及其没落原因，指出了湘学未来的发展道路问题。①

虽然众多湘人对湘学抱有极大的兴趣和感情，但也有学者认为湘学并不足以成为一个学派，并提出自己的见解。王病除著《论"湘学"》，原文刊载于《社会评论》（长沙）（第 51 期，1947 年）。文章就"湘学"含义及其能否成为学派进行概略的分析讨论。首先提出学派根据不同的标准有不同的类型，且云学派者要"习有师承，各有家法"。其次谈到湖湘学人的学术贡献，自理学开山周子溯源而下，历数各朝湖南学术大家之卓越成就，并就其中大方之家的治学特点进行略举以阐发深意，认为近代以来湘中学术虽盛、通儒众多，但经学杂沓，又多拾人牙慧，多无系统师传，与周子自启涂轨、开创学派不可同日而语，不足为学派之称。"近代以来，吾湘学人，常有'湘学'之称，此名词虽不普及全国学术界，然在湘人，已有共同概念。究竟'湘学'含义如何？能否成为学派？"在他看来，湖南的学术及湘人在学术界的伟大创获，恐怕只有理学的开山祖周子濂溪，其著《太极图说》《通书》，引道教的思想入道学，而予以新解释、新意义。汉学家所谓"常州今文学派"及"吴派"、"皖派"经学家，都是秉承师说，尊其所闻，流风所被，成为学派。"像《汉书·儒林传》所说田何传《易》，伏生传《书》，浮邱、伯辕、固生、韩婴、毛亨、毛苌传《诗》，都是有系统的传授，并不是凑合一个地方说东说西的人，冠以地域，便成一个学派的。根据这个论断，湘学之不能构成学派，已昭然若揭了。"②

总体来看，晚清时期，湖南地区的汉学研究受湘地学术传统和时局环境的共同影响，呈现较为明显的经世取向，表现在具体的研究中就是强调学术研究的社会价值与功用，注重学术研究在解决现实问题中的实际作用。这一研究取向在为湘人注入更为深厚的学理素养的同时，也进一步强化了湘学关怀现实、注重实用的为学倾向，使得关怀现实、经世致用成为这一时期湖湘汉学区别于其他地域学术的鲜明特征，并对近代湖南人才群体的兴盛产生了积极影响。③

---

① 秦薰陶著，秦仪整理《湘学述要》，《湖南科技学院学报》2018 年第 7 期。
② 王病除著，秦仪整理《论"湘学"》，《湖南科技学院学报》2018 年第 8 期。
③ 马延炜：《晚清湖湘汉学的经世品格》，《湖湘论坛》2018 年第 4 期。

二 湘学源流：考证与梳理

湘学的发展经历了从古代到近代的转型，体现了地方学术文化历久弥新的生命力。随着学界对地方文化研究的重视，个性特征鲜明且学术传承脉络清晰的湘学吸引了众多学者的关注和研究。湘学源远流长，是因有不同历史时期学人对湘学的继承与发展，湘学才得以薪火相传。湘学发展至近代，有一个明显的转型过程，从而形成独具特色的近代湘学。

（一）湘学肇于鬻熊，成于三闾

一个地方的学术之产生，不是偶然的，其与地理环境、历史发展和人民性格都有关系。春秋楚地不到湖南，在中国文化史上，湖南自然是文化开发较晚的地方，然而因文化开发较晚，此地的民族却成为后起之秀，比较少沾染些黄河流域殷周虚伪的风气，也少学些长江流域奢靡的习惯。屈原并不是湖南人，因放逐到湖南，看到洞庭南岳沅湘间的山川风景，才发现了湖南人的性格是芳菲纯洁的、光明磊落的、特立独行的。所作的《九歌》，都是在沅湘间所作，其中有不少的词句是赞美湖南人。尤其是《国殇》《礼魂》两歌，描写湖南人的精神，真可动天地而泣鬼神。《礼魂》篇云"春兰兮秋菊，长无绝兮终古"，确是一个结论。①

中国最浓郁、最古老的一种革命韵文，要算《楚辞》。《楚辞》是战国时期，楚大夫屈原不得志于怀王，自伤忠不见信，既已放逐到湘，行吟泽畔，听了湘江岸头先民许多娱神祭鬼的歌，含英咀华，就用他的调子，写成《楚辞》之《离骚》《九歌》《九章》等作。长短句错落以赴繁弦促节，在古代韵文要算是一种革命。因为中国古而又古的第一种韵文，是《诗》三百篇，句多四言，现在屈原变以长短句，解除了句格的束缚，化典重为激扬。同一香草美人，寄意比兴，《国风》婉转以附物，《楚辞》卓出而高骧，遂以开汉代之词赋。然而屈原不是被放逐到湘，不是于湘江岸头鸟兽草木、神话传说逐一细意体会，不能写出《离骚》《九歌》《九章》等这一

---

① 曹典球著，秦仪整理《我所知道的湘学及其将来》，《湖南科技学院学报》2018 年第 7 期。

种革命韵文。①

（二）吾道南来，原是濂溪一脉

自汉以后，训诂学、辞章学支配着全国学术界，唯宋儒孙复起而向训诂学革命，石介起而向辞章学革命，于是有所谓"理学"，融会释道两家之说，为儒家创一新世界。湖南道州营道人周敦颐，字茂叔，世称"濂溪先生"，著《通书》，首创《太极图说》，表明中国古来宇宙万物发生之说——前半为纯正哲学，后半示实践哲学之渊源。程颐、程颢均是其受业弟子，其后二程所传之洛学，横渠所传之关学，晦庵所传之闽学，无不唯濂溪是宗。由此看来，宋儒的理学与湘人有不解之缘，因而说湘学始于濂溪，无人可加以否认。湘学自宋以后，几大体不离乎理学，尤以朱张相晤，继续讲学于岳麓，为不可磨灭的历史。②

由理学开山祖周敦颐开创的濂溪学，不仅影响着中国的思想，而且在传播到东亚周边国家后，深刻影响着 13～19 世纪朝鲜半岛的哲学与文化。濂溪学在朝鲜半岛的传播，首要是《太极图》并"说"的传播，其最重要的意义，一是对朝鲜人的治学方法产生了重要影响，二是对朝鲜半岛的哲学产生了一定影响。朝鲜知识界全面接受了周敦颐以无极为宇宙本源的宇宙生成论、宇宙本体论思想，并在此基础上做出符合朝鲜人思维习惯、适合朝鲜人理解的注解，实质内容并没有超越周敦颐的思想，这对朝鲜人解释、构建世界的根本秩序以及朝鲜性理学的发展具有重要作用。在朝鲜历史上，濂溪学虽然没有形成独立的学派，走上独立的发展道路，但以一种贯穿理学发展的源头性智慧，被朝鲜人有选择地接纳，滋养并启发了朝鲜固有的思想，这是值得重视的东亚文化景象。光风霁月的周敦颐思想堪称千年键钥，深刻影响着宋代以后的中国思想与文化，由周敦颐开创的濂溪学提出的一些特有概念，如"几""诚""太极""无极""万物化生"等，均已成为宋明理学中的核心话语，在宋明理学泽被整个东亚后，这些观念也随之被接受。在当今中国在国际上树立自己的话语系统、发出中国声音、

---

① 钱基博著，秦仪整理《依据湘学先辈之治学方法以说明本院之一年级国文教学——新生学习指导讲话》，《湖南科技学院学报》2018 年第 8 期。

② 曹典球著，秦仪整理《我所知道的湘学及其将来》，《湖南科技学院学报》2018 年第 7 期。

讲好中国故事的情势下，这些核心话语值得被反复申论，推动建构中国话语体系，并成为全世界哲学的标志性话语之一，助益富强中国的文化形象建设。①

（三）湖湘学派，薪火相传

北宋湖南道州人周敦颐，奠定宋明理学基础，其理论亦成为湘学的思想渊源。南宋理学家胡安国及其子胡宏，于建炎年间来到湘潭创立碧泉书院，并在衡山山麓办文定书院，吸引了众多湖南士子来求学，如胡寅、胡宪、谭知礼等人。他们在湖南讲学著述，弟子千人，创立并发展了湖湘学派。后来朱熹和张栻在长沙岳麓书院、城南书院主持讲学，历经"朱张会讲"、朱子岳麓中兴，湖湘学派更加成熟，湘学盛极一时。湖湘学派至元明走入沉寂，但明末清初，衡州王船山继起，至清末邓显鹤、曾国藩等中兴，对湘学及中国传统文化影响深远。

南宋湖湘学派在形成、发展过程中有一个重要特点，即将书院作为自己的学术和教育基地。这个书院群的核心是岳麓书院。张栻主持的岳麓书院发生了历史性的变化：由传习章句之学转变为传习理学，由仅具有教学功能转变为具有教学和学术研究双重功能，由官学代替者转变为真正独立于官学之外而闻名全国的学术基地。湖湘学派的发展与张栻主教岳麓书院是同一史实的两面，它们是密切联系在一起的。理学学派的形成和发展依赖两个条件：第一，形成自成体系、独具特色的学术思想；第二，形成政治倾向、学术主张一致的学者群体。张栻主教岳麓书院后，在这两个方面取得了很大的成果，从而推动了湖湘学派的发展，并且奠定了湖湘学统。首先，张栻于岳麓书院研究学术，使湖湘学派的学术思想进一步开拓和系统化。其次，张栻主教岳麓书院后，在此形成了一个学术思想相近而规模更大的学者群体。湖湘学派不是由一两个知名学者支撑起来的，而是由一批有名望、有成就的学者组合起来的学者群体。②

湖湘学派何以能成为一种地域学术流派，需要对其学术思想的特征进行研究。地域学术的独特内涵、核心价值以及与全国学术的关系，是我们

---

① 王晚霞：《濂溪学在朝鲜半岛的传播与影响》，《河南师范大学学报》2018年第1期。
② 朱汉民：《湘学学统与岳麓书院》，《地域儒学研究》2018年第1期。

研究地域学术面临的一个非常重要且最难处理的问题，因为这涉及地域学术思想的普遍性和特殊性。一般认为地域学术是中国传统学术或国学的地方化表现，地域学术一定要回应中国学术要解决的问题，但在回应普遍问题时应该形成自己的特点。"学统"包括学术传统和学术正统两个方面的含义，是研究地域学术的一个重要概念。学统不仅仅是指地方的学术传统，同时还强调其正统地位。地域性学者、学派的学术旨趣，会通过一代代学者的不断积淀，成为一种稳定性较强的区域性学风，通过师承、祠祭、印书以及书院学统等方式，积淀为一种影响久远的地域性学术旨趣。宋代湖湘学统形成之后，就通过书院、祠堂、典籍等不断延续。譬如到了明清时期，湖南地区的学术会受到阳明心学、明清实学、乾嘉汉学、今文经学等不同学派的影响，但湖南地区的学术传统一直得以保持，这就是地域性的学术旨趣。湘学的学术旨趣一直是强调义理之学和经济之学的结合，这种学风一直影响到民国初年。①

产生于南宋的湖湘学统，通过书院的延续办学，跨越时间和空间，对后世产生了较大的影响。其所以能如此，得益于南宋形成的湖湘学－书院的一体化结构，湖湘学统通过岳麓书院的延续办学而得以传承并产生久远的历史影响。原因在于：第一，岳麓书院作为湖湘学统的象征代代延续，使学统得以保存和发展，以后各代的岳麓师生在学术旨趣、教育宗旨等方面皆以湖湘学统为旨归；第二，历代山长推崇湖湘学统、继承湖湘学风，对岳麓书院肄业的湖湘士子产生影响；第三，岳麓书院对湖南其他书院产生很大影响，使湖湘学统在时间上、空间上皆绵延不绝。湖湘学是湖南形成最早的一个学派，它又和湖南的一些著名书院构成了一体化结构，所以对后世影响很大，以至于各地创建、修复书院时，都要把它们和湖湘学统联系起来。②

（四）船山学承前启后

明末清初思想家王船山处在从南宋湖湘学到清末近代湘学的两个高峰

---

① 舒大刚、吴光、刘学智、张新民、朱汉民：《百花齐放 百家争鸣——地域学术论辩大会纪实》，《地域儒学研究》2018 年第 2 期。
② 朱汉民：《湘学学统与岳麓书院》，《地域儒学研究》2018 年第 1 期。

之间。从思想发展层面而言，王船山起着承前启后的重要作用。2018 年度对船山学研究的一个鲜明特点就是有多篇文章综述了后人研究王船山的成果。其中王兴国先生是船山学形成及壮大的重要推动者，其对船山学之用心、用情皆体现在对船山学的研究中。王兴国先生对船山学之贡献可归纳为三个层面。其一，倾心寄情结缘船山。其二，不遗余力推介船山：多次亲躬筹备、参与纪念船山之学术研讨会；重建船山学社、恢复《船山学报》；校勘、整理《船山全书》；撰写船山学研究综述。其三，费心尽力研究船山：对船山认识论范畴的研究；会通道家、道教，批判吸收；注重王船山与中国近现代转型的研究。作为地道的湖南人，王兴国先生以传播、弘扬、发展、推广船山思想为己任，为船山思想熠熠发光贡献了自己的力量。

船山思想、著作的流传及研究与中国近代史是相伴而行的，在近代大体经历了三个阶段：著作流传刊布期、思想复活期、研究学术化期。船山著作得以流传和刊布首先要归功于曾氏兄弟，他们以金陵书局的名义刊刻《船山遗书》，其次得益于郭嵩焘创思贤讲舍和彭玉麟创建船山书院宣传、推崇船山。船山思想复活于甲午至五四时期，革命派和改良派都大力宣传船山，将其思想作为革命或改良的武器，并将船山与黄宗羲、顾炎武并列为明清三大家，大大提高船山在思想史上之地位。在此期间，杨毓麟、谭嗣同大力推崇船山之民族思想，刘人熙等人成立船山学社并出版《船山学报》，积极宣传船山思想，罗正钧之《船山师友记》、皮锡瑞之《经学历史》等对复活船山思想都起到了积极的推动作用。五四至新中国成立时期是船山思想学术化时期，这一时期的船山研究趋向客观化：其一是重刊《船山遗书》；其二是王孝鱼《船山学谱》、张西堂《王船山学谱》、张岱年《中国哲学大纲》等拓宽了船山研究之面相；其三是从政治、哲学、道德、历史等角度研究船山思想。而复活时期的船山思想更是对近代社会产生了极大的影响，主要表现为其民族思想推动了民族意识的觉醒，其经世实学思想对辛亥革命前后一代人如谭嗣同、禹之谟等人产生了影响，其辩证法思想影响了谭嗣同、杨昌济、毛泽东等人的思想。虽然船山在近现代受到极大的推崇，但王兴国先生认为近现代对船山的推崇，其目的各有不同：曾氏兄弟、彭玉麟、郭嵩焘等推崇的是理学家王船山；谭嗣同、章太炎、章士钊推崇的是船山之民族思想；现代是从哲学、史学和文学三方面推崇船山。而当代则是将船山视作启蒙思想家。基于此，王兴国先生认为研究船山应本着实事求是的原则，从更全面、更精准的视角把握船山之思想。①

贺麟是现代新儒家的早期代表，他不仅对船山哲学与历史思想进行阐发，给予高度评价，且对相关思想予以吸纳和转化，建立起"新心学"的思想体系，并对王夫之的历史思想进行深刻阐发，将其与黑格尔相提并论。值得注意的是，他的认识论、道德观、人生论、政治观等均有船山思想的鲜明印记，且其哲学精神与船山思想也有颇多相似之处。如均以合为特征，具有鲜明的辩证色彩，葆有积极正向的思维态度，强调社会参与，注重个人与社会的互动，等等，可见传统思想的催化作用与现代张力。②

王夫之的史学造诣很高。王夫之主张"理势合一"的历史观，倡导"史学经世"论，赓续《史记》和《资治通鉴》鉴往知来、以资政道的传统，表现出中国文化对于历史精神根深蒂固的信仰，其本人著作中的史学精神、史学观点亦卓尔不群。王夫之于丧乱之际、鼎革之时读史阅世，反思游谈玄虚之风的误国误民，批判玩物丧志和浮光掠影的读史态度，主张以史资世、总结治乱兴亡的教训，从而赋予历史以厚重承载。王夫之有两部史论著作传世，即《读通鉴论》和《宋论》，这曾是无数读书人的必读书。尤其是《读通鉴论》品评史事，考镜辨章，字里行间寄托对家国和民族的情感，对国史和现实的思考。王夫之穿梭往返于历史和现实寻找答案，采用归纳、比较、平议等方法，得出事随势迁、天人合一、理势相成等历史规律，将中国史学中仰观俯察、通古览今的精神发挥到极致，同时将自己思想中的唯物主义因素应用于史学分析，得出关于历史、社会和人性的规律性结论。③

《王夫之评传》被誉为"用马克思主义解读王船山的集大成者"，其特点如下：首先，萧萐父先生集成了自己在船山哲学的本体论、辩证法、认识论和历史哲学诸领域的成果，并且从深度和广度两个方面取得了更多的成就；其次，汇聚了马克思主义船山学研究成果，如全面继承了侯外庐先

---

① 陈力祥、颜小梅：《王兴国先生对船山学研究之贡献》，《衡阳师范学院学报》2018 年第 5 期。

② 吴戬：《贺麟思想建构中的船山学渊源》，《衡阳师范学院学报》2018 年第 2 期。

③ 胡森森：《船山哲学的近世精神——晚明的文化守夜人王夫之（下）》，《学习时报》2018 年 7 月 23 日，第 7 版。

生的船山学研究成果，对冯友兰、嵇文甫的船山学研究成果有所吸收，在自己以前少有涉及的领域广泛吸收了新时期以来的船山学研究成果等，还吸收了新儒家的船山学研究成果；再次，在继承和吸收他人成果的基础上，对船山哲学的唯物论特性与启蒙思想的阐发等有了更精深的阐释；最后，萧萐父先生在船山学研究方面取得的巨大成就得益于他的研究方法，即注重研究的生发点，重视史料鉴别，学贵涵化融通。①

随着清王朝深度汉化，"夷夏之别"的观念逐渐淡化，昔日的"夷"逐渐成为华夏文化的代表，对抗海上之"夷"则成为晚清以后中华民族的共同使命。随着湖南人曾国藩、曾国荃兄弟重刻《船山遗书》，以王夫之为代表的湖湘学派思想发扬光大，在近代历史变局中重现活力，成为国人救亡图存运动的精神导引，对仁人志士启蒙民智、唤醒民众产生了深刻影响。谭嗣同就由其"道不离器"的思想，得出了"器既变，道安得独不变"的结论，为维新变法找到依据。章太炎则评介"船山学术为民族光复之源，近代倡义诸公，皆闻风而起者，水源木本，端在于斯"。杨度在《湖南少年歌》中更是喊出了"中国如今是希腊，湖南当作斯巴达。中国将为德意志，湖南当为普鲁士。……若道中华国果亡，除非湖南人尽死"的强音。继欧风美雨沐浴下的广东之后，更具有本土气息的湖湘学派扛起救亡图存的旗帜，为中国的复兴注入了新鲜活力和灵感，王夫之的余音于空谷之中回响共鸣，令人唏嘘。"六经责我开生面，七尺从天乞活埋。"王夫之自拟的这副对联，道出了其学术人生无限苍凉悲壮的况味。草木无情，世事难料，静态社会的动态变化，物质生活和文化精神的变迁，往往以或显或隐、或激烈或静默的方式，深刻影响每一位思想者的抱负、情怀乃至学说体系。中国儒释道合一的思想史传统，从孔孟到韩愈，再到朱熹理学、陆王心学，经历几千年的建构后，在新的历史变局面前失语、失序、失措，古老的学术共同体也面临着革故鼎新的新问题，别开生面难，涅槃重生更难。江山不幸诗人幸，器变带来理变，思想变革的根源是沉重的现实，欢乐与苦难造就了生活及其哲学。王夫之和泪审视剧变的时代，守正创新，在继承的同时逆势而动，奠定了湖湘学派朴实自然的学风，将天理天道、人心人性

---

① 朱迪光：《20世纪马克思主义视阈下船山学研究的汇集与创新——萧萐父、许苏民〈王夫之评传〉研究》，《船山学刊》2018年第1期。

等联结起来，使哲学跳出了书斋一隅而进入大千世界。作为中国古代唯物主义最后的集大成者，王夫之承前启后，开启了以物质的视角、实践的方式理解世界、改变世界的路径，从而贡献了某种近代意义上的元哲学——哲学之哲学。①

（五）近代湘学转型：面临数千年未有之变局

湘学的发展经历了从古代到近代的转型，体现了地方学术文化历久弥新的生命力。湘学发展至近代，有一个明显的转型过程，从而形成独具特色的近代湘学。湘学的近代转型，一方面是由于学术发展的内在呼唤。晚清学术发展和变革的理论呼唤及现实需求，是湘学近代转型的内在因素。这一时期的湘学，出现了今文经学派和理学经世派。魏源为晚清今文经学派的代表，他对汉学和宋学都进行了批判，提倡"通经致用"，开创了一代学风。曾国藩属于晚清理学经世派，他尊崇理学，又以开明心态主张汉宋兼采，其最根本的目的是经世致用，将儒家之"道"落实到治国、治军、洋务等实践中。另一方面则是由于中西文化冲突的外在时代背景。鸦片战争后，中西文化发生了前所未有的剧烈冲突，这是湘学近代转型的外部因素。当时，面对这"数千年未有之变局"，中国传统文化熏陶出来的仁人志士挺身而出，以极大的历史责任感和民族忧患意识，积极寻求救国保种、强国保学的济世良方。在这个过程中，不少湘学人物起到了引领时代潮流的作用。

清道咸以后，湖外学者始从事研求乾嘉诸儒之所谓汉学。邹汉勋笃守家法，颇为谨严，所著《读书小识》《五均论》等，大有追从顾惠江王之势，而一时名士接踵而起者，颇不乏人。如魏源之《诗古微》《书古微》，曹耀湘之《公羊述义》较为精湛。晚清之王先谦、王闿运、皮锡瑞、叶德辉诸儒，相与论文讲学的，大都亦提倡汉学之实事求是，而不主张宋学，以为涉于空疏。是以晚清末年，湘人之治理学者，已如凤毛麟角，不可多得，则是湘学一大变局。然而一地方学术的变迁，仍离不开地理的环境及民族的性格。湘地幽深而险阻，故在此中求学之人，喜冥思而苦索。湘人

① 胡森森：《船山哲学的近世精神——晚明的文化守夜人王夫之（下）》，《学习时报》2018年7月23日，第7版。

朴实而勇毅，故凡有志于学者，必谋创造而期致用。当咸同时，理学就衰之际，湘学有一异军特起为人所不甚留意者，即是天文算学家，特为迈进。①

对曾国藩的研究历来是一个热点，曾国藩及其湘军与近代中国的政局紧密相关。从大战略的角度对曾国藩进行再认识，给人耳目一新的感觉。大战略重点研究国家总的战略，包括战略目标、战略规划、战略措施和领袖团队的战略能力，研究如何用举国之力保卫国家安全、推动国家发展。将其他问题放在一边，抓住国家安全这个主要矛盾，可以更中肯地考察晚清的历史脉络。从大战略的角度看晚清大变局，具有学科优势和学术针对性；曾国藩的历史活动，基本上围绕应对大变局，维护清政权进行，从大战略角度探讨他对国家政治安全的作为和影响，可能会发现一个不一样的曾国藩。曾国藩在历史舞台上活跃了 20 年左右，做了两件改变历史的大事，即结束太平天国战争和兴起洋务运动。这两件事情，不是他一个人所为，但是他起了关键的作用。这两件事情，发生在中下层，影响了高层和核心；发生在局部，影响了全局；成在当时，影响后世；发生在中国，影响了亚洲，乃至世界。专制制度下，政权稳定与国家安全密切相关，内忧与外患形影相随。几乎每一次政权更替，都伴随着一场浩劫，一次灾难。戊戌维新的时候有一个争论，"是保大清，还是保中国？"阶级矛盾和民族矛盾中间夹着一个满汉矛盾，这个敏感问题一直贯穿晚清历史，三对矛盾共同作用，导致了清王朝的寿终正寝。我们不能不承认，满族贵族和汉族地主阶级执掌的清朝政权，也是中华各民族人民共同的中国的政权。戊戌维新以后一些激烈排满的人批评曾国藩维护满人政权，现在一些历史学家也批评曾国藩维护地主阶级统治，其实在曾国藩那个时代，他所做的，既是保大清，也是保中国。②

近代湘学在转型过程中，面临数千年未有之变局，这个变局实质是严重的社会危机和中国传统文化面临的危机，但同时也是转型的机遇，在变局和危机中近代湘学再度崛起，具体表现为产生了一代代叱咤风云的湘学人物，影响了中国近代的发展。朱汉民先生认为：清代湘学崛起是一个复

① 曹典球著，秦仪整理《我所知道的湘学及其将来》，《湖南科技学院学报》2018 年第 7 期。
② 郑佳明：《晚清大战略中的曾国藩》，《湘学研究》2018 年第 1 期。

杂的社会现象，但是，最直接、最突出的原因应该是文化教育的影响。清代湘学的几大知识群体，大都在岳麓书院接受过教育，直接或间接受过岳麓书院湘学学统的影响。现将晚清湖南涌现出来的人才划分成几大群体，并以其共同文化特征说明岳麓书院与湘学学统的关系。一是陶澍、贺长龄、贺熙龄、魏源等经世派群体。他们在政治上、学术上观点比较接近，并且相互之间交往甚密，其特点是"通经学古而致诸用"，故以经世致用方面的杰出成就震动了政治界、学术思想界。值得注意的是，这个人才群体与体现湘学学统的岳麓书院教育有密切关系。二是曾国藩、左宗棠、胡林翼、罗泽南、郭嵩焘等湘军集团。他们的成就是在政治、军事、工业、教育等方面，而其立足点则是儒家的义理之学，故人称之为"理学经世派"。实际上，"理学经世派"的思想形成、事功成就，皆是在湘学学统背景下形成和取得的。三是谭嗣同、唐才常、沈荩、熊希龄等维新派人才群体。维新派人才群体真正接受教育、形成自己思想的时间，基本上是在清光绪年间，岳麓书院、城南书院、湘水校经堂等著名的学府、学术基地，仍然保持自己的湘学学统，注重将义理之学与经济之学结合起来。湖南的维新派人才群体所受到的湘学学统的影响，还包括推崇理学的湘学传统。四是杨昌济及毛泽东等人。在近代湘学学术史上，杨昌济是一个十分重要的人物。杨昌济深受湘学学统、湖湘文化的影响，并通过他又影响到毛泽东、蔡和森等人。①

三　湘学精神：内化于心的评判

　　湘学精神，历来是湘学研究中的重点领域。中华民族有一个共同的精神家园，即中华文化。中华文化的形成有一个漫长的历史过程，加之自古以来中国幅员辽阔、地域差异大、交流不便，且人口众多、族群并不单一，故而在中国境内存在特色鲜明的地域文化。作为一种地域文化的湘学，其精神品格包括敢为天下先的创新精神、忧国忧民的爱国精神、"扎硬寨、打死战"的霸蛮精神、经世致用的务实精神等基本内核，是勤劳智慧的湖南人民在长期的社会实践和不懈奋斗中培育出来的精神品格，也是中华文化

---

①　朱汉民：《湘学学统与岳麓书院》，《地域儒学研究》2018 年第 1 期。

多样性结构中一个独具特色的组成部分，湘学的精神品格与社会主义核心价值体系的基本内容相契合。湘学精神经过一代代湖湘人士的积累、酝酿、传承与弘扬，逐渐深入湖南人的内心世界，内化为湖南人引以为傲的精神特质和文化基因。尤其是在近代历史上，湖南人才群体联袂而起、奋发图强，在社会实践中有意或无意之间焕发出湖南人特有的精神气质，正是在这种内化于心的湘学精神的鼓动和激励之下，湖南人成就了一番伟业。

（一）敢为天下先的创新精神

无论是从屈原、贾谊到柳宗元，还是从周敦颐到胡宏、张栻，他们都有一种开阔的胸怀，敢于吸纳各种不同学派和不同地域的文化，从而创造了自己的学术体系。王兴国先生指出，王船山继承了古代湘学敢于和善于吸纳百家、综合创新的精神，开启了近代湖南先进人物"敢为天下先"的湖南人精神。王船山不仅提出了"六经责我开生面"的学术思想，对儒家经典进行了创造性发挥，而且明确提出了"入其垒，袭其辎，暴其恃，而见其瑕"的思想，对儒家和道家等学派也进行了创造性的转换。正因为如此，他才能创造出一个博大精深的学术思想体系。所谓"湖南人精神"，就是一种艰苦奋斗的精神，一种"敢为天下先"的创新精神。上述湖湘学派的代表人物身上体现了这种精神，王船山的一生也充分体现了这种精神，这正是我们今天研究船山学说、弘扬船山精神的意义所在。[①]

党的十九大报告指出，中华优秀传统文化是中华民族的精神命脉，"推动中华优秀传统文化创造性转化、创新性发展，继承革命文化，发展社会主义先进文化，不忘本来、吸收外来、面向未来，更好构筑中国精神、中国价值、中国力量，为人民提供精神指引"。推动中华优秀传统文化创造性转化、创新性发展的重要思想，对于中华传统文化中具有鲜明地域特色之湖湘文化的发展，具有重要的理论与现实指导意义。湖湘文化，是自战国时期以来生息在湖南这块土地上的人民创造形成的具有鲜明个性的民风民俗、社会意识、建筑工艺等物质与非物质文化的总和。推动湖湘文化的"两创"发展，要在历史与现实、内部与外在、理论与实践、研究与应用相结合的基础上，着眼于湖湘文化的价值与精神，把握好继承与创新、本来

---

① 王全志：《王兴国与船山学的不解之缘》，《湖南科技学院学报》2018 年第 12 期。

与外来、传统与未来的辩证关系，弘扬传播湖湘文化的精华，挖掘适应时代要求的新内涵，使之在新的时代焕发生机活力，构筑湖南人民乃至海外湘人的精神力量，并成为中华民族伟大复兴的持久动力。改革开放后，湖南人秉承"敢为天下先"的湖湘精神和深厚的文化底蕴，创造了以"广电湘军""出版湘军""动漫湘军""演艺湘军"等为代表的湖南文化产业，成为湖湘文化走向全国乃至世界的文化标识，也体现了"古为今用，推陈出新"之湖湘文化传承与创新的辩证关系。①

（二）忧国忧民的爱国精神

爱国主义是湖湘文化的又一显著特点。"爱国主义传统，无论是古代还是近世，都是湖湘文化的主旋律"，爱国主义思想内化于湖湘文化的各个层面。湖湘文化中的爱国精神可以追溯到屈原、贾谊的忠君爱国思想。贾谊为国担忧的主要表现是"忠主""忠君"，他说"为人臣忠于君"，还说"为人臣者主耳忘身，国耳忘家，公耳忘私……辅翼之臣诚死君上"。贾谊本人正是如此，在朝中坚持博士、太中大夫"议论干政"的本色，直言不讳；后为长沙王太傅、梁怀王太傅，他也尽职尽责，梁王胜坠马亡命，贾谊自责、忧郁而死，"谊自伤为傅无状，常哭泣，后岁余，亦死。贾生之死，年三十三矣"。在"家天下"的封建社会，忠君、忠主在某种程度上就是忠国。贾谊忧国忧君更忧苍生。贾谊将天下百姓视为国家运行的根本，"闻之于政也，民无不为本也"，"夫民者，万世之本也"。因此主张统治者要重视百姓，体恤百姓，让百姓过上"富安"的生活，"牧民之道，务在安之而已矣"，"故夫为人臣者，以富乐民为功，贫苦民为罪"。贾谊还以秦朝的暴兴暴亡为教训，告诫统治者注意百姓的需要，减少刑罚，"佐百姓之急，约法省刑"。另外需要提到的是，贾谊的《新书》之所以冠以"新"字，廖伯源先生认为是因为汉代流行天人感应说和"革命论"，人们亦用它来警告统治者要改过迁善。换言之，贾谊的《新书》宗旨是希望君主劝善戒恶、励精图治，这也体现了贾谊的忧患精神。因此结合"新"字以及贾谊忧民的言行，贾谊在宗藩问题上所体现出的忧患精神，不是孤立的现象，

---

① 陆亚林：《论湖湘文化的创造性转化与创新性发展》，《湖南省社会主义学院学报》2018 年第 6 期。

而与贾谊忧国忧民的主体精神特征是一致的。上述精神，因为贾谊本人曾谪迁长沙，也可视为湖湘文化的早期组成部分。汉文帝三年（前177），贾谊谪任长沙王太傅，在前往长沙经过汨罗时，贾谊感喟与屈原类似的遭遇，写下《吊屈原赋》。赋中抒发了"既以谪去，意不自得"的失落，也表达出对忠臣遭弃的不满，"阘茸尊显兮，谗谀得志；贤圣逆曳兮，方正倒植"。忠臣是国家正常运转的重要因素，因此这里的忧忠臣不用，也有忧社稷的成分。除此之外，谪居长沙期间贾谊还上疏进谏，包括《新书》中的《阶级》《谏铸钱疏》等篇章，前者劝说文帝尊重功臣，少用刑罚，后者认为放开铸钱之权会造成社会混乱，可谓处江湖之远而忧其君。贾谊的这些作品，加上后来作于贬谪期内的《鵩鸟赋》，以及其中所蕴含的忧患精神，都是留在早期湖湘文化中的深深烙印，成了后世湖湘士人的重要精神资源。①

近代以来，爱国主义表现为反抗列强之侵略，寻求救国之道路，完善独立之人格。宋教仁认为："近日人皆言爱国，然国皆由个人而成，人为构成国家之分子，即须有不愧为。"在留日期间，宋教仁发愤钻研各国政治、经济、法律等制度，研读阳明之学，加强自身修养，完善个人品格，力求拥有"构成国家之分子之资格"。国家羸弱、政府腐朽的社会现实，更激发了宋教仁强烈的社会责任感和使命感，他对外揭露列强侵华的事实，维护国家主权完整，对内批判清政府出卖国家权益。湖湘文化的爱国主义传统在宋教仁身上得到了充分体现。②

心忧天下，这是湘学精神的本质所在。湖南人长期以来以心忧天下的爱国主义精神而著称。青年唐群英深受湘学爱国主义传统的熏陶，忧国忧民之情常常溢于言表。唐群英所处的时代，正是中国外遭世界列强的野蛮侵略，内有晚清王朝的腐朽统治，中华民族处于生死存亡的危急关头。1901年秋，唐群英与秋瑾再次相聚湘乡荷叶堂，听秋瑾讲述在京亲历八国联军入侵之乱后，深恶痛绝，并气愤地说："当今国家受辱，我们女子不能坐视不理，天下兴亡，人皆有责。"1906年，中国正处于内外交困的危急时刻，随时都有被瓜分以及内祸的危险。唐群英已经成熟了，她看得很清楚。那

---

① 蒋波：《从地方宗藩问题看贾谊的忧患精神》，《湘学研究》2018年第2期。

② 平英志、袁咏红：《湖湘文化对宋教仁外交思想的影响》，《湖州师范学院学报》2018年第11期。

一年，她愤然在黄兴和宁调元主办的《洞庭波》上写道："霾云瘴雾苦经年，侠气豪情鼓大千。欲展平均新世界，安排先自把躯捐。"1907 年 12 月，唐群英在日本东京成女高等学校师范科毕业。在毕业仪式上，唐群英慨然说道："然女师女范，昭然于史册者，若班氏木兰伏女辈，当时轻视女学，犹能独往独来，卓绝古今，使有以提励之，则其造诣又当何如也？无如积聩不振，女权陵夷，学识幽闭，遂成斯世困屯之形。溯国运盛衰之际，又岂非我辈担负女教责任之时耶？"充分表达了她的忧患意识，以及要振兴中国女学之决心。①

深厚的湖湘文化沃土孕育了湖南抗战精神。广大军民在顽强抗击日军的过程中，诠释了深厚的爱国主义情感和攻坚克难、血战到底、精诚合作、坚韧不拔的抗战精神。湖湘文化"天下兴亡，匹夫有责"的担当意识和团结进取的优良传统，铸就了"精忠救国、彻底牺牲"的湖南抗战精神。抗战期间，各党派、各阶级、各阶层同舟共济，英勇抗敌。当时全国报刊评价三次长沙会战时指出，长沙市民是最勇敢，也是最光荣的，这种光荣的获得，完全是"长沙精神"即"精忠救国""彻底牺牲"精神的发扬光大。军民具备了必胜的信念，抱定了必死的决心，坚韧地抗击日寇、浴血奋战。湖湘文化无私奉献、攻坚克难的优良传统，构筑了军民协同、不畏强暴的湖南抗战民族气节。湘军"吃得苦，霸得蛮，扎硬寨、打死战"的气概，为湖南战场军民不畏强暴、与日军血战到底提供了强大的精神支撑。湖南军民在艰苦奋斗、国而忘家、公而忘私的价值理念引领下，"坚韧沉着，快速机敏，军队忠勇用命，民众动作协同"，造就了湖南战场的抗敌功绩。湖湘文化"经世致用、以才济世"的优良学风，构建了同仇敌忾、救亡图存的湖南文化抗战精神武装。湖南经世致用的学风影响了一代又一代湖湘人士。"经世致用、以才济世"之风对湖南抗战也产生了重要影响。九一八事变后，湖南人民以极大的热情支持和接纳全国各地爱国人士。会聚湖南的文化人士把文化工作与抗日救国结合起来，实施"文化总动员"，用集体的力量担荷民族抗战的文化任务，使得湖南"通都大邑，僻壤穷乡，咸具同

① 周亚平：《唐群英的湘女气质与湘学精神特质》，《湖南科技学院学报》2018 年第 6 期。

仇敌忾之心、见义勇为之志"。①

（三）"扎硬寨、打死战"的霸蛮精神

"霸蛮"是湖南方言语境中出现频率很高的词语，尤其是在口语表达中，屡见不鲜。唯其是方言，词义解释颇多歧义：有积极的，有消极的，甚至还有很糟糕的。其实"霸蛮"的含义，不应止于一般词语解释的肤浅层面，而应深入湖湘文化的精神内核中加以研究。"霸蛮"是一种精神标识，是湖湘文化高度自信的独特标识。"霸蛮"，既是湖湘文化高度自信的起始点，更是湖湘文化高度自信的闪光点。在当下，它还是湖湘文化高度自信的转折点。我们由此不难发现，湖湘文化中的"霸蛮"，实际上最集中、最深刻也最形象地揭示了湖湘文化的内核：源远流长、大浪淘沙的历史岁月和"僻在荆蛮""筚路蓝缕"的地理环境，从一开始就铸造了湖南人"霸蛮"的文化心理和性格禀赋——桀骜不驯，刚劲强悍；特立独行，敢作敢为；壮怀激烈，坚韧不拔。之所以说"霸蛮"是湖湘文化高度自信的起始点，是因为这种独有的文化心理和性格禀赋，在光辉灿烂的楚文化这个母体的孕育过程中，就注入了对自己顽强生命力的自信，注入了对自己无比战斗力的自信，注入了对自己丰富想象力的自信。湖湘文化历经千年积淀，已经内化为湖南人的文化心理本体，影响了湖南人的性格、认知和行为。这使湖南人在推进政治文明、物质文明建设中，有了共同的心理状态、思想意志和道德标准、价值取向，也有了强大的感性和理性凝聚力。例如湖湘文化中"独立、霸蛮、敢为人先"的精神内核，使湖南人拥有了在理性指导下敢想、敢闯、敢试、敢于第一个吃螃蟹的内在动力，从而义无反顾地以超常的毅力，推动政治、经济体制改革。远自屈原的爱国忧民、誓不随波逐流而投江汨罗的悲壮，贾谊的不满现实、革故鼎新的豪情，近至曾国藩的力推洋务、筹建湘军的创举，谭嗣同的"我自横刀向天笑，去留肝胆两昆仑"的气势，无一不是"心忧天下，敢为人先"的慷慨悲歌，无一不是霸蛮精神的真实写照。②

---

① 李斌：《传承湖南抗战精神 增强文化自信与凝聚力》，《湖南日报》2018 年 7 月 7 日，第 5 版。
② 吴桢婧：《"霸蛮"：湖湘文化高度自信的独特标识》，《吉首大学学报》2018 年第 2 期。

不尚空谈、霸蛮实干，提高文化强省战斗力。霸蛮实干，是渗透湖南人骨子里的行事作风。不尚空谈、霸蛮实干，就是解决问题讲求实干，不讲空话。因为"蛮"，左宗棠才抬着棺材进疆，不向沙俄让寸分；也因为"蛮"，杨度才说"若道中华国果亡，除非湖南人尽死！"在今天，文化强省战斗力的提升呼唤霸蛮实干的湖湘精神，需要以不尚空谈、霸蛮实干的精神推动文化强省各项举措的落地。我们要在"实"字上下功夫，实事求是，真正地解决问题；在"干"字上下功夫，埋头苦干，真抓实干，少说多做；在"蛮"字上下功夫，有一种不达目的不罢休的毅力，勇于克服各种困难。①

（四）经世致用的务实精神

经世学统的确立给湖湘学术带来了至少两个方面的影响。一是给湘地学者打上了鲜明的地方学术烙印，使得他们即使投身考据训诂，甚至被江浙汉学发达地区的学者引为同道，也仍然带有经世致用的湘地学术色彩。生活在乾嘉年间的善化（今长沙）人唐仲冕，因其经学考核精审，剖析精确，得到了钱大昕、段玉裁等人的推崇，但他治学强调经世，认为"稽古，所以证今也；穷经，将以致用也"。二是使经世致用的湖湘学统成为外来学术必须正视和吸纳的一种地域文化资源。在晚清湖湘汉学的发展史上，道光十三年（1833）时任湖南巡抚吴荣光仿照广东学海堂成立的湘水校经堂一直被认为是一个标志性事件，从此"三吴汉学入湖湘"。关于湘水校经堂对湖南地域学术的影响，有学者认为其引入了汉学的因子，引进了一种新的学风。这固然不错，但还需注意到，考据汉学在"改造"湖南地域学术的同时，也受到了湖湘学术的"反改造"，即注重文本、脱离实际的研究倾向被摒弃，强调汉宋兼采和经世致用，即所谓"奥衍总期探郑许，精微并应守朱张"。晚清湖湘汉学之所以具有强烈的经世精神，除了与注重经世的湘学传统有关外，也与当时湘人所面临的复杂时局密切相关。因为注重经世的地域学统至多只能在思想上引发学人的经世主张，只有当政治局面极其糟糕，救亡图存的要求空前急迫之时，具有经世思想的学人才会因这种

---

① 徐艳红、肖宗志：《弘扬湖湘精神　建设文化强省》，《湖南日报》2018 年 10 月 23 日，第 14 版。

危机感而走出书斋，参与时政。①

　　经世致用在不同地域、不同时期的表现有所不同，但是"在湖南却是始终一贯的，到了近代则在全国处于领先的地位"，经世致用是湖湘文化一以贯之的思想内核，并在近代成为湖湘文化独具特色的显著特点。面对"数千年未有之变局"，湖湘文化蕴含的经世思想再一次焕发生机。王船山继承了湖湘学派的经世致用思想，强调"实学"，强调"知行统一"，强调以史学经世。王兴国指出，正是这种经世致用的优良传统和学风，才使近代湖南人民在爱国主义思想指导下，关注现实，关注民生，投身改造中国的伟大现实斗争实践，从而造就了一大批优秀人才。② 在经世致用思想的影响下，湖南人才辈出，对中国近现代政治、经济、外交等各方面变革都产生了深远影响。湖湘文化的经世致用思想对宋教仁影响至深。综观宋教仁的外交策略，其基本原则是在国力贫弱的情况下尽力维持现状，待国力强盛之后通过积极的外交谈判收回失去的权益。宋教仁将国力强弱作为国家开展外交的重要依据，并且能够翔实地考察国内外局势，对晚清政治腐败和列强侵略的性质与方式有详细的了解，充分体现了宋教仁的务实精神。纵观中国近代外交史，但凡外交能够取得胜利，除去外交官的胆识与谋略外，更重要的是中国在当时中外实力对比中占据优势。宋教仁在革命、留学时期努力学习各国政治、经济制度以及国际法，其目的就是改革中国内政，在国际事务中维护国家和民族利益。这与湖湘文化经世致用的务实思想有着深刻的内在关联。③

---

① 马延炜：《晚清湖湘汉学的经世品格》，《湖湘论坛》2018 年第 4 期。
② 王全志：《王兴国与船山学的不解之缘》，《湖南科技学院学报》2018 年第 12 期。
③ 平英志、袁咏红：《湖湘文化对宋教仁外交思想的影响》，《湖州师范学院学报》2018 年第 11 期。

第二章　精神家园：千年弦歌的回响

中华文化源远流长、博大精深，湘学作为中华文化的重要组成部分，同样蕴含着丰富多彩的思想内容。历代湖湘学人，呕心沥血，黾勉同心，不断思考和探索着湘学的继承、发展和创新，为潇湘大地和中华文明的进步提供了强大精神动力。2018年，理论界、学术界、期刊界依然保持着对湘学的高度关注，从各个方面不断深化研究，着力构建新时代的湘学形态。

一　哲学本体论与方法论的交相辉映

自宋朝以来，因周敦颐、胡宏、张栻、王船山、毛泽东、金岳霖等著名哲学家或出生于或生活于湖南地区，而使得潇湘大地一跃成为哲学研究重镇。湘学所探讨的一系列关于哲学本体论与方法论的问题自然也成为中国哲学发展史的重要议题，以至于今人仍在不断回顾、研究、继承和发展。

（一）宋明理学诸问题研究

湖南地区因周敦颐、胡安国、胡宏、张栻的影响，一跃成为重要的理学之邦，形成了著名的地域性学派——"湖湘学派"，正如黄宗羲所言"湖南一派，当时为最盛"，一些士人学子以"不得卒业于湖湘为恨"。湖湘学派在历史上对中国哲学的推进做出了突出贡献，现代学人围绕湖湘学派的这些成就开展了进一步的理论研究和文化建构。

周敦颐作为理学开山、道学宗主，是湘学的重要奠基人。2018年，关于周敦颐研究出版了一本论文集，即《周敦颐研究：周敦颐诞辰1000周年庆典国际学术研讨会论文集》，该书从多个方面探讨了周敦颐的生平、著作、思想和影响。其中哲学思想方面，大体讨论了周敦颐思想中隐含的"天人合一"义理旨趣、天人合德及时中思想，周敦颐思想的特色及其在湘学史上的地位，《通书》之德行观及其现代意义、《通书》中的"务实"思想、《太极图》的渊源、《太极图说》的天人合一架构、《太极图说》的道教渊源、"太极"与理气概念的关系，周敦颐"诚"的精神之理论与实践的统一、礼乐思想、圣人观及其意义、工夫论等方面，①展现了周敦颐研究的新方向、多维度、高层次。总体而言，周敦颐学问之格局，可称为一种"通"的哲学。特别是他的《太极图说》和《通书》融通体用，贯通天人，沟通古今。《通书》对"圣人"的推崇，贯穿始终，但也追溯"圣人之本""圣人之道"，体用贯通，条理清晰，收放自如。在"天下"、"天"和"人"之间，周敦颐又突出"势""识""力"的作用；他认为天下顺安的关键在于天道施行而圣明的德行得以修成，孔子是行道义、修圣德的典范；但周敦颐并非主张对孔子盲目崇拜，而是把老子所说"道尊德贵"进一步强化为"至尊者道，至贵者德"，同时强调"人"最难得的就是"道德"，而每个人自身获得"道德"，必须依靠良师益友。周敦颐其人其文仰之弥高，钻之弥坚，其学问之格局，其人格之气象，是宋儒之中最接近孔子的。②

周敦颐之后，胡宏作为南北宋之际理学家的代表，是湖湘学派的正式创立者。他目睹汉末以来，佛学日盛，儒学渐微，社会文化失去了强有力的精神维系，因此把佛学视为儒学发展的阻力，在理学思想建构过程中展开了"儒佛之辨"，扬儒辟佛。他站在儒家思想正统的立场，对佛家思想、信仰和学风进行了多角度的批判，回应了南北宋之际佛学兴盛对儒家道统发展构成的严峻挑战，但由于论争立场、动机和方法，胡宏的"儒佛之辨"有历史的局限和认知的偏见。尽管这次"儒佛之辨"的影响有限，但它毕竟发生在南北宋之际这一重要的历史时期，其目的非常明确，即接续儒家先圣道统，维护儒家思想的正统地位，引导士人积极面对现实，寻求救国济民方略，因此，其发生学意义及历史作用都不可否定。特别是胡宏的"儒佛之辨"注重思想的实际效用，对湖湘学派经世致用传统的形成有示范性作用。③

义利关系一直是儒学讨论的重要议题，到宋明时期，理学家们在佛老

① 张京华主编《周敦颐研究：周敦颐诞辰1000周年庆典国际学术研讨会论文集》，中国社会科学出版社，2018。
② 张丰乾：《"通"的哲学——周敦颐的思与行》，《船山学刊》2018年第5期。
③ 熊敏秀、汤凌云：《胡宏"儒佛之辨"今辨》，《湖湘论坛》2018年第5期。

思想盛行及内忧外患之时代困局的双重刺激下激辩义利关系，将义利之辨推展为理欲之辨，开显出义利之间更为丰深、繁复的内容与形态，从而大大充实和深化了关于义利问题的讨论。张栻作为南宋理学界的重要一员，尤重义利之辨，不仅将其视为学者修德入道之门，而且以之为王者治国安邦之本。张栻义利观的要义与特质主要体现在三个方面。第一，在对"义""利"的理解上，张栻紧扣人所本有之道德心性，着重从应然的层面以及心性论和工夫论的双重视角，以顺性之无所为者与逆性之有所为者来界定和分判"义""利"，并从"意之所向"即内在动机上判定"无所为"与"有所为"。这不仅充分彰显了儒学的实践性，而且使得义利之辨获得了更加内在、精微、深刻的意涵。第二，在"义""利"关系上，张栻显然强调二者的分别与对立。学界多以其"天理人欲，同行异情"之说来论证他具有义利相容的观念，殊不知这一说法恰恰表明，"义""利"虽毫厘之差（一念之间）却有天壤之别（善恶之别）。当然，若跳出义利之辨，放眼其整个理学，则张栻不仅充分肯定了合理之利的正当性，而且认为一切合理之利都是理义本身的发用和表现。就此而言，在张栻的理学中，无疑也存在义利统一、义利交融的思想。由此可见，其义利学说充满辩证色彩。第三，对于如何守义制利，张栻直接从人之道德心性入手，主张"敬""恕"兼修，即反己与外推相结合。"敬"是反本向内、存养本心之工夫，"恕"是由内向外、推扩本心之工夫，二者兼修并进、相反相成，如此方能守义制利。实则对张栻而言，守义制利的过程也就是一个尽心知性的过程。①

"君子喻于义，小人喻于利"，对于义利的处理成为儒家分辨君子、小人的重要标准。张栻对君子范畴内涵的阐释继承了古圣先贤的思想主张，凸显了天道君子（追求形上之理）、人道君子（仁义而守道）、境界君子（人格独立）、伦理君子（名实相符、文质相符）和行动君子（在现实中躬行君子之实）的多维层面，以理学思维路径完成了由"理""人"到"和"的逻辑过程，实现本体、运用到体用合一的思维转换。君子范畴内涵解析的逻辑路径从以理为宗、以伦为纲、以格为境、以文为质、以行为范五个层面逐层外化，将君子诠释为既是境界高尚的理性君子，又是人类社会道

---

① 邹啸宇：《义利互斥，还是义利交融——张栻义利之辨重探》，《道德与文明》2018 年第5 期。

德君子，还是现实中的行动君子，是一个具有典范意义的社会形象。①

孝道同样是理学家讨论的重要议题，张栻将孝视为一切德行的"大本"。作为忠孝两全之典范，他不仅积极阐发孝道思想，而且将其提升到天理的高度，还自觉躬行于治家、为官之中。张栻指出，守身为事亲之本；孝子之心，莫不以尊亲为至；仁莫先于爱亲；若（父母）不幸而有悖于理，害于事，则当察而更之；等等。在张栻看来，为仁必始于孝悌，原因就在于，孝悌是为仁之本；反过来，孝悌则不一定可以至仁，它只是践行仁德的一个途径。既然孝悌是行仁的根本和前提，那么，文人士子要想践行仁德，就必须从孝悌做起，由重视亲亲之情、强调亲疏之别的家庭伦理扩充至"泛爱众"的社会伦理，从而推动仁的实现。②

朱熹与张栻的学术交谊是宋朝学术史上的一段佳话。朱熹据其对经典诠释的新理解，主张吸收汉代章句训诂之学的长处，以纠正理学忽视文本字义之弊，而集矢于张栻的《癸巳论语说》及上蔡说。张栻对朱熹思想有所认同吸收，淳熙改本据其所论多有修改。在《论语》之辩中，张栻受朱熹影响较大，故朱熹屡称赞张栻的最大优点是闻善即迁。"钦夫最不可得，听人说话，便肯改。"此个案昭示我们，应在尽量把握张栻《论语》前后改本的基础上，对其思想的前后演变有整体性和连续性认识，而免于陷入对研究对象的平面化、断裂性理解。朱、张虽同宗二程，实则程度、态度有别，钱穆先生早已指出朱、张之异："盖当时理学界风气，读书只贵通大义，乃继起立新说……即南轩亦仍在此风气中。惟朱熹一面固最能创新义，一面又最能守传统。"此为中肯之论。它提醒我们在肯认程朱理学作为一整体学派的同时，亦应对其内部的差异性有所分疏。张栻在与朱熹的反复交流中虽有所改变，然总体仍因袭二程理学之诠释范式。朱熹则直面理学解经之弊，融合汉学、宋学解经之长，寓创新于守成之中，融经学与理学为一体，树立起新的解经典范，推动了理学向前发展。朱、张在解经理念和方法论上的创新与守成之异，近则作用于湖湘学与朱熹学彼此之衰退兴盛，远则关乎理学与经学之未来演变。其于今日儒学之继承与创新，亦不无启

① 李长泰：《张栻君子范畴内涵的理学体系解析》，《中原文化研究》2018 年第 6 期。
② 申圣超、舒大刚：《论张栻的孝道思想》，《中国哲学史》2018 年第 2 期。

示意义。①

（二）明清船山哲学及考据学研究

湘学中的哲学思想发展至明清之际，整体来说走过了一个相对沉寂的时期，唯有明末清初王船山异军突起，别开生面。他全面继承、系统总结了中国传统哲学，又根据时代发展，给予大胆创新、有力开拓，形成了一个继往开来、承前启后、博大精深、丰富多彩的学术思想体系。湘学之哲学发展主要体现为王船山哲学思想之发展。

当王船山总结明亡的惨痛教训时，他认为道家之阴柔、佛教之寂灭以及权谋术数者流之贪名幸利、畏祸徼福等是明亡之文化原因，而出现这些异说的原因是没有全面把握儒家经典中所蕴含的大中至正之道。经典、解释、应用（实践）这三者一直是儒家事业使命感之所在，对王夫之来说尤其强烈。经典是儒家价值的承载物，儒家经典通过读书人而影响政治与社会。然而，也会被各流派以各自的目的去解释而为其所用，由此淆乱正经。儒家有很强烈的经世精神，每当遇到现实重大政治、社会问题，就会自觉反省学术，重新诠释经典以正视听。儒者解释经典的动力源于实践问题，指向也是实践问题。明清之际的王夫之就是典型的例子。他二十八岁开始有志于读《周易》，三十岁避戎于莲花峰，益讲求之，三十七岁作《周易外传》，五十八岁作《周易大象解》，六十七岁在病中勉为作《周易内传》，后作《周易内传发例》。他以"乾坤并建"的命题为易学之纲领：一方面重构了《周易》文本的理解向度，另一方面批判佛老权谋术数家利用《周易》的做法，以此重建儒家大中至正之易学思想，回应时代之要求。②

王船山的易学中还有一个重要命题——"四圣一揆"。"四圣"是指先后参与《易经》创作的伏羲、周文王、周公、孔子，"揆"有尺度、道理、准则之义，"四圣一揆"意指先圣后圣虽然行迹不同，所践行的却是同一个天道。宋代以降的疑古思潮预设前提是：第一，圣人思想与天道具有同一性与现成性；第二，后人与圣人（天）具有平等的地位（至少是潜在的），

---

① 许家星：《朱、张思想异同及理学演变——〈癸巳论语说〉之辩与〈四库提要〉之误》，《哲学研究》2018 年第 8 期。

② 王生云、周群芳：《儒家经典之诠释与捍卫——以王夫之乾坤并建易学为例》，《船山学刊》2018 年第 6 期。

可能通过对自家性体的体认达到对圣人与天的彻底澄明；第三，文本的存在方式是一种初生之顷、"不易之侧"。三个前提的统一性在于一种脱离用而追寻体之本然面目的努力。经典作为体，其存在方式并非超然于诠释史上的某种实然定体，人对经典的理解努力也不是还原其本然面目，而是进入诠释史，在其历史性的用中生成更加丰富之体。船山在不同的体用论基础上将《周易》生成史描述成一个原始整体由数开始依次生出画、象、德、义、辞的过程，"生"内在于自身整体。"四圣一揆"指向的不是人作为孤立个体的制作，而是易作为天道在历史中的不断生成开显，前圣后圣道说的始终是"一"，后之学者已经处于历史之中，只能以不断重返的方式来重新生成"一"（也包括经典）之体。①

王船山对中国哲学之人性论亦有创造性发展。当二程和朱熹把道德学说建立在先验的人性论基础上，注重对理想境界的追求和道德境界的提升时，王船山则认为人性并不是基于某种绝对的本原而被内在地规定的，其形成离不开人类共同体的生活和社会实践，人性在本质上是"分殊"之性。王船山关于人性的实践创生性的思想是建立在他的"一本万殊，而万殊不可复归于一"理论基础上的，"一本"指的是来自天命而相近的人性，"万殊"则是指因后天的习性相异而各有不同的分殊之性。他认为，无论是"一本"还是"万殊"，都是以个体的存在为前提的。具体的事物虽然有追求统一的趋向，但除了追求的方式和途径各异外，统一性就展现在特殊性之中。真正领会了统一性的人，必定能够尊重并理解特殊性。船山强调"一本万殊，而万殊不可复归于一"，理虽然是同一的，但其散为万殊是一个具体化的过程，其结果必因时间、空间及所处的实际情况的差异而不同。船山对"分殊"之性的强调，与明中叶以来由于商品经济的发展个体性思想开始受到重视的思潮不无关系。个体性的意识被视为现代性意识的内在特征，现代性的意识就起源于对存在的特殊性（个体性）的尊重。②

为了回应晚明尚情思潮，针对朱子以四端为情的观点，王船山提出四端为性而非情。他认为对于儒家性善说之理解，不应局限于直觉中的良知

---

① 田丰：《王船山"四圣一揆"思想的诠释学解读》，《陕西师范大学学报》（哲学社会科学版）2018 年第 4 期。

② 冯琳：《"一本万殊，而万殊不可复归于一"——王船山的人性论及其形上基础研究》，《文史哲》2018 年第 5 期。

善念，并指出只有将为善的初衷与动机在实践中落实为恰当其可的善行，方能彰显儒家性善之义。人在道德伦理实践中，如果不能于处事之理与行事之方上善加用心，只是任情而为，则即使善意的初衷亦未必能够达致善好的结果。因此，船山从道德实践的角度，提出应当对"善"做更加全面的理解。在船山看来，在道德实践中仅有良善的动机是不够的，只有将善好的动机最终落实为恰当的善行，才可以称之为善。而在攸关共同体生死存亡与社会群体利益得失的政治实践中，相较于行事者的存心动机，基于政治后果所做出的评价与判断更为重要。由此，船山认为孟子四端之说，乃专为良心牿亡之人所施之教诲，仅一时之权辞，不足以言性善。在船山看来，人类可以凭借自身具备的认知与实践能力，通过为学力行的修德工夫，不断地将人性之善加以充实、发展与扩充，并展现于道德实践之中，如此方为人性较之其他物类独见优异之处。①

王船山的人性论是建立在他的气本原论基础上的，他通过气、气化生物和气质而论天道、继善和成性，从气的存在方式的变迁说明道、善、性的相续相生关系。他进而区分了继善之功在天道、天人之际和人自身三个层面的作用，阴阳相继的"继之功"成就了天道的生生不息，成就了天人相续的继善成性，成就了有生之后人性的日生日成。在"天道→继善→成性"三者相因相续相生的关系中，前两者主要论述天道化生并涉及天人相继，"成性"则完全落实到人。船山认为，"成之者性"的意思是"人成之而为性"，即成性的主体是人，亦必须从人的气禀形色所成言性，并通过与形始之性和形而有之性的区别，将"成之者性"界定为善性相近的气质中之性。②

与王船山强烈的经世倾向相应的是他对前贤知行观的继承与创新。在价值层面，朱子、阳明都企图达到知行统一之目标。在学理的架构上，朱子、阳明因时立言，其"知行"在先后上呈互斥模式：朱子主张知先行后，偏重于求知；阳明企图扭转此局面，而倡"知行同时发动"之说，更强调"行"。船山也有知行统一之宏愿，他不囿于一家之言，对朱子、阳明学说

①　陈明：《"四端"与"思诚"——王船山对孟子性善说与为学工夫的重释》，《哲学动态》2018 年第 11 期。
②　陈屹：《再论王船山的继善成性说》，《道德与文明》2018 年第 6 期。

对立模式进行解构，并认为道德认知不仅属于"知"的范畴，还将其划入"行"的范围，同时他认为道德践行中亦有"知"的成分。他指出朱子、阳明二人均重知而轻行，随后赋予知行之"先后"以"缓急"的内蕴。在理论架构上，船山主张"知缓行急"，将行作为知的目的与归宿，无分先后，解构了朱、王二人的知行观，化解了其互斥模式，力争使得知行统一在学理上成为可能，亦试图求得圣人原意，使得己说不止于因时立言，而赋予其"千万年语"之意涵。船山不赞成以"知"作为为学目的，他也反对一种"为己"之学，即将学问单作为内心安顿的工具，而缺乏对社会实践之关怀。换言之，知应为行服务，行不囿于身心之行，而应拓展到社会实践。① 为了纠正王阳明"知行合一"理论中混淆知行之间界限的错误，船山认为知与行之间有严格的界限，不能混淆或等同。两者不仅内涵不同，而且功能、作用亦不相同。只有将"知"与"行"严格分辨为"致知"和"力行"，才能解决知行边界模糊难辨的问题，也才能在与对方的互动中发挥自己的作用。②

王船山的《张子正蒙注》一书同样体现了他深沉的经世情怀。该书中的生死观具有强烈的时代特征，体现出王船山以解救天下苍生为己任并帮助人们实现生命价值的理念。王船山说："《正蒙》者，以奖大心者而使之希圣。"可见，《正蒙》就是帮助有大志之人成为圣人，这是人生追求的终极目标。在生命本质上，王船山将人性视为一种道德之气，并从根源上解释其存在的合理性。在生死观上，王船山指出生死本为一体，人应该安生安死。王船山的"死而不亡"说主要是指人的"神"具有不灭特性。在命运观上，王船山指出命运的好坏皆因人出生时的禀受不同，主张人要"乐天知命""相天立命""安之为命"。在鬼神观上，王船山将"鬼"与"神"一并论述，并从阴阳二气上寻找其本源。在总结张载之生死学的同时，王船山还注重排斥佛家、道家及阳明心学的生死邪说，以弘扬儒家正统的生命学说。③

王船山之后，湖南地区的哲学思想经过一段时间的发展，到晚清前后

---

① 朱汉民、杨超：《船山于朱子、阳明"知行之辩"互斥模式之解构》，《湖南大学学报》（社会科学版）2018年第6期。
② 冯琳：《再论王阳明的知行学说及王船山的批评》，《孔学堂》2018年第1期。
③ 刘伟：《王夫之〈张子正蒙注〉中的生死观钩玄》，《船山学刊》2018年第6期。

出现了一个小高峰。王闿运是晚清著名经学家，被视为戊戌前后湖南今文经学播迁之始的标志性人物。王闿运之《论语训》，以《公羊》义说《论语》，体现的是晚清盛行的《论语》与《春秋》分别代表圣人"微言"和"大义"的学术取向。一是其义本于春秋。王闿运在《论语训》中对《论语》阐释《春秋》之微言大义直言不讳。二是乱世以"自治"为贵。王闿运十分认同"自治"的理念，认为《春秋》之义是在"拨乱反正"的前提下，为人道立大中至正之法。由此他提出了"以礼自治"的致用观，一方面强调个人身心的道德修养，唯其如此社会才可拨乱反正，国家才会进步，个人才能安身立命；另一方面强调国家内部事务的整治与和谐，唯有如此才能化导外夷，使自己立于不败之地。王闿运不拘泥于学术史之今、古门户之争，其治经风格倾向于"兼宗今古文的公羊学风格"。其《论语训》在"义本春秋，崇礼自治"的主旨下，"采辑古今所传，以广集解；又下己意，通其所蔽"，呈现"训诂与微言"相结合、古今兼采的释经特色。但他的问题是在治经风格上显得相对保守，注经又考证未详，望文生义，穿凿太过，实不足为据。①

　　清代学术以考据训诂见长，而考据汉学在晚清湖南的兴盛情况，学界亦有论及。张舜徽先生曾称："当乾嘉朴学极盛时，湖湘学术自成风气，考证之业，不能与吴皖并驱争先。到了晚清，如邹汉勋、周寿昌、王先谦、曹耀湘、皮锡瑞、叶德辉、阎镇珩，纷纷竞起，有些实超越江浙诸儒之上了。"吴仰湘先生也在讨论晚清湘学时，将"考据学之流布"列为自嘉道至光宣百余年间湖湘学术最可称述的四点之首。受湘地学术传统和时局环境的共同影响，晚清湖湘汉学呈现较为明显的经世取向，表现在具体的研究中就是强调学术研究的社会价值与功用，注重学术研究在解决现实问题中的实际作用。这一研究取向在为湘人注入更为深厚的学理素养的同时，也进一步强化了湘学关怀现实、注重实用的为学倾向，使得关怀现实、经世致用成为这一时期湖湘汉学区别于其他地域学术最为鲜明的特征，并对近代湖南人才群体的兴盛产生了积极影响。②

---

① 刘平：《义本春秋，崇礼自治：王闿运〈论语训〉兼采古今之释经特色探析》，《湖南大学学报》（社会科学版）2018 年第 1 期。
② 马延炜：《晚清湖湘汉学的经世品格》，《湖湘论坛》2018 年第 4 期。

王先谦作为湖南地区考据学的重要学者，其《诗三家义集疏》可以称得上是清代的代表性著作，已成为当今研究汉代三家《诗》的首选参考。但在具体条目的辑佚、考证上，王先谦存在文献、版本、训诂以及论述逻辑等方面的失误和缺陷，约略而言有三种类型：所据史料不周，自我矛盾的弥合规避，引《诗》用《诗》语境把握失当。然而这些问题还没有受到足够的重视，现今三家《诗》研究依然以《诗三家义集疏》为重要的参考资料，并对其中的结论盲目引用，不加详考。这就要求当代学者进行三家《诗》研究时，应当细加考辨，谨慎处理王先谦等人的成果，运用文献、版本、文学、训诂、音韵等多种知识。①

（三）晚清以来哲学思想转向研究

湖湘文化作为中华文化的一支地域性文化，由于其经世致用的品格、追随时代发展潮流的特点，故而能超越其地域性而具有中华文化普遍性性格的特征，成为中华文化在近代发展中的一朵奇葩。具体表现为"经世"、"洋务"、"维新"和"革命"四个前后衔接的阶段。它在中西文化碰撞背景下产生，发生了从"知夷""师夷""制夷""中体西用"到"中西融会"处理中西文化关系的观念和态度的变迁，经历了从捍卫中国传统伦理纲常和政治制度（"卫道"）到变革中国传统伦理纲常和政治制度（"变道"）的过程。在此过程中，变革与开放的观念和实践活动相互依存、相互促进，逐渐成为历史发展的主流。无论是"卫道"派还是"变道"派都给中国近代历史留下了自己鲜明的印记。②

尤其是19世纪90年代，维新运动在湖南蓬勃展开，影响了湘学的发展方向。在这场维新运动中，湖南地方官绅的支持是其开展的有力支撑，湖湘地区独特的文化氛围是其开展的土壤，保守与开明的激烈博弈是其开展的推动力。借助维新运动，湖南的维新派在思想文化方面进行了大胆的改革，其改革措施主要有三项：一是创办《湘学报》《湘报》，唤醒民众；二

---

① 米臻：《〈诗三家义集疏〉辑佚失误考辨举隅》，《中南大学学报》（社会科学版）2018年第2期。
② 龙佳解：《论近代湖湘文化的"卫道"与"变道"》，《文化软实力》2018年第3期。

是创办时务学堂，培养人才；三是创建南学会，宣传维新思想。经过维新运动的洗礼，湖湘地区民众的思想发生了很大的变化，主要体现在三个方面：一是民众从"盲目排外"转变为"文明排外"，二是民众开始重视发展资本主义工商业，三是救亡图存的观念深入人心。[①]

魏源是湖南地区今文经学派的代表，作为一位进步思想家，为了推动社会变革，他对公羊学进行了创造性的发挥，使公羊学出现了许多前所未有的内容。他提出了"太古""中古""末世"的"三世"说，历史似乎只是由治变乱，再由乱变治，循环往复，不断地"复返其初"的"三世"。这种学说虽有悖于公羊"三世"的传统说法，但其中"拨乱反治"的追求与历史进化的观念却与公羊"三世"说是一致的。他的"三统"说注重制度的"因革损益"，注重对不同制度与文化的吸收，主张学习西方制度。他在夷夏观上提出，夷狄不仅可以进于诸夏而且可超越诸夏，更主张不以夷狄视西方。他站在全世界的高度来阐述公羊学的夷夏观和"大一统"说，以西方制度作为改制的参考目标，大大推动了公羊学向前发展，使公羊学开始转向近代化。公羊学在他手里也显现出了与近代社会接轨的巨大能量，并启发后来的公羊学家投身到改变中国君主专制制度、推动中国迈向近代化的社会变革浪潮中去。魏源的公羊学可以说是为晚清的维新运动吹响了号角。[②]

晚清湖南地区形成了以曾国藩为首的理学经世派，他的学术与事功成就建立于道光与咸丰、同治时期。道光中后期，曾氏理学思想奠基，逐渐形成汉宋会通的学术思想，同时着手经史之学，期以经世。咸同间曾氏治军在外，其视角由京师转向地方，学术思想发生由理到礼的演变，表现为"礼学经世"，然其本质特征是以礼合理。一方面，曾氏抓住唐宋以来通礼编纂所体现的制度与仪节属性的双重面相，在政事层面发挥其制度性价值，在伦常层面发挥其规范性价值。另一方面，又把礼所关乎的道德修养问题由新儒学以来的心性问题转化为传统礼学的仁义问题，以维护礼的等级差异，从而提升个人修养，规约伦常习俗，引导社会风气，将礼推向经世致用。曾氏礼学体现了礼与理的相互勾连、相需为用特质，具有鲜明的朱子

---

① 杜万岭、孟庆圆：《维新运动与湖南的思想变革》，《新乡学院学报》2018 年第 10 期。
② 郑任钊：《魏源"别开闻域"的公羊学》，《湖南大学学报》（社会科学版）2018 年第 5 期。

礼学思想取向。①

　　郭嵩焘作为近代中国走向世界过程中的代表人物之一，本身有着丰富的关于外交、洋务等方面的思想，其哲学思想的深刻性更是不能否认的。郭嵩焘哲学思想的主要来源首先是中国传统哲学思想；其次是古希腊和西方近代英法哲学。其哲学思想的主要内容包括知几、审几、明乎理势和提倡实学、讲实效。其中贯穿了他的理势观、知行观，更有他对于中西文化的看法。郭嵩焘的哲学思想一方面为他的政治实践提供了指导，被用来处理军事问题和外交事务，另一方面也奠定了其洋务思想的理论基础。②

　　张舜徽为近代湖南文献学大家，其学博涉四部，尤精于子、史，对于道家之学研究甚深，反映了近代湖湘学术的嬗变，同时又继承了湖湘学术学以经世的传统。抗战爆发之后，面对地倾东南、国如累卵之势，张舜徽意识到自己以往沉溺于训诂文字之中，所学非能致用。故发愤学习经史，用七八时间苦读经世之书，如此方能"于天下兴亡之故，生民忧乐之本，独有以知其原"。作为湖湘学人，张舜徽认为清代湖湘士人所习事功之学，能知"国民生计之大事"，如曾国藩、左宗棠等人皆能躬身践行，成一番大事业，非训诂文字者可比。他于儒家经文、周秦诸子学说、唐宋文家之作多有采撷，其评骘准的无外三语"言行则乎古昔，学术其流别，文章辨其体制，如是而已，一言以蔽之，曰经世致用尔"。如此诸端反映了张舜徽此时试图恢宏湖湘学风的汲汲用世之心。③

　　金岳霖是近现代湖南走出去的著名哲学家，他运用西方哲学的方法，融会中国哲学的精神，建立起自己的哲学体系。金岳霖在哲学运思中和语言相遇，语言成为金岳霖运思的一个重要方面。金岳霖在运思中展现了精湛的语言分析技艺。"思""想"之分，即思想包括"思"与"想"，"思"指思议，"想"指想象。两者之别，首先可以从内容与对象这两个不同的角度说。"想像底内容是像，即前此所说的意像；思议底内容是意念或概念。想像底对象是具体的个体的特殊的东西，思议底对象是普遍的抽象的对

① 张智炳：《礼学经世：从京师到地方的视角转换——曾国藩学术思想补说》，《都市文化研究》2018年第2期。
② 马旭垚：《论郭嵩焘哲学思想及其影响》，《内蒙古财经大学学报》2018年第4期。
③ 田小玲：《湖南的汉学教育与近代学风的嬗变——以张舜徽道家思想为中心》，《普洱学院学报》2018年第6期。

象。"此外，"思""想"和语言文字的关系也不尽相同。"思"（思议）不受某种语言文字的支配，它至少是可以独立于任何一种特定的语言文字的，即使它总是寄托于某一种语言文字。"想"（想象）的内容是意象，而意象的"意味"则离不开语言文字的"意味"。"意义"与"意味"的分别，也是金岳霖所做的一个重要区分。简言之，"思""想"的分别，在语言文字上表现为"意义"与"意味"的分别。在本体论的视域中，金岳霖特别强调了"意味"，即情感上的寄托。这些分疏直接关联着金岳霖对归纳问题的思考，同时在世界哲学的背景下呈现出克服时代难题的努力。金岳霖的自然语言分析与传统术语化用启发我们：中国哲学的当下开展需要有"思"有"想"的语言。① 在人与自然、人与社会、人与自我三种关系的价值形态中，体现在人与自然关系中的幸福价值是最基本的价值形态，人对幸福价值的追求是人自我完成的首要部分。在人与自然的关系问题上，金岳霖的哲学思想为我们提供了幸福价值追求的新内涵。首先，金岳霖区分了自然与纯粹的自然，自然是综合地说，纯粹的自然是分开地说；其次，自然与人合一的愿景是幸福价值追求的完满形态；最后，在自然与人关系中对价值的追求体现了价值即是人本身的观点。宇宙自然与道德伦理之间并非不可逾越，而是有天然的沟通桥梁，人性的充实与光大在人与自然关系的价值追求中呈现。②

（四）近现代湘学与马克思主义哲学的融合研究

近现代以来，湖南是马克思主义传播最早、影响最大、马克思主义者人数最多的省份之一。湖南最早的马克思主义者既拥有深厚的传统文化、湖湘文化的基础，又是马克思主义的信仰者，在他们身上体现了传统湘学与马克思主义哲学的融合，同时推动了现代新的湘学形态的出现。十月革命后，蔡和森和毛泽东、张昆弟、罗学瓒、何叔衡等人开始筹办新民学会。1918 年 4 月，在蔡和森家中成立了以"革新学术、砥砺品性、改造人心风俗"为宗旨的新民学会。新民学会是十月革命后在中国成立的影响最大的

---

① 刘梁剑：《有"思"有"想"的语言——金岳霖的语言哲学及其当代意义》，《哲学动态》2018 年第 4 期。

② 郑毅：《自然与人关系中的价值追求——以金岳霖哲学思想为中心》，《南京航空航天大学学报》（社会科学版）2018 年第 4 期。

社会团体之一，为在湖南建立中国共产党组织做出了重要贡献。蔡和森撰写的《社会进化史》成为马克思主义史学发展史上的重要理论著述；他在探索中国革命基本问题的过程中，对中国社会性质、中国革命性质、中国革命任务和中国革命的前途以及中国社会的阶级状况等重要理论问题进行了深入研究，这也是中国马克思主义史学萌生过程中迫切需要从历史与现实的结合上回答的问题。蔡和森将马克思主义基本原理与中国实际相结合，为中国马克思主义史学的奠基做出了重大的理论贡献。[①]

20 世纪二三十年代，中国的马克思主义哲学家开始建构中国的马克思主义哲学体系，瞿秋白对建构中国马克思主义哲学体系进行了初步尝试，而李达进一步丰富和发展了瞿秋白的马克思主义哲学体系。一是李达继承发展了瞿秋白唯物辩证法的研究，进一步将唯物辩证法体系化。在其《社会学大纲》中，他构建了一个以唯物辩证法为核心的理论体系，详尽地向人们阐释了唯物辩证法，指出对立统一法则是唯物辩证法的核心，是唯物辩证法的根本法则。二是继承发展了瞿秋白马克思主义哲学整体性的思想，实现了辩证唯物论和历史唯物论的有机统一。在其《社会学大纲》中，李达发挥了列宁关于马克思主义哲学是"一块整钢"的思想，把辩证唯物论和历史唯物论作为一个有机整体看待，指出实践是辩证唯物论和历史唯物论统一的基础。三是继承发展了瞿秋白认识论的思想，他在深入研究马克思主义哲学经典文献资料基础上，立足中国革命实践经验，正确地处理了实践和认识的关系，把马克思主义哲学理解为"实践的唯物论"。李达对瞿秋白马克思主义哲学体系的继承和发展具有重大的理论和实践意义，拓展了人们对马克思主义哲学的认识，推动了马克思主义哲学的理论创新，为解决中国革命问题提供了认识工具。[②]

毛泽东的哲学著作《实践论》《矛盾论》是马克思主义哲学与中国传统文化结合的典范，开创了马克思主义中国化的全新境界。毛泽东是在具备丰富的实践阅历、深厚的文化基础和理论素养的前提下创作"两论"的。"两论"所阐发的"实践第一"和"矛盾特殊"原理，为批判党内存在的

---

① 张杰：《蔡和森对中国马克思主义史学的奠基性理论贡献》，《史学理论研究》2018 年第 3 期。

② 白莹、马启民：《李达对瞿秋白马克思主义哲学体系的继承和发展》，《重庆社会科学》2018 年第 8 期。

错误思想特别是曾给中国革命造成巨大危害的"左"倾教条主义提供了思想武器，为马克思主义中国化提供了哲学基础，为我们党和我国人民解放思想、提振自信从而为维护自身话语权和独立自主权提供了理论武器。以这两大原理为主要理论支撑所形成的"实事求是"思想路线、群众中心的群众路线、探索中国特色社会主义道路的创新精神，以及克难制胜的革命气概等，对中国共产党领导中国人民不断取得胜利是有深远指导意义的。①

其中，《实践论》作为毛泽东哲学思想体系的第一部著作，探讨了马克思主义认识外部世界的辩证唯物主义真理观、认识论和方法论。从创作来源来看，《实践论》的理论来源无疑是马克思主义哲学，但也继承和发展了中国传统哲学的认识论，特别是湖湘学派知行观。毛泽东在青年求学时期深受湖湘学派的影响，湖湘学派的知行观对他创作《实践论》有着深刻的影响。在继承发扬中国传统知行观的同时，毛泽东吸收马克思主义哲学基本原理，并将其运用到检验传统知行观之中，运用辩证唯物主义对传统知行观进行全面审视，从而全面总结、升华了知行观，解答了困扰中国哲学的知行争论，开启了马克思主义中国化的先河。②

主要矛盾学说是毛泽东哲学思想中最具有独创性的内容，是对马克思主义唯物辩证法思想的创造性发展。这个学说是世界观和方法论的统一，一方面，主要矛盾学说通过对主要矛盾，矛盾主要方面的内涵、地位、相互关系，它们与事物性质及其变化关系的论述，形成了一个完整的哲学思想体系；另一方面，主要矛盾和矛盾主要方面学说包含着深刻的方法论内涵，"研究任何过程，如果是存在着两个以上矛盾的复杂过程的话，就要用全力找出它的主要矛盾。捉住了这个主要矛盾，一切问题就迎刃而解了"。这是马克思研究资本主义社会、列宁和斯大林研究帝国主义和资本主义总危机的基本方法。毛泽东、邓小平等成功运用主要矛盾学说深刻把握不同时期我国社会的主要矛盾、基本国情和社会发展阶段，形成一系列重大理论创新成果，制定了正确的路线方针政策，不断取得革命和改革的胜利。习近平总书记基于我国主要矛盾的历史性转变，做出了中国特色社会主义

---

① 陶富源：《〈实践论〉〈矛盾论〉的深远指导意义》，《江淮论坛》2018 年第 3 期。
② 盖军静：《〈实践论〉对湖湘学派知行观的继承与发展》，《宁德师范学院学报》（哲学社会科学版）2018 年第 4 期。

进入新时代的重大判断，并依据这个判断做出了新时代坚持和发展中国特色社会主义的重大战略部署。①

1919 年的五四运动，进一步促进了马克思主义在中国的传播。刘少奇也在这一时期接触到了马克思主义，这对他的人生产生了决定性的影响。刘少奇指出，共产党人在最初的时候，在加入共产党以前，也和普通的中国人一样，是有各种不同的从旧社会得来的错误思想的。他在年幼时，是随着母亲求神拜佛的，在读了孔孟之书以后，也深信中国的封建制度和封建道德是最好的东西。后来进了所谓洋学堂，又深受达尔文学说的影响，并深信孙中山先生所倡导的民主主义学说。直到五四运动以后，才接受了社会主义的影响。在刘少奇的著述中，《论共产党员的修养》影响深远，它的单行本再版多次，总印数以千万计，还被翻译成多种语言在数十个国家发行。它深入浅出地阐述了共产党员修养的内容和方法，首次提出加强共产党员思想修养的必要性及重要意义，很好地把加强党的思想建设与中国传统文化结合起来，促进了马克思主义党建理论的中国化。②

2018 年的湘学哲学思想研究，对不同时期的代表人物和主要观点基本有所涉及，尤其是一些具有普遍意义的哲学思想，在现当代仍可予以创新性发展、创造性转换，重新引起学术界的深入思考，比如公私义利关系、实践问题、语言哲学等。这些问题既是中国传统哲学的重大问题，又对今天的哲学发展具有新的意义和价值。比如，目前我国哲学社会科学在学术命题、学术思想、学术观点、学术标准、学术话语上的能力和水平同我国综合国力和国际地位还不太相称，要求提出具有主体性、原创性的理论观点，构建具有自身特质的学科体系、学术体系、话语体系，因此，语言哲学在这个过程中可以发挥重要的作用。再如，在新时代如何处理传统文化与马克思主义的关系是一个热门话题，回顾马克思主义传入湖南之始，湖湘人物是如何实现湖湘文化与马克思主义的融合发展，就具有相当的借鉴意义。2018 年湘学中的哲学思想研究在一定程度上对这些问题做了一些探索和回答，取得了一些新的突破。

---

① 金民卿：《毛泽东的主要矛盾学说及其在国情分析中的运用和发展》，《毛泽东研究》2018 年第 1 期。
② 沈鹤：《刘少奇马克思主义的理论书要认真学》，《新湘评论》2018 年第 21 期。

需要加强的是，从湘学地域文化的建构来讲，一是对于湘学哲学的特殊性提炼可以进一步深化，在研究中既要融入中国哲学的整体发展，又要适当地体现自身的地域特色，凸显湖湘学术对于中国学术的独特贡献，强调湖湘学者对于中国思想进步的重要作用。二是要适当设置议程，提炼标识性概念，打造易于为学术所理解和接受的新的湘学概念或范畴，进一步加强创新，强调运用新思想、新理念、新办法推进湘学研究。三是探索构建新时代的湘学哲学形态，提高构建的自觉性、自信心、自主性，既要推进传统湘学研究，也要加强现代湘学的培育和建构，为湖南哲学社会科学的繁荣、文化的发展、精神文明的建设做出新的贡献。

二 湘学与中国学术发展内在逻辑之融合

湘学在发展过程中，其学人的成长、其学派的形成、其学术的繁荣，都离不开中国学术发展的大背景，湘学始终是在这个大背景下不断继承发展、开拓创新的。虽然湘学有自己的学术传承、代表人物、重要著作和学术观点，有自己的特殊性，但它同样内寓着中华文化的普遍性，两者始终相互影响、相互融合。2018 年，学术界对湖湘学派的评价、对湘学人物的专题研究以及世界哲学大会专题会议的召开彰显了湘学与中国学术发展内在逻辑的融合关系。

（一）关于湖湘学派及学人的历史评价

在湘学的发展过程中，湖湘学派为其奠定了重要理论基础，提供了深厚的学术资源。但湖湘学派作为特定的地域性学派，仍有不少争议，学界对代表人物哲学思想的阐释与评价还缺乏全面系统的研究。黄宗羲的《宋元学案》基本确定了湖湘学派之名，其编纂者梳理了湖湘学派的发展源流，厘清了胡安国作为二程私淑弟子和孙复再传弟子的师承关系及理学与春秋学的渊源。基于儒佛的根本理论差异在于是否承认天理的观点，黄宗羲批评了胡寅基于表面现象的佛教批判，又从性、心、工夫三个方面反驳了朱熹对《知言》的批判，指出胡宏的"性无善恶说"是指作为本体的善性，避免了将善恶混在的气质之性混入义理之性中，胡宏"以心属已发"的观点出自程颐早年的未定之说，胡宏"察识本心发出的端倪而后容易下涵养工夫"的观点与程颢的识仁说一致。编纂者基于心学立场推崇张栻较朱熹更早重视涵养工夫，批评其向外穷理的"集义"说，又肯定了湖湘学派"以察识日常生活中本心流行的端倪作为体认仁体之方法"的宗旨，从而彰显了湖湘学派的思想史地位。[①]

宋元明清的地域学统与书院教育关系密切，湘学学统的建立、延续就与湖南地区的书院建设有着密切的关系。湘学的创建与湘学学统的延续，得益于湖南地区发达的书院，尤其离不开中国四大书院之首的岳麓书院。南宋湖湘学派与岳麓书院一体化建设发展，极大地促进了湘学学派的形成和湘学学统的建构。尤其是张栻主教岳麓书院，开辟了一个闻名全国的理学基地，湖湘士子闻风，纷纷来此研习理学。这样，发端于衡山的湖湘学派大盛于长沙岳麓。湖湘学派的发展与张栻主教岳麓书院是同一史实的两面，它们是密切联系在一起的。这是因为，理学学派的形成和发展依赖两个条件：第一，形成自成体系、独具特色的学术思想；第二，形成政治倾向、学术主张一致的学者群体。张栻主教岳麓书院后，在这两个方面取得了很大的成果，从而推动了湖湘学派的发展，并且奠定了湖湘学统。到了元明，不仅岳麓书院一直兴学不辍，成为湘学学统的大本营，文定书堂、碧泉书院、城南书院、涟滨书院等，也都延续办学。湖湘学统的学术旨趣、学风特色等，通过书院办学而积淀下来，形成一种比较稳定的湘学学统学风，对元明以来湖南的一代代士人产生了久远的历史影响，因而当时的士大夫尊崇岳麓等书院为"湖南道学之宗"。清代以来，湘学再度崛起，产生了一个个叱咤风云的湘学人物，影响了中国近代的发展。清代湘学的几大知识群体，大都在岳麓书院接受过教育，直接或间接受过岳麓书院湘学学统的影响，包括陶澍、贺长龄、贺熙龄、魏源等经世派群体，曾国藩、左宗棠、胡林翼、罗泽南、郭嵩焘等湘军集团，谭嗣同、唐才常、沈荩、熊希龄等维新派群体，杨昌济及毛泽东等人。宋、元、明、清，岳麓书院的历代山长自觉继承湘学学统，通过书院教育，培养了一批批将内圣德性与豪杰事业、有体与有用结合起来的湘学学者群体。湘学学统借助岳麓书院的学术地位和延续办学而不断传承发展，岳麓书院也因此成为湘学的学术

---

① 连凡：《宋代湖湘学派的发展脉络及思想阐释——以〈宋元学案〉为中心的考察》，《天中学刊》2018年第2期。

中心、教育中心。①

湖湘学派的重要学者张栻虽为蜀人，但其父张浚和他长期活动在湖南地区，张栻更是在长沙城南书院、岳麓书院等地授徒讲学，时间长达10余年，与朱熹、吕祖谦等学人多次聚会，因之而湖湘之学大兴。他们的学术思想亦主要形成于湖南，影响于湖南，他们实际上成了湖湘学派的主要创建者。张栻思想的特点主要是"一本天理，传承理学""通经明理，探寻本意""实学实体，体用结合""读史通今，学究天人""倡导事功，倾向明显"。由此不难看出张浚、张栻在两宋之际由蜀而湘，适应时局的变化，与时俱进，与国家的命运紧密相连，他们走出书斋，走向战场，积极服务社会，传承优秀的传统文化，不仅做出了重要的贡献，而且具有与其他诸多学派不同的特点。他们最早旗帜鲜明地倡导事功思想，堪称事功学派的先驱。②

近代湖南新旧两派极端对立，旧派以叶德辉、王先谦为代表，新派则以谭嗣同为急先锋，双方势同水火。如果细究所谓新旧两派的思想，其实都是以传统为底色。传统既可成为守旧的樊篱，也可演变、进化为维新的动力。谭嗣同的思想演变是传统思想向"维新"转化的一个实例。梁启超写的《谭嗣同传》一直被奉为经典，他塑造了谭氏作为一个英雄烈士的鲜活形象。后来流传的谭氏生平事迹、个性偏好、烈士轶事都是出自这部小传。梁启超晚年作《清代学术概论》，仍不惜篇幅评述谭氏的思想，谭嗣同短暂的一生只有33个春秋，故梁启超称他为晚清思想界的一颗"彗星"。研究谭嗣同的思想，不能忽略他与湖湘学派相承接的"道德实用理性"。谭嗣同受湖湘学派的古典学者张载、王夫之影响甚大，梁启超称他"好王夫之之学，喜谈名理"。张载的道德精神、宇宙意识，王夫之的"实学""学以致用"以及近代湖湘学派的"经世致用"构成谭氏的传统思想背景。从梁启超前后对谭嗣同的评论文字可以看到，梁对谭的精神阐释主要着重两个方面：早期他主要是阐发谭氏的舍生取义、拯救众生的献身精神，救世博爱的宗教精神，大仁大智大勇大无畏的博大胸怀，这是一个烈士形象；晚年他则主要弘扬谭氏"冲决网罗"、批判纲常名教、排斥尊古观念的一

---

① 朱汉民：《湘学学统与岳麓书院》，《孔学堂》2018年第2期。
② 杨国宜：《张浚、张栻的生平、学派和思想特点》，《南昌大学学报》（人文社会科学版）
2018年第4期。

面，这是一个思想先驱者的形象。梁氏之所谓"思想彗星"，这当然与新文化运动的影响有相当关联。从维新烈士到"思想彗星"，这是梁启超评价谭嗣同走过的轨迹。梁启超对谭氏精神的阐扬成为后来人们理解、把握、评价谭氏的基调。后来虽然有关谭氏的研究成果层出不穷，但大体不离梁任公指陈的轨道。①

在古文字学领域，国学大师章太炎曾经批评王安石、王夫之和王闿运不懂文字学，又批评晚清湘学诸家对于古文字学、音韵学"实未得其分毫也，偶一举及，其疵病立见矣"。对此，同为湖南人的青年杨树达写道："太炎先生尝云三王不通小学，谓介甫、船山、湘绮也。三人中，湘士居其二。"他认为自己"他日仍当归里教授，培植乡里后进，雪太炎所言之耻"。功夫不负有心人，杨树达后来真的成了大名鼎鼎的古文字学家，并且一生致力于学术报国。中国在甲午战争中惨败，国人深受刺激，维新运动渐起。但在全国各省中，真正有实质性改革举措的几乎只有湖南一省。1897 年，湖南维新派人士在长沙设立时务学堂，杨树达同年考入。杨树达通过时务学堂得到了学习各科知识的机会，而且在获取知识的同时，也受到救国图强思想的熏陶。梁启超成为杨树达青少年时期的偶像，他的一句"救国在学"，被杨树达奉为圭臬。杨树达终生致力于学术事业，也可以说正是在践行梁启超的"救国在学"理论。②

现代中国学术的发展同样受到湖湘学派的学术思想影响，熊十力作为现代新儒家的开山人物，对湖湘学派的王船山异常关注。他认为"船山本晚明大思想家，吾平生服膺甚至"。熊十力对王船山的思想学术有非常深刻的认识与把握，并将其作为自己的思想基石，予以吸收融化、转换创造。具体而言，他的宇宙本体论（彰有破空与体用不二、乾坤互含与翕辟成变）、人生论（尊生率性、性修不二）、哲学精神（《易传》为体、《春秋》为用的思想格局，会通意识的凸显，历史文化意识）等诸多方面都打上了船山思想的深刻烙印，充分体现了船山学术思想的持久生命力和深远影响力。③

---

① 欧阳哲生：《从维新烈士到思想彗星——梁启超笔下的谭嗣同》，《读书》2018 年第 12 期。
② 郑林华：《一生以学术报国为追求的杨树达》，《湘潮》2018 年第 9 期。
③ 吴戬：《试论王夫之对熊十力思想的影响》，《衡阳师范学院学报》2018 年第 5 期。

（二）关于湘人湘学的学术专题研究

一是纪念周敦颐诞辰 1000 周年专题文章。2017 年是周敦颐诞辰 1000 周年，2018 年《湖南科技学院学报》刊登了一组纪念学术会议上的专题文章。第一篇讨论了周敦颐在道学发展史上的地位，强调周敦颐是道学当之无愧的首创者和奠基者。虽然冯友兰先生认为二程才是道学的开创者与奠基人，但二程是濂溪先生的学生，从周受教。濂溪先生以其《太极图说》与《通书》口授二程。二程说"天理二字是自家体贴出来"，从哪里体贴出来？就是从《太极图说》与《通书》中体贴出来的。二程突出"仁者与万物为一体"，谓"人当学颜子之学"，谓"夫动静者阴阳之本"，谓"动静无端，阴阳无始"，都是对老师学说的继承与发展，而非自己凭空独创。①

第二篇探讨了周濂溪的著作和他的思想。关于他的著作，现在通行的有《太极图说》《通书》两本，说是两本书，事实不然。周濂溪的著作只有这么多，生前并没有整理，去世之后也没有及时整理。在他去世之后，著作由两条线路在传，一条线路出自程门，另一条线路是他终老的九江庐山濂溪书堂。他的著作在庐山旧家是有收藏的，就是《通书》。程门的《通书》是附有《太极图说》的，而在"九江家传旧本"中，《通书》没有附《太极图说》。进一步考虑可以注意到，在周敦颐去世之后，经过元祐的较大变动，到程伊川晚年，其间程氏门人提到或引用周敦颐著作的，就目前所见，没有《太极图说》。周濂溪的思想观念，一个是"太极"，一个是"诚"，都是从先秦就有的观念。关于他的"无极而太极"有三种说法，一种是"无极生太极"，一种认为"无极而太极"是一体，一种认为"无极而太极"是两个阶段。周濂溪讲"诚"，很大程度上是讲"仁"，是讲境界。实际上是把"诚"作为天地的根源性，把"诚"作为一个流行之体。一个是万物的根源，一个是流行之体，这两方面把意思都表达了。②

第三篇是湖湘学人对周敦颐的历史记忆与文化诠释。周敦颐的特殊性在于，儒学在他那儿是具有原创性的。他的原创性就在于把儒学的中正仁

---

① 金春峰：《周敦颐是道学当之无愧的首创者和奠基者》，《湖南科技学院学报》2018 年第 4 期。

② 杨柱才：《周濂溪的著作和他的思想》，《湖南科技学院学报》2018 年第 4 期。

义进行处理，将"人极""天道""无极""太极"与圣人的"神""圣"和"万物之始""乾道变化"结合在一起，这样一个宇宙论可以解决儒家名教的安身立命问题。他创立的这一套思想体系在后来一代代大儒的手中完善化、系统化，最终确立了一个全世界的儒教。因此，湖湘学人要做的是一种文化建构。文化建构有两种意义，一种是道统史上的意义，一种是区域文化史上的意义。湖湘学人特别提出，濂溪学不仅属于道统史上的周濂溪，还属于湖南的周濂溪。①

第四篇是关于理学的历史形态的论述。儒家学说、理学思想首先是一个历史概念，对于历史上的问题，要抱以历史的态度。在中国以及整个东亚的古代历史上，儒家学说、理学思想无疑处于中国传统文化的主导地位，并且向周边国家辐射，在东亚形成了儒家文化圈。在古代历史上，儒家学说、理学思想对古代文明的发展延续起了积极的正面作用是毋庸置疑的。我们对古人所做的贡献，对古代的思想学说和文献著作，应当给予积极的肯定，待以温情和敬意。对历史问题的学术研究，要在实事求是的前提下，结合具体的环境、语境，不厌其精地寻求每一个细节的真相，还原每一句言语的本义。从唐虞到洙泗，从洙泗到濂洛关闽，其历史渊源、发展脉络、基本走向都有待于更深入的研究。相对于孔孟、程朱，对周敦颐的研究有其特殊性，以往的研究也相对薄弱，还有不少内容亟待学者发掘，填补空白。②

二是纪念"朱张会讲"850周年专题文章。2017年是"朱张会讲"850周年，岳麓书院于11月主办了"张栻朱熹与儒家会讲传统"国际学术研讨会。《湖南大学学报》在2018年第1期刊发相关成果，重新思考、探讨了"朱张会讲"的历史及他们的学术互动。专题第一篇讨论了"朱张会讲"叙述方式的演变。乾道三年的"朱张会讲"是朱熹、张栻围绕共同关心的学术问题所进行的一次讨论。对朱熹、张栻来说，这是一次完全平等的学术交流与对话。在同时代学者看来，朱、张二人的学术成就与学术地位也难分轩轾，因而总是将二人相提并论。但是朱子门人后学基于其道统观念，

---

① 朱汉民：《湖湘学人对周敦颐的历史记忆与文化诠释》，《湖南科技学院学报》2018年第4期。

② 张京华：《理学是一个历史形态》，《湖南科技学院学报》2018年第4期。

在对"朱张会讲"的叙述中，突出朱熹的主流、正统地位，强调朱熹的主导作用，而将张栻描述为最后改变自己看法而完全认同朱熹之说。对"朱张会讲"的叙述是朱熹正统地位建构过程中的一个环节，且随着朱子学地位的不断上升，这一叙述逐渐为更多士人所接受，并在元明清时期通过不断的重复变成被大多数士人学者所认可的"事实"，为朱熹在当时的地位与影响提供佐证。对"朱张会讲"叙述方式的演变过程加以考察，思考历史事实与话语建构之间的关系，可以加深对思想观念形成过程的理解与把握。①

第二篇探讨了"朱张会讲"的缘起、过程、特征及意义。"朱张会讲"与朱张交往是一种政治、学术、工作、生活上的全面交往，这种交往之所以可能，与朱、张二人背后的学源相通、家世相交、朋友相共以及政治立场一致等条件密切相关。作为中国学术史上的重要事件，朱、张二人及其所在学派，正是通过"朱张会讲"及其进一步交流和论辩，逐渐完成了各自学问体系的建构；岳麓书院也因"朱张会讲"而闻名天下，并因此而更加注重学术研究与创新；"朱张会讲"使湖湘文化从此走向了全国学术的中心舞台；"朱张会讲"也提供了一种"和而不同"的学术交流与交往模式，并对我国宋以后学术共同体的形成具有重要意义。②

第三篇是关于朱熹与张栻、吕祖谦互动的述略。朱熹与同时代的思想家张栻、吕祖谦等围绕共同尊奉的儒家经典，在治学方法、道德思想和政治目标等各个方面进行了持续不断的讨论。20世纪及以前的学者对朱熹同时代学者的研究大多着眼于朱熹对他们的看法，此外这些学者倾向于将朱熹刻画成独特的思想家，同时对其天才式的思想加以赞扬。即使有学者对朱熹思想体系表示不满，也仍倾向于反映朱熹对其同时代儒者的批评。20世纪90年代出现一个重要的转折，东西方学者开始关注与朱熹同时代的儒者，并结合时代背景对他们展开研究，学界不但对朱熹同时代的儒者给予了更高的评价，而且还认为他们对朱熹及其思想产生了重要的影响。③

---

① 肖永明：《事实与建构："朱张会讲"叙述方式的演变》，《湖南大学学报》（社会科学版）2018年第1期。
② 李清良、张洪志：《"朱张会讲"的缘起、过程、特征及意义》，《湖南大学学报》（社会科学版）2018年第1期。
③ 田浩：《朱熹与张栻、吕祖谦互动述略》，《湖南大学学报》（社会科学版）2018年第1期。

三是纪念王船山诞辰 400 周年专题文章。2019 年是王船山诞辰 400 周年，《船山学刊》作为刊发王船山研究成果的重要平台，在 2018 年开辟了"纪念王船山诞辰 400 周年专栏"，刊发了一系列具有重要价值的研究论著。比如，第 1 期重点研究和介绍了萧萐父、许苏民的《王夫之评传》。《王夫之评传》被誉为"用马克思主义解读王船山的集大成者"，其特点在于：第一，萧萐父先生集成了自己在船山哲学的本体论、辩证法、认识论和历史哲学诸领域的成果，并且从深度和广度两个方面取得了更多的成就；第二，汇聚了马克思主义船山学研究成果，如全面继承了侯外庐先生的船山学研究成果，对冯友兰、嵇文甫的船山学研究成果有所吸收，在自己以前少有涉及的领域广泛吸收了新时期以来的船山学研究成果等，还吸收了新儒家的船山学研究成果；第三，在继承和吸收他人成果的基础上，对船山哲学的唯物论特性与启蒙思想的阐发等有了更精深的阐释；第四，萧萐父先生在船山学研究方面取得的巨大成就得益于他的研究方法，即注重研究的生发点，重视史料鉴别，学贵涵化融通。①

第 2 期回应了船山宗朱、反朱抑或超朱之争讼的问题。自船山殁后至于今，学界围绕船山学术旨趣争讼已久，诸种说法或盛传一时，或流行至今，然细考之，均有偏颇，亦无有公论。船山与朱子之间关系的判断，制约甚至决定着对船山思想渊源、学术旨趣的定位。依已有之成论，在宋明学术的框架中，船山学说与朱子学说的关系可以归结为：船山笃守朱子学、走出朱子学与超越朱子学三种。由此可将船山学术旨趣化约为：船山以理学为宗、对朱子理学的倾覆以及集道学之大成三种争讼观点。宜以整个思想史的视域，将船山之思想视为朱子学说之"反动"，即对于朱子在理学开新的过程中丢掉了原始儒家的精髓、失去了儒家之所以为儒家之意蕴的"反动"，从而将船山学术旨趣追溯至尽"明人道"的先秦孔孟之正学，肯定船山以复先秦之古为解放的正面价值。②

第 4 期探讨了朱伯崑的船山易学论。关于船山易学思想的形成，有两种比较普遍的观点：一是将船山易学传统仅仅归于张载；二是在船山易学与

---

① 朱迪光：《20 世纪马克思主义视阈下船山学研究的汇集与创新——萧萐父、许苏民〈王夫之评传〉研究》，《船山学刊》2018 年第 1 期。
② 陈力祥、杨超：《船山宗朱、反朱抑或超朱之争讼与辨正》，《船山学刊》2018 年第 2 期。

程朱理学的关系上，过于强调二者对立的一面。朱伯崑认为，这两种观点都不甚妥当，他从易学思想的源流考察船山易学与张载、方以智、程颐、朱熹的关系，认为船山易学主要继承的是宋易义理学派中理学和气学的传统，并指出"乾坤并建"是船山易学的最大创见，进而肯定船山易学为其气本论的哲学体系奠定了思想根基。朱伯崑对船山易学的阐释，是其易学哲学史研究方法和观念的集中体现。①

四是谭嗣同研究专题文章。2018 年，《燕山大学学报》推出一组"谭嗣同研究"专题文章。第一篇论述了谭嗣同视界中的教学关系。在对教的界定和理解上，谭嗣同将教与学视为两个不同的概念，故而有别于康有为将教与学等量齐观的教学相混与严复凸显教学势不两立的教学殊途。在这方面，谭嗣同明确厘定了教与学之间的关系，断言"教能包政、学"。这个命题将教凌驾于政与学之上，也使教成为一个更为宽泛的概念，并且宣布了孔学不等于孔教。沿着这个思路，谭嗣同一面否认凭借保教来保国、保种的可能性，一面强调学是保国、保种的捷径。这使他将拯救中国的希望最终落实到学上，也决定了他对学的格外青睐。在对教的思考中，谭嗣同关注教与学的关系，明确指出教能够包学，而学不能够包教。他这样做具有双重动机——既是为了避免以学代教，使教在内容上日益被"剥削"而狭隘化，又是为了将学归到教的统辖之下，在慈悲、灵魂的指引下兴盛以格致为基础的专门专业之学。②

第二篇是关于谭嗣同"仁为天地万物之源"的多维阐释。"仁为天地万物之源"作为谭嗣同哲学思想体系建构中的重要命题之一，对于理解谭嗣同的哲学思想具有片言居要的积极意义。该命题具有多维指向：从本体论维度来看，其将仁确立为天地万物的本源和宇宙间的最高法则，仁即心即识，天地万物生灭、流转在于仁、心、识的成毁、造作；从道德伦理维度来看，其将仁看作全部伦理规范、道德原则的本根，仁之内涵在于博爱，根本属性在于通，通之义在于平等，在于冲决阻碍"中外通、上下通、男女内外通、人我通"之网罗；从认识论维度来看，仁为万物之源，人们对

---

① 方红姣、王方媛：《朱伯崑的船山易学论》，《船山学刊》2018 年第 4 期。

② 魏义霞：《谭嗣同视界中的教学关系》，《燕山大学学报》（哲学社会科学版）2018 年第 4 期。

天地万物的体认便是对仁，即对心、识的体认，让一人之心与万有之心彼此相通，以此破除对待，实现平等的价值目标。①

第三篇重点介绍了谭嗣同对"三纲""五伦"的批判。谭嗣同生活的时代恰逢中国"数千年未有之大变局"的危急时刻，"救亡图存"成了当时的最强呼声。谭嗣同的"冲决伦常之网罗"口号便由此而生。"冲决伦常之网罗"就是要对"三纲""五伦"等中国传统伦理道德进行批判，他认为，"三纲""五伦"并非天理、良知，而是君主为钳制天下百姓而造的工具，谭嗣同指出了"君为臣纲"的不合法性，提出"民本"论思想，严重冲击了君主至高无上的地位，瓦解了"三纲"等官方伦理思想。谭嗣同对"父为子纲"的批判撼动了近两千年来根深蒂固的陈腐观念，从灵魂的角度阐述父子平等。针对"夫为妻纲"，他揭示了封建家庭中妇女所遭受的地狱般的不平等待遇，宣扬男女平等和对妇女进行保护。谭嗣同提倡以"朋友之伦"对其他"四伦"进行改造，认为只有摒除这些"虚名"，做到真正的平等，才能最终实现"大同社会"。由此可见，作为中国近代启蒙思想家，谭嗣同对"三纲""五伦"进行了大胆的批判，这不仅是对明清之际早期启蒙思想家的超越，具有鲜明的近代特色，而且对中国近代启蒙有重要意义。最后的目的在于建立平等、自由等新道德。②

（三）关于 2018 年世界哲学大会"纪念王船山圆桌会议"的综述

2018 年，世界哲学大会第一次在中国举行，其中专门有主题为纪念王船山的圆桌会议，充分显示了船山哲学在世界上的重要地位和影响。该系列专题会议由国际哲学团体联合会和北京大学主办，中国书院学会、《船山学刊》、北大国经智库联办，船山总会、船山书院、华夏文创研究院承办，分为"船山实学与阳明心学""王船山实学思想与新时代新实学""书院教育与'学以成人'"三场学术会议。

一是船山实学与阳明心学研究。朱子理学与阳明心学是宋明道学的两

① 李洪杨：《谭嗣同"仁为天地万物之源"的多维阐释》，《燕山大学学报》（哲学社会科学版）2018 年第 4 期。

② 罗来玮：《谭嗣同对"三纲""五伦"的批判》，《燕山大学学报》（哲学社会科学版）2018 年第 4 期。

大主要阵营，一直是学者关注的重中之重。20 世纪 80 年代以来，将船山学说视作中国传统唯物主义与辩证法，进而与朱子学说进行比较的做法甚为流行。将船山实学与阳明心学加以辨别，则是近几年学界研究的热点之一。中国科学院大学谢茂松教授较为深刻地阐发了船山思想的历史以及现实意义，并指出正是由于船山具有以学术来正世道人心之信念，他才能"流连颠沛而不违仁，险阻艰难而不失其正"，显现出船山对于中国文化价值理想的信仰。陈力祥教授以船山对朱子、阳明"格物致知"二元对立模式之批判与圆融为题，主张朱子、阳明和船山都很重视"格物致知"，但他们分别从不同的逻辑和理论起点展开对格物致知的阐释：朱子和阳明在"格物致知"理解上有外格与内格之分歧，船山对朱子和阳明"格物致知"的理解兼采阳批阴融的态度，解决了朱子与阳明关于"格物致知"层面的各执一词问题。谭忠诚副教授认为，船山始终秉持儒、释、道三家之学是有"正""邪"之别的，其毕生的治学宗旨是志在"守正道以屏邪说"。与"佛老"划清界限是船山治学的一大特色，"辟异端者，学者之任，治道之本也"。这里船山所要"辟"的"异端"主要是指道家的"老庄之学"、佛门的"浮屠之学"和法家的"申韩之学"，也包括儒学内部受过佛老之"黏染"的程朱理学与陆王心学。①

二是王船山实学思想与新时代新实学研究。船山思想并不是木乃伊与金字塔，让人敬而远之。船山思想之所以让无数人服膺，是因为其具有内在持久的生命力，能够因时而变，为不同的时代提供医病之方。北大国经智库研究员廖灿强调了船山实学与行动哲学的重要意义：船山"经世致用、知行并进"的实学思想，汲取了孔子学以致用的实践智慧，在批判程朱"知先行后"和阳明"知行合一"说的基础上，构建了"知行并进"的知行统一观，突出了行动的优先地位，强调认识必须化为实践的行动，达到知行并进的境界。而后他以船山的知行观为中心，考察了船山实学思想中行动哲学的道德内涵和社会指向，比较借鉴西方行动哲学思想，更加深入地诠释了中国哲学的实践智慧和现实意义。王重希先生认为，船山思想和精神价值于近代愈被发掘和认识，对于近代中国社会的变革产生了积极而

---

① 杨超、罗金良：《世界哲学大会"纪念王船山圆桌会议"系列专题综述》，《船山学刊》2018 年第 5 期。

深远的影响，如用一句话来概括，就是思想启蒙的先声。其先声的作用与意义是巨大的，而这些具有先声意义的思想与船山先生高贵的气节、忧国忧民的意识相呼应，而形成磅礴的正向引导之力，这些对于人性的正向塑造，对于社会合理的走向，对于历史的辩证认识，都具有无比宝贵的价值，同时这些价值具有人类共性。所以，船山先生的思想和精神价值也是属于全人类的宝贵财富。华东师范大学哲学系陈焱博士讨论了船山实学对郭嵩焘洋务外交理论的思想影响，认为郭嵩焘在推动洋务运动的时候，实际上是以船山实学思想作为方法论依托与理论参照以接续西学的。郭嵩焘的洋务思想中体现了船山对于中国传统哲学思想之变革的思考，船山思想作为中国传统哲学的代表，在郭嵩焘务实求变的洋务思想中发挥了十分重要的影响。北京师范大学区域化教育研究中心研究员、船山文化传习总会会长盛彪指出，党的十八大以来，习近平总书记至少六次在公开讲话中提及王船山及其哲理名言，并认为此举绝非偶然，而是体现了习近平总书记的高瞻远瞩与脚踏实地的治国理政格局。①

三是书院教育与"学以成人"研究。船山先生曾受教于岳麓书院，书院教育对其思想的形成以及人格的养成产生了十分重要的影响。朱汉民教授指出，在统筹推进世界一流大学和一流学科建设的历史进程中，需要对中华优秀传统文化中的教育思想进行创造性转化、创新性发展。而我国古代书院的优秀传统，尤其是其中的"成人"教育理念，对当今教育颇有启发意义。陈力祥教授在已有研究的基础上，探讨了书院教育隐形的和合哲学价值，并认为书院学规之设立，以规范伦理的方式规约人之行为，目的在于增进人之德性；书院乐教制度的形成，对净化人之心灵、养人之德，功不可没；书院章程的设立，更使上自书院山长以至书院诸生，皆以修身为本。古代书院教育制度，从章程、学规到乐教制度，皆以修身为本，厚德隆礼，彰显的是其背后隐形的和合哲学价值。中国实学研究会张跃龙先生认为，书院教育有千余年的历史，它所包含的内容已极大丰富。在"学以成人"理念的指引下，书院教育的特色和优势也更加凸显出来。在新时代、新的历史条件下，书院教育与现代教育存在一定的差异，但是，最终

---

① 杨超、罗金良：《世界哲学大会"纪念王船山圆桌会议"系列专题综述》，《船山学刊》2018 年第 5 期。

目的的一致性，使得二者在并存中相互补充、成为推动社会发展的原动力。①

2018 年，对于湘学学人学派学术观点的研究，呈现专题化、问题化、深入化的特点。这一年刚好处于一些重要时间节点的前后，如周敦颐诞辰1000 周年、"朱张会讲"850 周年、王船山诞辰 400 周年、谭嗣同牺牲 120周年、世界哲学大会召开等，学术界围绕这些时间节点，分别推出了具有重要纪念意义的专题讨论，从多个方面多个层次深化了对湖湘人物学术思想的研究，也在一定程度上对湘学研究起到了重要的推广作用，同时进一步揭示了湖湘学者在中国学术发展史上的重要地位，以及今天研究湖湘学者、阐发湘学价值的重要意义。需要注意的地方在于，相关专题和人物研究的内容存在重复、简单、碎片化的倾向。一些专题在呈现某个人物思想的丰富性、深刻性和系统性方面还有加强的空间，这就需要有针对性地策划和组织，从不同角度、新的研究方向等方面进一步改进。首先可以建立新的协同机制，沟通湘学研究相关学术和科研机构，对湘学研究加强规划、策划和立项，形成一定的学术规模效应和品牌效应。其次可以加强创新，无论是知识创新、理论创新还是方法创新，形成新的学术热点和学术生长点。最后可以加强对外联系，与其他地域性学派、研究机构广泛合作，尤其在研究一些生平历经多个地方的思想家时，更要加强沟通和交流，定期召开学术会议，进行比较研究，相互补充促进，开创新的局面。

三 关于治国理政的理性思考

近代以来，湖湘人才群体辈出，写就了"一部湖南近代史，半部中国近代史"的光辉篇章。"中兴将相，什九湖湘"，湖南人才群体在近现代中国政治、经济、文化等方面都发挥了重要作用。以魏源、曾国藩、宋教仁、毛泽东、刘少奇等人为代表的湖湘人士，他们心忧天下，为国家富强和民族独立而奋斗，有着鲜明的政治理论与思想。2018 年关于湘学政治思想的研究，较为薄弱的是对戊戌维新时期和辛亥革命时期湖湘人士如黄兴、蔡

---

① 杨超、罗金良：《世界哲学大会"纪念王船山圆桌会议"系列专题综述》，《船山学刊》2018 年第 5 期。

锷、谭嗣同、熊希龄、唐才常等人政治思想主张的研究。戊戌维新时期和辛亥革命时期，湖南涌现一大批政治家。维新时期的谭嗣同、唐才常等人由主张改革到发动"起事"，试图推动中国社会开始新的征程。辛亥革命时期的黄兴、宋教仁、蔡锷、禹之谟等人，积极发动武装起义，同时又提出各自的政治主张，并对近代中国产生了重要的影响。因此，这些湘学名人为国为民的政治思想仍有进一步加强研究的空间和价值。

（一）晚清湖湘人士的理政主张

晚清启蒙思想家、政治家、文学家魏源，生活在内忧外患、腐朽不堪的清嘉道时期。他受勤廉家风和经世致用的湖湘文化的影响，形成了丰富且极具特色的廉政思想，主要包括以便民、富民为主的民本观，利商、易简为主的治吏观，崇俭、禁奢为主的节用观，重情、实用为主的选贤观等，并在其从政为官东台、兴化、高邮任上进行广泛的实践。①

魏源对中国传统政治文化有深刻的体察与认知，并提出了一系列相关理念，体现了他对传统政治文化的思考。他尊崇天命，敬畏鬼神，深怀忧患意识，但也相信"人定胜天"，褒扬"造命"君子；魏源还重申王道之治，主张王道纯出乎道德、王道是学古变易之道、王道有近功等，他对王道实施主体提出了严密的执政素养规范；他还重视法之功用，提出治法与治人兼备；魏源还有鲜明的重民思想、富民思想等。②

晚清政治家曾国藩在恶劣政治生态中始终恪守心中的政治规矩，其政治规矩实践体现为：辨义利轻重之别，顾全大局；规上下权力之范，维护权威；防内外朋党之患，远离巨室；杜左右宗派之风，规避山头。曾国藩遵守政治规矩的背后，离不开指导、约束其政治规矩实践的生成机制，即以内圣外王之道为核心的价值体系、以参透盛衰盈虚为特征的心智模式、以团队夹持箴劝为形式的团队文化。③

《讨粤匪檄》是曾国藩针对太平军发布的《奉天讨胡檄布四方谕》等多篇檄文而进行的舆论反击之文。《讨粤匪檄》既是士大夫阶层试图捍卫纲常

---

① 戴鹤：《魏源的廉政思想及其政治实践》，《邵阳学院学报》（社会科学版）2018 年第 5 期。
② 胡慧娥：《魏源对中国传统政治文化的认知》，《湘潭大学学报》（哲学社会科学版）2018 年第 5 期。
③ 周海生：《论曾国藩政治规矩的生成机制》，《湖南人文科技学院学报》2018 年第 3 期。

名教的战斗宣言，也是晚清理学经世派追求"内圣外王"的时代呼声。曾国藩在檄文中公开打出"卫道"的旗帜，力图全力攻击太平军的致命弱点，以争取社会舆论的支持，极具针对性和煽动性，达到了孤立、分化以及瓦解太平军的目的，为最终平定太平天国运动奠定了一定的社会舆论基础。①

重刑思想是曾国藩刑事法律思想的重要组成部分。曾国藩在长期的政治生涯中，形成了重典"治民""治军""治吏"的法治思想，并将其付诸实践。经过曾国藩治理的地区，局势相对稳定，吏治相对清明。②

郭嵩焘是湘军将领之一，也是外交家、政治家。他的政治思想在很大程度上体现在学习西方的观念上。郭嵩焘作为近代中国首位驻外公使，有着先于时人对中外关系的认识，即由被动到主动的外交意识、由"夷狄观"到"平等观"的外交态度、由"中体西用观"到"本末有序观"的外交选择。这些认识指导了他在驻外期间具体的外交活动并取得了良好的效果。郭嵩焘的出使也对中国开启外交近代化的序幕、明晰当时与各主要国家之间的关系以及进一步深化对西洋文明的理解等产生了深远而持久的影响。③郭嵩焘虽是洋务中人，却因对洋务"中本西末"的深切怀疑、对西方政教的推崇、对秦汉以来霸道王权的深刻批判而饱受朝野谤议。作为晚清中国第一位真正走向世界的先哲，郭氏在对中西政教之本的上下求索中，不断更新关于中西政治文化的认识，并对中国两千多年专制体制进行了追本溯源的剖析，从而成为晚清中国一位独见独知、具有超越思想的"孤独的先行者"。④

同光时期，人们常认为中西之间存在道器之别，暗喻着中西有不言自明的差别性。在这种思维定式中，以机器而富强的西方模式和中国传统的治国之道不谐和。郭嵩焘则认为中西之间本质是相通的，西方富强之所本和中国古圣所申明之道其实一致，故向西方学习并非趋慕违背圣人之道的"异术"，反而是向"道"的回归。且文化、制度优先于器物的文明观念是

① 孙光耀：《从〈讨粤匪檄〉看曾国藩对太平天国的舆论反击》，《河北北方学院学报》（社会科学版）2018年第6期。

② 李晶：《论曾国藩重刑思想的实践》，《法制与社会》2018年第34期。

③ 刘平：《郭嵩焘出使英国述评》，《湖南工程学院学报》（社会科学版）2018年第3期。

④ 顾春：《"中本西末"乎？"政教为本"乎？——论郭嵩焘的西方政治观》，《北京科技大学学报》（社会科学版）2018年第3期。

中西相通的，器物并非西方富强的本源。这样一种中西相通的理念是晚清"趋西"风潮得以形成的思想关键。①

晚清重要军事人物左宗棠是晚清廉官群体的代表人物，公心是左宗棠廉政观的核心范畴。左氏论公心先从辨识层次开始，一无偏私、二识是非、三见大小，依序递进，逻辑层次分明。身为程朱理学的坚定信奉者和笃实践履者，左宗棠修官德时格外看重求仁、求善、求敬、求慎四项理学工夫，并视四者为培育、涵养廉洁奉公之心的实现路径。左宗棠在晚清官场出淤泥而不染，得益于理学的长期熏陶以及修身践履上的持之以恒，其公心思想与理学影响密不可分。②

左宗棠在地方治理过程中，在实行军事打击的同时，也非常注重社会政治治理模式的完善。同治年间，福建由于负山滨海的地理环境和械斗成风的民间传统，加之内部吏治败坏、外有西方列强冲击的晚清政局，最终在太平天国运动时期所形成的大规模的社会失控状态的诱发之下，形成了盗匪、会匪与斋匪多种组织系统的严重匪患问题。左宗棠通过以军事打击为主，辅之对地方吏治、军队、财政和社会风气的整顿与建设，使得福建匪患得到了一定程度的治理。③

（二）国民党湘籍人士的政治思想

民国时期，湖南人才群体更为兴盛。一方面是从事国民革命的国民党政要，另一方面是坚持马列主义的中国共产党人。

宋教仁最鲜明的政治思想是倡导民主共和，倡导法治和制度建设，同时，他又具有民族革命思想。宋教仁的民族革命思想经历了由简单的"夷夏"之辨到揭露、批判清朝专制统治，直至以革命手段推翻清朝的演变，中间没有经历孙中山等人那样的改良阶段。流亡、留学日本期间，宋教仁注意观察并研究西方政治，确立了民主革命思想。宋教仁民主共和思想受

---

① 李欣然：《道器与文明：郭嵩焘和晚清"趋西"风潮的形成》，《探索与争鸣》2018 年第 8 期。

② 徐雷、刘克兵：《晚清廉吏左宗棠的公心思想》，《怀化学院学报》2018 年第 9 期。

③ 董鹏飞：《同治年间福建匪患及左宗棠治理探究》，《宁德师范学院学报》（哲学社会科学版）2018 年第 3 期。

到孙中山的影响，但有自己的特点，如主张责任内阁制、两党制等。①

谭延闿和蒋介石先后追随孙中山多年，在广州革命政权内担任重要职务。孙中山逝世后，谭延闿与蒋介石的关系经历了复杂的演变。从1926年至1930年，谭延闿逐步由蒋介石的"同僚"转变为蒋的"臣僚"。其间，谭延闿对蒋介石走向权力中枢曾予以有力的支持，对蒋介石的独裁也进行了一定的抵制和抗争。由"同僚"转变为"臣僚"，谭延闿经历了一个调适过程，但"湘案"与蒋桂战争爆发后，其不得不依附于蒋，并与蒋结成了利益共同体。之后，谭延闿全力支持蒋介石，在国民政府内形成了"谭内蒋外"的合作机制。②

济南惨案发生时，谭延闿任国民政府主席，面对羸弱的国力，他力劝蒋介石坚忍负重，以北伐为主，避免与日冲突。兖州会议中，以谭延闿为首的南京中枢与蒋介石一致采取对日"不抵抗"政策，但仅限于军事。面对欲扩大冲突的日军、孤立的国际舆论及国内反日情绪，国民政府不仅战难，和亦不易。为此，谭延闿协助蒋介石在外交上与日积极抗争，在国际上扩大宣传，在国内暗中领导民众运动，终使日本同意以外交解决济南惨案，从而使北伐顺利完成。③

（三）湘籍党和国家领导人的治国思想

湘籍中国共产党人的政治思想主张，特别是毛泽东思想，指引着中国革命道路，对新民主主义革命胜利产生了重要影响，新中国成立后，更是擘画了社会主义革命和建设宏图。毛泽东、刘少奇、任弼时等湘籍党和国家领导人的政治思想非常丰富，如新民主主义革命思想以及关于社会主义道路、制度、理论等的思想，包括政治建设、制度建设、意识形态观、党群关系、阶级斗争和矛盾学说等。

习近平总书记在庆祝改革开放40周年大会上的讲话中指出：以毛泽东同志为主要代表的中国共产党人，"建立了中华人民共和国，确立了社会主

① 刘秋阳、张伟杰：《宋教仁民主共和思想的历史逻辑及其制度设计》，《福建江夏学院学报》2018年第1期。

② 肖如平、周志永：《从同僚到臣僚：谭延闿与蒋介石关系的演变（1926—1930）》，《民国档案》2018年第4期。

③ 周志永：《谭延闿与济南惨案中的对日政策研究》，《党史研究与教学》2018年第5期。

义基本制度，成功实现了中国历史上最深刻最伟大的社会变革，为当代中国一切发展进步奠定了根本政治前提和制度基础"，"党在社会主义革命和建设中取得的独创性理论成果和巨大成就，为在新的历史时期开创中国特色社会主义提供了宝贵经验、理论准备、物质基础"。新中国的成立及其后的社会主义建设这一伟大历史进程的重要意义在于，完成了中华民族有史以来最为广泛而深刻的社会变革，为当代中国一切发展进步奠定了根本政治前提和制度基础，为中国发展富强、中国人民生活富裕奠定了坚实基础，实现了中华民族由不断衰落到根本扭转命运、持续走向繁荣富强的伟大飞跃。从渊源关系上说，毛泽东关于社会主义建设的探索和经验是中国特色社会主义理论体系的直接准备和来源，两者之间有着密不可分的内在必然联系。第一，毛泽东带领人民建立的社会主义基本制度为中国特色社会主义理论体系的孕育提供了制度前提。在毛泽东领导下所建立的社会主义基本政治制度、基本经济制度和与之相适应的意识形态，构成了我国社会主义社会的基本制度体系。第二，毛泽东领导的大规模社会主义经济建设取得的巨大成就和重要经验为中国特色社会主义理论体系的创立提供了物质基础和宝贵启示。生产力不发达和贫穷落后是我国进入社会主义初级阶段时最显著的特点。为了尽快改变中国的落后面貌，毛泽东带领全党和全国人民在极为严酷的环境下克服重重困难，取得了社会主义建设的巨大成就。如果没有这29年间所提供的物质技术基础和宝贵经验，要开辟中国特色社会主义道路和创立中国特色社会主义理论体系是不可能的。第三，毛泽东探索社会主义建设规律的立场、观点、方法为中国特色社会主义理论体系提供了一脉相承的思想方法。如何在中国这样一个经济文化落后的大国建设、巩固和发展社会主义是一个崭新的课题，毛泽东在我国社会主义制度刚建立的时候就及时地提出了进行"第二次结合"的历史使命，其出发点就是要把科学社会主义的基本要求同中国的实际结合起来，走出一条适合中国国情的社会主义建设道路。新时期，我们的探索都是在坚持这些基本立场、观点的基础上进行的，这充分体现了毛泽东的探索与中国特色社会主义理论体系一脉相承的内在统一性。第四，毛泽东探索社会主义建设规律所形成的一系列重要理论成果是中国特色社会主义理论体系的思想先导和理论生长点。在探索社会主义建设道路的过程中，毛泽东提出了许多关于社会主义建设的重要观点，涉及经济、政治、文化、国防、外交等各个领域和各个方面。从理论渊源上说，这些探索成果是中国特色社会主义理论体系形成的重要思想先导和理论生长点。第五，中国特色社会主义理论体系是在科学总结毛泽东探索失误所积累的深刻教训中孕育和发展起来的。以毛泽东为代表的中国共产党人对社会主义建设规律的探索，既取得了巨大的成就，积累了宝贵的经验，也走过了一些弯路，尤其是发生了"文化大革命"这样全局性的失误，留下了深刻的教训。不论是正确的经验还是失误的教训，都是极其珍贵的，都为中国特色社会主义理论体系的形成提供了历史准备。[1]

早期政治思想是毛泽东早期思想的重要组成部分，其对于正确认识毛泽东早期思想、毛泽东思想的形成、中国先进分子选择和接受马克思主义的历史进程有着重要意义。毛泽东早期政治思想围绕寻求救国真理这一主题，经历了封建政治思想、资产阶级改良主义、资产阶级革命民主主义、无政府主义等思潮，最终走向马克思主义的演进过程。这一历史进程也反映了马克思主义在中国早期传播的情况。[2]

从治国理政视角看，毛泽东的群众路线思想具有政治伦理、社会认识论和民主政治制度三个不同维度。毛泽东要求从政者不仅要树立为人民服务的宗旨，也要学习"从群众中来，到群众中去"的调查研究方法和工作方法，更重要的是，他始终致力于建立一种既有集中又有民主、领导和群众相结合的新型的社会主义民主政治制度。毛泽东对群众路线的深邃思索和长期履践，不仅有力地推进了中国共产党的治国理政事业，也为新时代推进国家治理体系和治理能力现代化提供了宝贵的思想资源和经验启示。[3]中华人民共和国成立初期，毛泽东强调执政党密切联系群众的重要性，认为保持与人民群众的密切联系是由党的性质和宗旨所决定的；只有保持与人民群众的密切联系，党的执政地位才能巩固，才能调动广大群众参与社会主义建设的积极性。而要保持与人民群众的密切联系，就必须坚持发展生产、不断改善人民生活的方针；必须反对官僚主义；必须倡导廉洁政治，

① 刘建武：《毛泽东是社会主义建设事业的开创者》，《湖南日报》2018 年 12 月 25 日。
② 刘洪刚：《毛泽东早期政治思想研究》，《毛泽东研究》2018 年第 6 期。
③ 罗嗣亮：《伦理·认知·制度——治国理政视角下的毛泽东群众路线思想》，《学术论坛》2018 年第 6 期。

防止政治腐败；必须改进工作方法与工作作风；必须团结党外民主人士。①

意识形态建设是中国共产党政治思想建设的基本问题之一。在延安时期，毛泽东开始使用"意识形态"概念来指称党内思想观念，科学地厘清了党内意识形态的发生原理和内在结构，尝试从理论与实践相统一的角度重建党内意识形态，使之具有切合中国实际的真理性。这一实践过程开始于毛泽东对党内意识形态本源的科学认知，贯穿着新民主主义意识形态话语的发掘构建，并通过党内教育改革和整风运动得以基本完成。② 1956 年，对于中国是一个极不平常的年份。国际上，苏联和波匈事件对各社会主义国家造成了严重的冲击；国内，社会主义改造基本完成，中国步入社会主义社会，但是国内社会出现了大量新的矛盾。毛泽东面对严峻的国际国内形势，在继承马克思主义经典作家社会矛盾理论的基础之上，结合中国具体实际，最终形成了关于正确处理人民内部矛盾的学说。毛泽东人民内部矛盾学说丰富和发展了马克思主义相关理论，对当今中国社会主义建设事业的发展具有重大的现实意义。③

党的制度建设思想是毛泽东党建思想的重要组成部分，他强调党的制度建设的重要性，把党的制度建设摆在党的各项建设中的突出位置。毛泽东党的制度建设思想主要包括：坚持和完善民主集中制，并将其作为中国共产党的根本组织原则和制度；建立和健全党委制和请示报告制度，以充分发扬党内民主、确保集中统一；严明党的纪律，狠抓各项制度的贯彻与落实。毛泽东党的制度建设的思想对于新时代加强党的建设仍具有重要的理论价值和现实意义。④ 毛泽东高度重视反腐倡廉实践，他在厉行节约、率先垂范、杜绝浪费、人民监督等方面的实践和创举体现了三方面特点，即人民的斗争、果断的斗争、深远的斗争，对新时代的治国理政和党风廉政

---

① 鞠健：《中华人民共和国成立初期毛泽东密切联系群众的思想及其当代启示》，《江苏第二师范学院学报》2018 年第 6 期。

② 吴起民：《返本与开新：延安时期毛泽东重建党内意识形态的实践及其启示》，《学术论坛》2018 年第 6 期。

③ 迟兵兵：《毛泽东人民内部矛盾学说研究》，《中共南昌市委党校学报》2018 年第 6 期。

④ 温聪：《毛泽东党的制度建设思想及其新时代意义》，《湖南第一师范学院学报》2018 年第 6 期。

建设有可持续的启迪和影响作用。① 毛泽东思想中的党建理论对中国共产党建设做出了巨大的历史贡献。在中国特色社会主义新时代下，全面从严治党仍然是我党建设的重大课题，坚持和发展毛泽东思想中党建理论对我党坚定不移地推进全面从严治党有深刻的指导意义。②

解放战争后期，以毛泽东为首的中国共产党领导人已把解放台湾提上了日程。但是，朝鲜战争后败退台湾的蒋介石集团得到了以美国为首的资本主义国家的扶持，大大增加了中共武力解决台湾问题的难度。于是，毛泽东采取迂回战术，积极缓解中美两国之间的紧张关系。但这些努力受到美国的冷遇，没有达到预期的效果。中国政府缓解中美紧张关系和解决台湾问题的外交努力受挫，使毛泽东强烈地意识到，中国必须有和美国相匹敌的实力，才能以对等的地位与美国协商解决台湾问题，迫使美国放弃台湾。毛泽东将目光转向了经济建设，使台湾问题成为有力推动"大跃进"开展的重要因素之一。③

实现中华民族伟大复兴是近代以来中华民族最伟大的梦想，刘少奇是这一梦想的杰出追梦人。他投身新民主主义革命的伟大斗争，不遗余力挑重担，是民族复兴的开路先锋；他探索社会主义革命和建设的光辉道路，殚精竭虑谋大事，是民族复兴的杰出领袖；他拥立毛泽东思想的指导地位，旗帜鲜明讲政治，是民族复兴的光辉旗手。他为中华民族伟大复兴立下了不可磨灭的丰功伟绩。④

刘少奇同志是中国工人运动的杰出领袖，他一生十分重视工人运动理论建设，并对此进行了有益的探索。在中央苏区工作期间，他系统地论述苏区工会的会员成分，提出让独立劳动者加入工会；针对一些部门在解决失业问题时采取的不正确做法，提出应该停止"强迫介绍"的方式；他批评了"左"的《劳动法》，反对和纠正劳资关系中的"左"倾错误，主张根据实际情况，采用"劳资两利"方式，保护苏区经济的稳定发展。他的

---

① 郑美珍、何茂昌：《毛泽东反腐倡廉实践的再认识》，《江苏工程职业技术学院学报》2018年第4期。
② 李凯乐：《毛泽东思想建党的理论内涵及当代意义》，《现代交际》2018年第24期。
③ 梁长胜、胡锦涛：《从大跃进的发生看毛泽东对解决台湾问题的努力》，《湘南学院学报》2018年第6期。
④ 刘华清：《刘少奇与中华民族伟大复兴》，《中国浦东干部学院学报》2018年第6期。

这些思想对推进工会改革、促进苏区经济发展起了重要作用。① 刘少奇在领导安源工人运动过程中，采取灵活的方法策略，如既讲齐心奋斗又强调看清形势，既重视建好基层组织又注重抓好工会组织，既立足安源又放眼全国，使之成为我国早期工人运动的光辉典范。刘少奇领导的安源工人运动丰富了马克思主义工人运动理论，树立了一面工人运动的光辉旗帜，培养了一大批党的后备力量。② 海南的革命能够取得胜利，社会主义建设能够取得较快发展，是党中央正确领导的结果，作为党的第一代中央领导集体重要成员之一的刘少奇对此倾注了大量心血，做出了重大贡献。③

"西柏坡精神"是以毛泽东为首的，包括刘少奇、周恩来、朱德等老一辈无产阶级革命家集体智慧的结晶。刘少奇从寻找新的中共中央机关所在地西柏坡开始，通过对晋察冀解放区土改情况的调研，发现了干部队伍中存在的一些严重问题，提出了只有发扬民主，才能清除一切贪污腐化及官僚主义的现象。在全国土地会议上，提出了共产党是人民的勤务员，是人民的长工；提出了发扬自我批评精神，实事求是、不夸张、不抹杀、有功不骄、有过不隐的做事理念。而且刘少奇经常带病工作，生活上非常简朴，践行着艰苦奋斗的作风。为了践行"考试"，他率先开始筹划思考新中国的经济建设问题与城市接管问题。可以说，刘少奇为酝酿、培育"西柏坡精神"做出了杰出的历史贡献。④

新中国成立后，在执政党党性修养问题上，刘少奇进行了深入思考，逐渐形成了执政党党性修养思想。主要包括：在思想和理论修养方面，加强理想、理论修养，为共产主义事业而奋斗；在组织和能力修养方面，保证纯洁，提高能力，当好工人阶级先锋队战士；在党的宗旨修养方面，牢记宗旨，心存群众，坚决维护人民群众利益；在党员作风修养方面，实事求是，联系群众，全心全意为人民服务。这些思想十分宝贵，既有重要的

<hr>

① 李东旭：《刘少奇与中央苏区的工人运动》，《世纪桥》2018 年第 11 期。
② 谢卓芝：《刘少奇领导安源工人运动的方法策略及历史贡献——纪念刘少奇同志诞辰 120 周年》，《中国劳动关系学院学报》2018 年第 6 期。
③ 邢诒孔：《刘少奇对海南革命和建设事业的贡献——纪念刘少奇同志诞辰 120 周年》，《新东方》2018 年第 6 期。
④ 苗体君：《刘少奇与西柏坡精神的形成》，《忻州师范学院学报》2018 年第 6 期。

理论意义，又具有现实指导意义。① 刘少奇关于党的领导的论述主要内容有：必须以党自身领导的正确性为根本前提；善于将组织领导提到思想领导和政治领导的水平上来；把党的领导与党政分工结合起来。②

此外，刘少奇对新中国第一部宪法的制定也发挥了重要作用。③

任弼时是以毛泽东同志为核心的党的第一代领导集体中的重要成员之一，其一生都奉献给了党的革命事业。虽然英年早逝，但任弼时所涉及的党的工作思想内容十分广泛，在党建、青年团、思想政治工作、根据地经济建设等诸领域均有建树。

毛泽东党内核心地位的逐步确立主要经历了从遵义会议到党的七大长达十年的时间。在这一过程中，任弼时发挥了重要作用。在长征中，他拥护以毛泽东为代表的党中央，与张国焘分裂主义做斗争，有力地推动了毛泽东在军事上核心领导地位的确立；1938 年，他出使共产国际，取得共产国际对毛泽东本人及中共中央政治路线的明确肯定，为六届六中全会确立毛泽东在全党的领导地位提供了重要保证；1941 年 9 月，他担任中共中央秘书长，全面主持中共中央机构改革，从组织手续上完成了毛泽东在党内核心领导地位的确立；1944 年至 1945 年，他主持起草《关于若干历史问题的决议》，系统总结和高度评价了毛泽东联系中国实际情况、运用马克思列宁主义的理论和方法解决中国革命问题的突出贡献，确立了毛泽东所代表的正确路线的历史地位。任弼时还积极宣传阐释毛泽东思想和毛泽东的领导地位，努力使全党统一在毛泽东思想的旗帜下，团结在以毛泽东为核心的党中央周围。④

任弼时对党性问题有着深刻的理解与认识，是坚持党性原则的典范。任弼时认为，共产党员要掌握马列主义，要对马列主义、共产主义无限忠实和坚定，要用马列主义的立场、观点去观察问题、处理问题。同时，他还指出，党性坚强的共产党员，必须反对机会主义，与妥协、投降主义进行无情的斗争，与那些侮辱和曲解马列主义的人进行不调和的斗争。批评与自我批评是党的三大优良作风之一，是党克服工作中出现的一切困难，

① 张燕青、房晓军：《刘少奇关于执政党党性修养思想探析》，《学校党建与思想教育》2018 年第 24 期。
② 张超：《刘少奇关于党的领导的重要论述》，《中国领导科学》2018 年第 6 期。
③ 张金才：《刘少奇与新中国第一部宪法的制定》，《公民与法》（综合版）2018 年第 12 期。
④ 朱薇：《任弼时对毛泽东党内核心地位确立的历史贡献》，《党的文献》2018 年第 4 期。

不断砥砺向前的有力武器，也是党性的标志之一。在这方面，任弼时堪称楷模。在长期革命生涯中，任弼时也犯过错误，工作中也有缺点和失误。对此，他毫不隐讳，严格地进行自我批评。任弼时把与群众建立密切的关系作为对每个党员的党性要求，认为："我们党的伟大力量就在于它与广大群众有密切的联系，就在于它得到广大群众的拥护。"所以，与群众建立密切的联系，"是测量党性的一个主要标志"。① 被誉为"布尔什维克组织家"的任弼时，有坚强的党性，在党的事业面临重大考验的关头，始终坚持原则，信念坚定，在做思想政治工作时，以党性来批评人、教育人、说服人，让人心服口服；他善于倾听和采取正确的批评方法，即使进行严肃的批评，也能让接受批评的同志心悦诚服；他注重实事求是，能根据实际情况、条件和对象的不同，有针对性地开展思想政治工作；他勇于自我批评，勇于承担责任，为其他同志更深刻地进行自我审视做了表率。② 宗派主义是党性不纯的一种表现。1942 年 7 月 14 日，任弼时在中央党校做关于增强党性的长篇报告。他在谈到反对宗派主义时指出，把党的利益、革命的利益拿来去服从局部少数人的利益，这大体上就是一种宗派主义。换句话说，把个人利益与党的利益、局部利益与整体利益对立起来，只注意到个人和局部的利益，这种情形就可能形成宗派主义或者宗派主义倾向。克服和防止宗派主义，要树立一个明确观念，即党的组织是无产阶级各种组织的最高形式；摆正三个关系，即个人与党的关系、局部与整体的关系、上下级的关系；加强三方面教育，即理论思想教育、党的组织原则教育和纪律教育。③

任弼时在他短暂却辉煌的革命生涯中形成了诸多闪耀着革命光辉的思想，其中在共青团建设的探索方面更是卓有成就。任弼时是最早的团员之一，在 1920 年就已加入当时初建的上海社会主义青年团，赴俄留学回来后，他就一直负责与团组织、团中央相关的工作。可以说，任弼时的主要工作是以共青团为核心展开的，他为共青团的建设进行了一系列的探索、研究，做出了杰出的贡献，留下了较为丰富的共青团建设的理论成果。任弼时关于共青团建设的探索内涵丰富、结构完善，主要集中在共青团建设的基本

---

① 明钢：《坚强党性的典范任弼时》，《党员文摘》2018 年第 6 期。
② 李祥：《任弼时是如何做好思想政治工作的》，《党的文献》2018 年第 2 期。
③ 王黎锋：《任弼时谈如何克服和防止宗派主义》，《贵州日报》2018 年 12 月 6 日。

内容、共青团建设与党建的关系、共青团建设与青年工作的关系方面。在新时期的改革背景下，2016 年 8 月 2 日，中共中央办公厅印发了《共青团中央改革方案》，这成为新时期我国共青团改革的纲领性文件。当前，我国的社会主义现代化进入了新时代，而深入研究学习任弼时关于共青团建设的探索成果，不断挖掘新内容、新思想，有利于丰富党建的理论体系，从而为党建工作的创新发展提供有力的理论支持。同时，也有利于把握新时期共青团发展的规律，增强共青团改革的可实施性。[①]

任弼时群众工作思想体系相对完整，内容充实，对于做好新时代党的群众工作具有重要的研究价值。向群众学习、密切联系群众的思想和工作方法贯穿了任弼时光辉一生的始终。其群众工作思想的产生有着深刻的国际国内背景因素，是在充分继承马克思列宁主义、斯大林的群众观，借鉴吸收中国传统文化中的"民本思想"的基础上，在从事宣传、组织和生产等方面的群众工作实践中不断总结升华而成的。任弼时群众工作思想先后经历了萌芽、发展、形成和深化阶段，并在各个不同时期，根据时代形势和革命任务的客观需要，做了诸多大胆尝试和实践创新，体现出务实性、创新性和科学性特点。其主要内容包括切实维护群众实际利益，坚信人民群众中蕴含着巨大的革命力量，向群众学习、密切联系群众，中国共产党是开展群众工作的领导核心等。任弼时群众工作思想丰富了马克思主义的群众观，对中国共产党群众路线的形成做出了卓越贡献，完善了毛泽东思想关于党的建设理论，提出了加强党执政能力建设的初步设想，具有重要的历史价值。而他关于坚持人民主体地位是做好群众工作的基本理论原则，健全和完善党的民主制度是做好群众工作的政治和组织保证，以及加强干部队伍建设和党风廉政建设是做好群众工作的关键和根本举措等论述，也具有重要的当代启示。总之，任弼时群众工作思想是我们党的宝贵精神财富，具有重要的历史意义和当代价值。深入研究其思想精髓、原则宗旨和根本方法，对于当代中国共产党人"不忘初心，牢记使命"，把我国建成富强民主文明和谐美丽的社会主义现代化强国，实现中华民族伟大复兴的中国梦，具有重要的借鉴和传承意义。[②]

---

① 徐雪梅：《任弼时共青团建设理论及当代价值研究》，硕士学位论文，天津商业大学，2018。
② 孔庚：《任弼时群众工作思想研究》，硕士学位论文，山东农业大学，2018。

　　胡耀邦是中国共产党和中华人民共和国的主要领导人之一。在长达六十年的革命生涯中，他始终如一地对党和人民忠心耿耿，呕心沥血，艰苦奋斗，立下了不朽的功勋。胡耀邦同志把毕生精力献给了我们的伟大事业。他是平反冤假错案的主要推手，他是真理标准大讨论的重要支持者，他是改革开放的"总执行师"。胡耀邦的政治思想非常丰富，而 2018 年关于胡耀邦政治思想方面的成果主要是论述其干部队伍建设和共青团工作思想主张。胡耀邦的干部队伍建设思想要点是：改革干部制度，废除领导职务终身制；坚持德才兼备、年富力强的干部选拔标准；广大干部要以"甘当小学生"的态度重新学习；树立求真务实的工作作风；狠抓干部队伍的作风建设。①

　　胡耀邦主政共青团中央十几年，开创了共青团工作的新局面，而坚持不懈地狠抓共青团的作风建设是其中极其重要的一环。胡耀邦所倡导的"朝气蓬勃，实事求是"的作风已成为共青团的一面旗帜。踏实苦干、讲求实效、调查研究、联系群众、勤奋学习、民主平等、创新创造等，是当时团组织和一代团干部的优良作风。2015 年 7 月党的群团工作会议后，尤其是共青团十八大以来，"从严治团"已成为共青团改革的重要内容，团的作风建设是其中的应有之义。在这方面，胡耀邦的许多观点和做法无疑具有很好的指导意义和借鉴作用。②

　　除关注党和国家领导人外，还有学者关注湘籍元帅贺龙的政治成长历程。贺龙是人民军队的创始人之一，以两把菜刀起家，先后参加过讨袁斗争、护法运动、北伐战争，用各种方式同旧社会斗争，艰难地寻求救国救民的真理。经过多年实践，他目睹了军阀割据、民不聊生的境况，而自己却无法拯救人民于水火，便开始怀疑自己选择的革命道路是否正确，一度陷入迷茫。五四运动时，受到新文化运动的影响，他初步接触到马列主义，其后，历经羡慕"国际党"、学习《青年军人联合会简章》和《宣言》以及开办政治讲习所三次思想推动，最终找到并选择了中国共产党。③

---

①　张慧洁、徐秀玲：《胡耀邦干部队伍建设思想探析》，《新西部》2018 年第 24 期。

②　郭常亮、闵靓：《胡耀邦共青团作风建设思想的内涵及现实意义》，《青年发展论坛》2018年第 5 期。

③　杨海贵：《论贺龙寻找中国共产党的三次思想推动》，《江西科技师范大学学报》2018 年第 5 期。

第三章 经世致用：智慧光芒的浸淫

　　湘学思想内涵深刻，在政治、经济、军事、外交、社会与教育思想等方面都非常丰富。湘学人士将其思想理论与社会实际相结合，发扬光大经世致用精神，推动湖湘文化不断传承发展。2018 年有关湘学思想的研究成果较多，涉及各个方面，但在历史时段和个案研究方面，有不平衡之处，有些研究有待加强。如，对湘军最重要的将领、晚清重量级人物曾国藩的研究，无论是其政治思想还是军事思想，都没有得到相应凸显，而是侧重于其家风家教及阶段性事迹研究。这种研究现状的出现，与相关人物的纪念周年、纪念活动、学术会议侧重点不同有关，也是值得学界关注的普遍现象之一。

一　近现代化经济思想的启蒙与求索

　　从整体上讲，湖南地区开发较晚，在历史上很长一段时期内经济发展相对落后于开发较早的中原地区。直到春秋后，楚人越过长江向南拓展，通过驻军筑城、迁移人口、设置郡县、建立封君等一系列政策措施确立在湖南的统治，传播和推广了较为先进的生产工具和技术，湖南开始变成楚国的"江南"、重要的粮仓和物资供应地。明清时期，由"湖广熟天下足"发展至"湖南熟天下足"。近代以来，在湘军将领曾国藩、左宗棠等人的支持和倡导下，兴办洋务运动，中国近代工业逐步兴起。湖南至戊戌维新运动及辛亥革命以后，加入工业和经济的近代化洪流。毛泽东、刘少奇等人不仅在新民主主义革命经济建设中发挥了重要作用，更是新中国社会主义改造和社会主义建设的总策划师，为中国现代化建设奠定了坚实的基础。

（一）明清至民国时期湖湘经济思想研究

　　明清时期湖南经济发展较快，洋务运动时期，湘军将领拉开了中国近代化的开端。清末以后，湖南手工业和矿产品在对外贸易中所占比例不断增长。戊戌维新运动后，湖南近代化工业起步，粤汉铁路的修筑在一定程度上推动了湖南经济的发展。在有识之士的推动下，湖湘经济在湖南近代化过程中不断发展。尽管近代以来不少湖湘人士提出了自己的经济发展思想和主张，但2018年涉及明清湖湘经济思想研究的成果不多，主要有王船山、左宗棠经济思想的研究。

王船山经济思想中的经济伦理思想内涵尤其丰富，2018年学界对此有所涉及。王船山立足于历史唯物主义，对货币（金钱）经济现象展开了深刻伦理省思，提出了货币起源于商品经济发展、货币的本质是"百物之母"的论断；揭露了货币的"价值幻相"以及"天下益汲汲于金钱"带来的人性迷失；洞见了纸币乃诚信道德产物，然而纸币形式下又隐藏着诚信道德风险。王船山的货币伦理思想至今仍具有重要的启示意义。[①] 王船山在穷探中国传统伦理义利观的基础上，提出了义道利用之义利观，即他认为利中有义，义中有利，义不离利，利不离义，提出了"贵义重利""义利统一""义利相互依存"之义利学新观点，开创了"以理导欲""以义制利"的伦理核心新内容，对纵深开展中国伦理义利思想的研究提供了极其重要的理论依据和文献资料。[②]

左宗棠在洋务运动中的"富国强兵"之策分别指工业化建设和军队、装备建设。与张之洞"富国强兵"举措比较，两者创办企业性质、企业管理制度、创办企业目标相同，主要军事思想、经费来源构成则不同；其举措在徐州、新疆地区产生了积极的影响。[③] 王方领基于《光绪朝硃批奏折》中所收左宗棠水利折，在考察了左宗棠重建畿甸水利、兴修江淮水利等治水实践后，将其治水策略总结为兼用军力、"不必多家督责"、"只在得人"以及灵活、系统的治水方案等，指出其提出的"裁弯取直""导淮入海""源流并治"等策略，至今仍被作为治水的重要参考。[④]

---

① 谢芳：《王船山货币伦理思想探微》，《湘潭大学学报》（哲学社会科学版）2018年第5期。
② 杨铮铮：《略论王夫之的义利观》，《湖南科技学院学报》2018年第6期。
③ 杨芷萱：《晚清洋务运动中张之洞、左宗棠的"富国强兵"之策》，《文教资料》2018年第18期。
④ 王方领：《左宗棠治水论析——基于〈光绪朝硃批奏折〉的考察》，《唐山师范学院学报》2018年第2期。

2018 年学界对民国时期湘湘人士经济思想的研究成果基本上仅体现在熊希龄财政思想研究方面。熊希龄曾于民初袁世凯统治时期两度出任财政总长，并曾任内阁总理。民初袁世凯统治时期，熊希龄在总长任上，提出了裁厘增税以减轻国货出口成本、方便洋货于中国内地销售、整理全国租税、繁荣市场发展生产等，趋利避害地举借外债并通过以债还债、以债放债、以债募债等特殊办法使用外债，采用股份有限责任公司制创办中央银行等主张，展现了其丰富的财政改革思想。[①]

（二）湘籍党和国家领导人的经济思想

湘籍党和国家领导人的经济思想，在新民主主义革命时期推动了革命根据地经济社会的发展，为新民主主义革命的胜利奠定了经济基础。新中国成立后，毛泽东、刘少奇等人的经济思想，为胜利完成社会主义改造和建设中国特色社会主义提供了思想来源和具体实际指导。

井冈山斗争时期是毛泽东经济思想发展的起点。这一时期毛泽东经济思想主要内容包括：把握生产力与生产关系的矛盾运动规律以推动社会变革和经济变革；正确处理经济建设与革命战争等任务的辩证发展关系；把发展农业生产摆在根据地经济建设工作第一位；通过土地革命推动生产关系变革和提高农业生产率；探索建立以国有经济为领导、多种所有制经济共同发展的经济制度；反对绝对平均主义，收入分配政策要与生产力发展水平相适应；经济发展需求管理和供给管理并重；加强宏观调控，刺激经济增长；探索建立促进经济发展的制度等。这些经济思想对于我们今天推进经济社会发展和实现"四个伟大"具有重要现实意义。[②]

在抗战胜利前夕，毛泽东为中共七大起草的政治报告《论联合政府》，提出的建立独立、自由、民主、统一、富强的新中国及实现这五大目标的具体路径，是毛泽东对中国现代化的首次全方位设计。其中在经济上，提出了以解放和发展生产力为中心的经济发展方略，将其看作中国社会进步与发展的关键和中国"成为近代化的国家、丰衣足食的国家、富强的国家"

---

① 葛豆豆：《简述民初袁世凯统治时期的财政改革思想——以熊希龄、周学熙、周自齐财政改革思想为核心》，《经济研究导刊》2018 年第 24 期。
② 刘金鑫：《论井冈山斗争时期毛泽东经济思想及现实意义》，《湖南行政学院学报》（双月刊）2018 年第 4 期。

的前提条件，革命就是为了解放和发展生产力；积极稳妥地推行"耕者有其田"的土地政策，目的是解放和发展农业生产力，为实现工业化创造条件；鼓励有益于国计民生的私人资本主义经济的发展，保障一切正当的私有财产，调节劳资矛盾；在服从中国法令、有益中国经济的条件之下，利用外资推动中国经济发展；还提出了"取缔官僚资本""废止现行的经济统制政策""扶助民间工业，给予民间工业以借贷资本、购买原料与推销产品的便利"等经济自由的主张。①

毛泽东在中共七届二中全会上提出的中国经济复兴思想导源于丰富多彩的近代民族复兴话语体系，同时受到国际冷战格局下世界经济发展趋势的强烈影响；中国经济复兴构想的核心是要通过发展新民主主义经济，使中国由农业国变为工业国，内含着建设社会主义强国的价值意蕴，潜藏着政治理想与经济发展的双重诉求，双重目标相互缠绕的思维模式深刻影响了中国经济的发展道路。②

毛泽东新民主主义经济思想反映了争取民族解放战争胜利和构建现代民族国家尝试的客观要求，直接影响了中国革命运动的进程及新中国成立后的经济建设。新民主主义经济思想强调社会是经济、政治、文化有机结合的整体，其诸多内涵、精髓在社会生产实践中得到充分体现，在特殊的历史时期谱写了独特的经济社会篇章。虽然新民主主义经济发展在新中国成立不久后即告中断，但为我们观察20世纪上半叶波澜壮阔而又错综复杂的社会变革提供了独特视角。③

新民主主义革命时期，毛泽东的利用外资思想大体经历了萌芽（1927—1934）、初步形成（1935—1936）、成熟（1937—1945）以及继续发展（1946—1949）四个阶段。其基本内容主要为：利用外资是发展经济、实现国家工业化的正确途径；基本方式是"订立契约"；不应受政治制度、意识形态的束缚；应积极灵活地开展多层次、多渠道的引资活动等。利用外资应当坚持维护国家主权；自力更生为主，争取外援为辅；平等互利；

① 杨宏雨、严哲文：《〈论联合政府〉：毛泽东对中国现代化的首次全方位设计》，《学术界》（月刊）2018年第12期。
② 王赟鹏：《新中国成立前夕毛泽东中国经济复兴思想探析》，《毛泽东研究》2018年第1期。
③ 刘建民：《何为与为何：重温毛泽东新民主主义经济思想》，《山西师大学报》（社会科学版）2018年第4期。

发展经济等基本原则。产生的效应主要是：为保障军需和民用物资、推动陕甘宁边区工业建设的初步发展、争取抗战胜利奠定了坚实的物质基础；通过吸纳苏联政府及海外华侨、国际友人等方面的资金援助与捐款捐物，有力地支持了边区的经济建设；改进了边区落后的生产技术与管理方式，提高了生产效率及产品质量；促进了边区出入口贸易的发展，改善了人民的物质生活，保证了边区政权的稳定和抗日工作的开展。新民主主义革命时期，毛泽东利用外资思想是对马克思列宁主义对外开放理论的丰富和发展，是对中国传统对外经济交往思想的传承和发扬，是毛泽东思想的重要组成部分之一，是中国特色社会主义理论的思想来源。①

2018 年关于新中国成立后毛泽东经济建设思想的研究，既有全面系统的宏观研究，也有比较深入的专题研究，更有具体而微的文本研究，呈现多层次、多角度的研究态势，成果颇为可观。

对毛泽东经济思想的宏观研究，包括策略思想研究、经济建设思想内容和特点的研究、新中国成立后经济思想的全时段研究以及与列宁经济思想的比较研究等。毛泽东高度重视政策和策略，他关于社会主义经济建设的策略思想主要有四方面：一要调动国际和国内的积极性，理顺各种利益关系，达到团结一切可以团结的力量共同参加社会主义经济建设的目的；二要兼顾国家、集体、个人三者之间的利益关系，从生产和分配两个方面加以解决；三要讲求合理布局，明确地把我国划分为沿海和内地两部分，沿海的工业基地必须充分利用，内地工业必须大力发展；四要提倡革命精神，发挥人的主观能动性。这些策略思想对调动各方面积极性起到了重要的指导作用，亦可为中国特色社会主义经济建设提供策略借鉴。②

毛泽东经济建设思想包含经济建设中心任务论、经济建设发展道路论、经济建设综合平衡论、经济建设探索学习论等丰富内容。将解放和发展生产力作为中国共产党的重要历史使命，将实现人民群众根本利益作为经济建设的最高价值目标，将调整上层建筑和生产关系作为推动经济发展的基本路径，是毛泽东经济建设思想的鲜明特点。毛泽东经济建设思想启示我

---

① 李永芳：《新民主主义革命时期毛泽东利用外资思想刍探》，《学术论坛》2018 年第 2 期。

② 崔明浩：《毛泽东关于社会主义经济建设的若干策略思想》，《毛泽东思想研究》2018 年第 4 期。

们：坚持和发展新时代中国特色社会主义必须牢记党的历史使命，坚持以人民为中心，把人民对美好生活的向往作为奋斗目标；必须坚持全面深化改革，为中国特色社会主义发展提供强大动力。① 毛泽东社会主义经济思想形成的理论依据和实践依据，包括马恩关于未来社会主义经济的科学设想、中国传统文化中的经济思想和苏联经济建设的经验教训、新中国成立时的现实情况等。毛泽东社会主义经济思想，以社会主义经济制度和经济规律思想、商品生产和商品交换思想、社会主义分配与消费思想、社会主义国家对内对外经济关系思想为重点，但毛泽东在生产关系一定要适应生产力发展客观规律、尊重客观规律和发挥人的主观能动性、发展商品生产和交换、按劳分配原则、社会主义主要矛盾和主要任务等问题认识上存有局限性，毛泽东经济思想对我国社会主义现代化建设具有启示作用。② 列宁与毛泽东经济建设思想有相似之处，也有不同之处。在对待农民关系问题、对待市场问题、对待非公有制经济问题、对待按劳分配问题上是相似的，但是在具体内容上毛泽东的认识较列宁更为深刻、更加符合本国国情需要；在向社会主义迈进过程中，毛泽东更加注重优先在政治层面确立社会主义制度，然后再进行社会主义改造，而列宁只注重了经济改革，很少顾及政治体制改革，所以导致了新经济政策没有执行下去。相较而言，毛泽东的经济建设思想更具优越性与强大生命力，给我国当代社会主义经济建设的启示是：正确认识国情是基础，坚持党的领导，坚持理论创新与实践相结合。③

专题研究方面，涉及毛泽东反贫困思想、三大改造基本完成后的"新经济政策"和人民经济思想等。毛泽东在新中国成立初期深刻地意识到等着党和政府去解决的困难中，首先需要解决的就是中国农村中农民的贫困难题，反贫困主要是解决农民的吃饭问题。其反贫困思想中贯穿着坚持一切从实际出发、实事求是、坚持党的领导以及充分发挥农民主体性等原则；实践层面的具体举措包括开展土地改革运动、努力实现农业现代化、强调统筹协调发展等。对新时代精准扶贫工作来说，可以获得的启示是：深化

① 吕松涛：《毛泽东经济建设思想及其当代启示》，《理论学刊》2018 年第 1 期。
② 李欣：《建国后毛泽东经济思想研究》，硕士学位论文，牡丹江师范学院，2018。
③ 郭志勇：《列宁与毛泽东经济建设思想比较研究》，硕士学位论文，太原科技大学，2018。

农村土地流转制度改革，创新多种扶贫方式并实现农业现代化，加强党对精准扶贫工作的领导。① 社会主义改造基本完成后毛泽东提出了"新经济政策"，这是针对社会主义改造后期过于急促和粗糙及其所带来的一些深层次问题而提出，其主旨是在以社会主义公有制经济为主体的前提下，适当保存和发展一些非公有制经济，利用市场发展商品经济，通过竞争激发公有制经济的活力，以促进社会生产力的发展。这一政策曾在短时间内得到推行，但很快就被反右派斗争打断了，尽管如此，这束"有关中国特色的社会主义经济的""可贵的思想火花"至今仍然不失其灿烂光芒。② 毛泽东在中国革命和新中国建设实践中，不断拓宽人民的范围，逐渐形成了人民经济思想，这一思想包括增加财富、共同富裕、统筹兼顾三个方面。③

关于毛泽东具体文本的经济思想解读与研究，主要聚焦于《论十大关系》和《读苏联〈政治经济学教科书〉的谈话》。毛泽东《论十大关系》是探索中国特色社会主义的一经典著作，主要是针对我国的经济建设问题，其中提出的关于社会主义经济建设中带全局性的主要问题以及所阐述的思想，是对社会主义经济规律的初步探索。其中调整产业结构、调整区域经济结构、调整经济建设与国防建设的投资比例、调控"国家、集体和个人"之间的分配关系等宏观调控思想，既符合当时客观实际，也是我国经济发展客观规律的反映，我国现阶段的社会主义市场经济体制改革是对《论十大关系》的发展与整合。它对我国的经济建设提供了两个方面的启示：一是必须坚持中国特色社会主义道路，切忌照搬照抄；二是政府在市场经济发展中应当也必须发挥重要作用。④ 毛泽东在《论十大关系》中强调的十大关系或十大矛盾，置于中国特色社会主义新时代、实现中华民族伟大复兴的征程中，分已不存在或已经解决、内涵发生了新的变化、仍未解决或未完全解决三个方面。《论十大关系》中提到的"经济建设和国防建设"、"重工业和轻工业、农业"、"沿海工业和内地工业"和"国家、生产单位和生

---

① 王改彦：《建国初期毛泽东反贫困思想——对新时代精准扶贫工作的启示》，《陕西学前师范学院学报》2018年第12期。
② 李合敏：《毛泽东的"新经济政策"思想》，《中共南京市委党校学报》2018年第4期。
③ 周延飞：《毛泽东人民经济思想研究》，《中共成都市委党校学报》2018年第5期。
④ 张秀：《基于〈论十大关系〉中毛泽东经济思想对当今市场经济的几点思考》，《经济研究导刊》2018年第4期。

产者个人"等四个方面的关系，虽没有失去它应有的意义，但由于时代、环境的变化，我们应该重新认识，赋予其新的内涵。①

毛泽东读苏联《政治经济学教科书》的主要目的是探索社会主义建设规律，这也是《读苏联〈政治经济学教科书〉的谈话》的主旨和主要内容，集中体现了毛泽东对社会主义经济建设道路的思考和探索。关于社会主义发展阶段，认为可分为不发达、比较发达两个阶段，后一阶段比前一阶段需要更长的时间；尖锐批评取消商品的观点，强调了发展商品生产和交换的必要性；必须从生产资料所有制出发研究分配问题，强调应实行"各尽所能，按劳分配"的原则，个人利益服从集体利益，局部利益服从整体利益，眼前利益服从长远利益；农业、轻工业、重工业协调发展，坚持"两条腿走路"的方针。这些都是毛泽东独立自主地探索中国社会主义建设道路的表现，为建设有中国特色的社会主义提供了理论基础。②

2018 年学界对刘少奇经济思想的研究成果，主要是关于其社会主义经济体制改革思想和民本经济思想方面的研究。

刘少奇认为社会主义经济既要有计划性又要有多样性和灵活性。他进行试办托拉斯的理论与实践，变革社会主义制度下的分配制度，改革农村经营管理体制，探索社会主义商品经济等，他在以经济办法管理经济、所有制的改革必须同生产力水平相适应、坚持实事求是是改革的基本方法、群众路线是改革的思想和工作方法、调查研究是改革的基本途径等方面都有深刻的思想，他的经济体制改革思想促进了当时的社会主义经济建设，为中国特色社会主义理论奠定了思想基础，在给当今经济建设提供宝贵经验的同时，也存在没能跳出传统经济体制思维框架的局限性。③

刘少奇根据我们党恢复和发展国民经济中心工作的基本方针，从社会主义前途和广大人民的根本利益出发，提出了包括经济建设的根本目的、国民经济的基础和经济发展的着力点在内的一系列发展经济、促进广大人民根本利益的经济理论和政策主张。在民本经济的探索上，提出了新中国

① 章林、梁尚华：《"十大关系"与新时代中国社会的发展——重读毛泽东〈论十大关系〉》，《云南社会主义学院学报》2018 年第 4 期。
② 刘少阳：《毛泽东对社会主义经济建设道路的思考和探索——基于〈读苏联《政治经济学教科书》的谈话〉为中心的考察》，《兵团党校学报》2018 年第 6 期。
③ 黄润：《刘少奇社会主义经济体制改革思想研究》，硕士学位论文，安庆师范大学，2018。

经济结构是"以社会主义的国营经济为领导的五种经济成份相结合的经济"的思想论断和社会主义过渡理论，奠定了我国社会主义民本经济的思想基础；强调重视市场关系，着力发展市场稳健运行的经济活动，提高社会主义民本经济质量；遵循经济规律，按照经济的办法管理经济，科学选取民本经济的发展方式和路径，推进社会主义经济建设有序发展；积极稳妥正确地解决积累与消费、发展生产与改善人民生活之间的矛盾问题，实现好、维护好和发展好最广大人民的根本利益。这一思想为当下我们不忘初心、牢记使命，深入贯彻落实以人民为中心的发展思想，维护好、实现好和发展好最广大人民的根本利益，提供了理论借鉴和实践参照。①

二 无湘不成军的军事思想基础

晚清湘军的兴起挽救了清政府，湘军将领的军事思想也在南征北战中得以应用升华。此后，"无湘不成军"成为对湘籍军事人才的高度赞扬和肯定。辛亥革命时期，黄兴、蔡锷等人的军事思想及实践推动了革命的发展。国民党中的一批湘籍将领在抗日战争中发挥了重要作用。毛泽东、刘少奇等湘籍党和国家领导人的军事思想，对新民主主义革命的胜利产生了重要影响。湘籍元帅和将军的军事思想，也是推动新民主主义革命胜利的重要法宝之一。2018 年学界关于湘学军事思想的研究成果较为丰富，但也有不足之处，如，对湘军将领军事思想的研究非常薄弱，基本上没有涉及曾国藩、左宗棠的军事思想和军事才能，对辛亥革命时期黄兴及民国初年蔡锷的军事思想研究也相对欠缺，对国民党中湘籍将士的抗战思想缺乏关注。总体上看，对晚清湘军将领及民国时期湘籍人士的军事思想研究有待进一步加强。

（一）晚清湘军统帅的军事思想

晚清时期列强从海上用武力打开了中国的大门，震惊了国人，有识之士纷纷开始睁眼看世界，国内掀起了一股海防讨论的热潮。魏源正是其中的佼佼者，他的海防思想是在总结了林则徐海防思想的基础上以及自身参

---

① 贺全胜：《刘少奇民本经济思想探微》，《长沙大学学报》2018 年第 6 期。

加鸦片战争的经历中得出来的，他是晚清海防思想的代表人物。他的海防思想主要分为海防战略思想与海防建设思想两个部分，海防战略思想主要是"议守"、"议战"和"议款"，海防建设思想着重于人才、武器、军饷三个方面。①

2018 年晚清湖湘军事思想研究，主要集中在湘军"节制"机制以及曾国藩、胡林翼、左宗棠等人的军事思想方面。

咸同湘军将理学作为节制之道，培植政治和文化的双重权威结构，逐步形成了以礼为宗、以诚为心、以术为辅的治军经世之道。以"礼"通上下之情、肃正军纪、进退人才、节制性情，是湘军以礼治军的重要表现；其节制机制则以"诚"为维系内部关系的纽带，以"术"周济时变。②

胡林翼军事思想在武昌攻防战（1855—1856）中有很强的体现。胡林翼以包揽把持的强势作风，对所部湘军进行了影响深远的一系列整顿乃至重铸：通过结好官文等旗籍官员，将以东北马队为代表的北岸军精锐导入湘军战斗序列，使湘军由着眼湖南一省的区域武装转型为吸纳全国军事资源的军政集团；面对太平军行之有效的堡垒战术，设计与实施了长壕围困战术，其实质是以堡垒对堡垒，将单纯的战场厮杀转化为人力与物力的比拼，考验的是战争双方地方治理能力的高下，这恰是太平天国的致命弱点所在；因时制宜，顺势而为，招募老勇，提拔鲍超等行伍出身的将领，使湘军褪去了"理学治军"的理想主义色彩，日趋务实与凶悍。经胡林翼重铸后的湘军，先后取得武昌、九江、安庆等系列战役的胜利，其影响一直持续到攻克金陵、镇压太平天国胜利之时。③

晚清时期面对内忧外患的窘迫局面，中国一批知识分子掀起了洋务运动，力图"自强""求富"，其中的典型代表有张之洞和左宗棠。由于洋务运动的多元性，张之洞和左宗棠分别在"富国""强兵"两个方面做出了巨大贡献，二者的措施在发展建设过程中既有共性又有差异，同时二者在任

---

① 肖含云：《魏源海防思想研究》，硕士学位论文，吉首大学，2018。
② 汤浩：《凝士以礼：理学导向下的湘军"节制"机制分析》，《湖南大学学报》（社会科学版）2018 年第 2 期。
③ 洪均：《论胡林翼重铸湘军——以武昌攻防战（1855—1856）为中心》，《江汉论坛》2018 年第 10 期。

职地区，无论是工业发展方面还是军事建设方面都做出了重大贡献。① 同治年间，福建由于负山滨海的地理环境和械斗成风的民间传统，加之内部吏治败坏、外有西方列强冲击的晚清政局，最终在太平天国运动时期所形成的大规模社会失控状态的诱发之下，形成了盗匪、会匪与斋匪多种组织系统的严重匪患问题。左宗棠通过以军事打击为主，辅之对地方吏治、军队、财政和社会风气的整顿与建设，使福建匪患得到了一定程度的治理。② 左宗棠的军事体育思想着重体现在选材要求体格强健，注重身体条件；治军有方，严明纪律；重视士兵的思想文化教育和实践应用，培养高级军事人才；生活简朴，提倡养生健体等方面，对现代社会具有一定的启示和借鉴意义。③

（二）辛亥革命时期湖湘功臣的军事思想研究

辛亥革命时期曾流行一句话："广东人革命，浙江人出钱，湖南人打战。"这一说法在很大程度上反映了湖湘人士在辛亥革命中所起的重要作用。黄兴、谭人凤、蒋翊武、蔡锷等人在黄花岗起义、武昌起义、护国战争等战役中充分运用其军事思想，对辛亥革命的成功发挥了重要作用。

黄花岗起义是同盟会发动的一次意义重大的反清起义。谭人凤不仅是黄花岗起义的主要筹划者和重要参与者，为起义的筹备和发动做出了积极的努力，而且还是黄花岗革命精神的宣传者和践行者，为建立和巩固民国做出了重要的贡献。④

蔡锷留下重要军事著作《军国民篇》《曾胡治兵语录》，提出应借鉴布尔人与强敌周旋的"波亚战术"，即游击战。该战术是在 19 世纪末的英布战争中，布尔人退出中心城市后采取的战术。布尔人分散展开游击战，切断铁路交通，抢掠英军给养，并寻机歼灭小股敌军，一度令英军大感头痛。蔡锷认为在中国战备力量还不具备与敌国对攻的实力情况下，一旦有敌来

---

① 杨芷萱：《晚清洋务运动中张之洞、左宗棠的"富国强兵"之策》，《文教资料》2018 年第 18 期。
② 董鹏飞：《同治年间福建匪患及左宗棠治理探究》，《宁德师范学院学报》（哲学社会科学版）2018 年第 3 期。
③ 杨婧：《论左宗棠的军事体育思想》，《当代体育科技》2018 年第 12 期。
④ 邓江祁：《谭人凤与黄花岗起义——纪念黄花岗起义 107 周年》，《邵阳学院学报》（社会科学版）2018 年第 2 期。

犯，应诱敌深入，利用中国开阔的地形拉长其战线，在持久战和消耗战中伺机歼灭敌人。①

（三）湘籍中共人物的军事思想

2018 年学术界关于湘籍中共人物军事思想的研究较为丰富。不仅有湘籍元帅和将军的军事思想研究，也有毛泽东、刘少奇、彭德怀、李富春、徐特立等人军事思想研究的成果。

关于毛泽东军事思想的研究，既有从整体上进行的研究，如人民战争思想、战略防御思想，也有对特定历史时期和特定战役的研究，还有关于毛泽东军事思想与《孙子兵法》关系的研究。

人民战争思想是毛泽东军事思想的重要内容，是指导我国取得革命战争胜利和新中国成立以后国防、军队建设的核心思想，具有极其丰富的内涵。毛泽东新民主主义革命时期的人民战争思想，大致可归纳为动员和依靠群众、建设好人民军队、为人民利益而战、建设革命根据地、灵活的战略战术等。这对于我们更好地把握和领会毛泽东的军事思想和战争艺术、加强国防和军队建设、实现新时期的强军目标等具有一定的指导作用和现实意义。②

毛泽东战略防御思想具有丰富的内容，主要包括：敌进我退，敌驻我扰，敌疲我打，敌退我追；诱敌深入，实施战略退却；集中优势兵力歼敌，实施战略反攻；以战役战斗的进攻实现战略上的防御等。毛泽东战略防御思想具有完整科学且逻辑严密的理论体系，进攻与防御是相互统一、相互交叉、相互渗透、相互转化的，防御与进攻是辩证统一的，是不可分割的整体，体现了毛泽东认识和把握战争问题的独特逻辑。毛泽东战略防御思想是当代中国国防建设、军队建设和打赢未来战争的重要指导思想，对世界军事战略理论的发展，对第三世界人民争取民族独立与解放，以及维护世界和平与发展都起到了极为重要的指导作用。③

遵义会议前后毛泽东军事思想主要体现在四个方面：第一，战争规律

---

① 李三万、孙港：《蔡锷将军与"游击战"思想》，《中国国防报》2018 年 11 月 8 日。

② 唐正芒、王昕伟：《毛泽东日常口头谈话中的人民战争思想解读——以新民主主义革命时期为主要研究范畴》，《延安大学学报》（社会科学版）2018 年第 6 期。

③ 孙翰文：《毛泽东战略防御思想研究》，硕士学位论文，广西民族大学，2018。

是发展变化的，要正确地指导战争并取得胜利，就必须从发展变化着的战争实际出发指导战争，应用战略战术；第二，在复杂、困难、艰苦的条件下，要充分发挥主观能动性，争取和掌握战争的主动权是战争胜利的根本条件；第三，应用灵活机动的战略战术，在运动战中正确处理"走"与"打"的辩证关系，才能消灭敌人，保存自己；第四，战争力量的对比不但是军力和经济力的对比，而且是人力和人心的对比。① 转战陕北是毛泽东军事思想的丰富和发展，具体表现为：在战略思想上，一切从敌我双方的实际情况出发，先打弱敌，后打强敌，先打分散孤立的敌人，后打集中强大的敌人；在战略指导方针上，以退为进，转移主力军，撤离延安却始终不离陕北；在战略目标上，把握主动权，有效保存自己，歼灭敌人的有生力量；在战术运用上，实施"蘑菇"战术，以我军小部队带领敌军绕圈子，消磨其斗志，耗费其物资，青化砭"口袋阵"、羊马河磨道吆驴以及蟠龙的"调虎离山计"是这一战术运用到极致的体现。②

《孙子兵法》是中国古代军事战略思想的代表性著作，毛泽东军事思想与《孙子兵法》的关系引起了学者们的关注。1948 年的济南战役，闪烁着毛泽东军事思想和《孙子兵法》谋略智慧运用的灿烂光华：一是毛主席亲自选兵点将，把钢刀插在敌人心脏上；二是确定"攻城打援"双管齐下的总方针，确保攻城部队无后顾之忧；三是策反吴化文部战场起义，打乱了敌人的防御部署；四是发扬一刻也不能停止进攻的顽强作风，形成勇敢战斗、不怕牺牲、连续作战的强大攻击力；五是对千佛山、马鞍山之敌围而不攻，大大加快了战役战斗的进程；六是山东省党政领导机关充分的后勤保障和民工支前，是取得济南战役伟大胜利的强大后盾。③ 毛泽东深谙《孙子兵法》的基本思想，在领导中国革命战争的过程中，积极吸收了其中的合理思想。在战争与政治的关系、战争中的唯物主义辩证法思想以及战争的主动权和战争的形式等方面，《孙子兵法》对革命时期毛泽东军事战略思

---

① 赵福超：《毛泽东在遵义会议前后的军事思想分析》，《吉首大学学报》（社会科学版）2018年第 3 期。

② 徐伟乐：《浅谈毛泽东军事思想在转战陕北过程中的丰富与发展——以三战三捷为例》，《延安日报》2018 年 1 月 4 日。

③ 赵承风：《传承红色基因　弘扬济南战役精神——兼谈济南战役中毛泽东军事思想和〈孙子兵法〉的运用》，《孙子研究》2018 年第 4 期。

想的形成起到了积极的作用。同时，毛泽东又在马克思主义战争理论的指导下，把《孙子兵法》中一些具有科学性的思想观点发展到新的理论高度，使这部优秀的军事著作在中国化马克思主义军事战略理论的建构过程中不断焕发出新的真理光芒。①

刘少奇是中共最早重视武装斗争的领导人之一。他在莫斯科学习期间即已确立了武装工农并夺取政权的坚定革命信念，回国从事工人运动时重视组建工农武装；在抗日战争时期，提出抗日游击战争的战略构想，积极倡导并广泛推广"平原游击战"，强调新四军要"绝对服从党的领导，完全执行党的政策命令来完成党的任务"；在解放战争时期，根据全国形势的发展和东北形势的急剧变化，果断将中共七大确定的"巩固华北、华中，发展华南"的战略方针调整为"向北发展，向南防御"，后又适时做出"让开大路，占领两厢"的战略部署，强调在军队中必须建立与健全党委会，加强共产党对军队的领导作用，坚持集体领导的原则；新中国成立后仍对国防和军队建设发挥着重要领导作用。②"向北发展，向南防御"战略方针是抢占东北的重大战略决策，刘少奇是该战略方针的具体制定者和执行者。在该方针确立和实施过程中，刘少奇作为"关键人物"科学回答了中国共产党为什么去东北、如何去东北、去东北后如何发展这三个紧密相连的问题，在关键时期起到了重要的作用。回答为什么去东北，刘少奇准确捕捉到了苏军进军东北、日本投降、国民党尚无力量进军东北的"历史机遇期"；回答如何去东北，刘少奇俯瞰全国，南撤北进，迟滞国民党军队，"抢"占东北；回答去东北后如何发展，刘少奇既看到当时也看到将来，既看到顺利的情况也看到困难的情况，既随时适应苏方政策变化，又把工作重心放在建立持久斗争的基点上，通过发动群众、建立根据地，在东北站稳了脚跟。这一切展现出刘少奇作为一名政治家、战略家、军事家的远见卓识和面对复杂形势、解决复杂问题的高超艺术。"向北发展，向南防御"战略方针的确立和成功实施，也是团队合作的结果，毛泽东先做出了与国民党争夺东北的决定，任弼时、彭真、陈云、黄克诚等都对方针的提出和

---

① 任晓伟：《〈孙子兵法〉对革命时期毛泽东军事战略思想的影响》，《中国延安干部学院学报》2018 年第 2 期。

② 何雷：《刘少奇不朽的军事功勋——读〈漫忆父亲刘少奇与国防、军事、军队〉》，《军事历史》2018 年第 6 期。

实施提出了真知灼见，刘少奇在这一方针的确立和实施过程中，自觉坚持民主集中制，每一重大决策都经过中共中央政治局会议研究决定。①

彭德怀关于红军游击战的思想：中国工农红军只有在中国共产党领导下，得到农民群众的拥护和支持，巩固农村革命根据地，游击战争才能胜利；其战术包括红军不能打打不赢的仗，应以奇袭为主，与敌军正常交战时兵力必须超过敌人，战线必须具有最大的弹性，游击队必须掌握声东击西的战术、避免同敌主力交战、行动应神出鬼没。显示出彭德怀的全局意识、战略眼光和军事素养。彭德怀关于抗战的军事思想：对中国抗日战争为什么必须是持久战进行过系统阐述；我军在战略上是以弱抗强，战役战术上必须求得以强攻弱，绝不能同强敌拼消耗；在战术运用上，奇袭、伏击、夜袭胜过正面对战，包围、迂回胜过中央突破，深入敌军后方和侧翼积极活动胜过正面抵抗；八路军指挥员必须明确战略防御和战术进攻的关系、战略上以少胜多和战役上以多胜少的关系、战略上的持久消耗战和战役战术上的灵活机动的关系，以及战役战斗如何争取主动、如何节约兵力、如何统一指挥等；在同敌人进行艰苦斗争的过程中，八路军要采取"围攻与反围攻合一，内线作战和外线作战相结合"的对策；在对付日军大规模分路围攻的过程中，我军宜采取"以分散对集中，以集中对分散"的战术，以班、排、连为单位，组织战斗小组，配合当地民兵、游击队，以麻雀战等战法袭扰、疲惫敌人，集中主力"敌进我进"，从敌间隙转换阵地，寻找歼敌战机，务必采取主动灵活的战略战术。从而对华北敌后军民坚持抗战起了重要的指导作用。彭德怀在解放战争时期的军事思想进一步成熟，特别是丰富发展了高度机动灵活的运动战思想：必须树立敢于诱敌深入和集中兵力各个击破的指导思想；要摸透敌军特点，深察敌人企图，顺施诱惑而纵其错，并尽力隐蔽自己企图，巧妙地迷惑和调动敌人，以便保持主动，创造有利战机，置敌人于死地；进攻部队要大胆迂回穿插、分割包围敌人，切实断敌退路；防御部队不仅要顽强阻击，还必须灵活进行反击，吸引更多敌人，使进攻部队易于奏效；还必须重视内线作战与外线作战的结合运

---

① 郭祥：《刘少奇与"向北发展，向南防御"战略方针》，《牡丹江师范学院学报》（哲学社会科学版）2018 年第 6 期。

用，当情况不利于继续在内线作战时，主力应果断地跳到外线歼敌。①

土地革命战争时期，任弼时先后以中央政治局委员、中央苏区委员会成员、中央代表团成员、苏区中央局常委、中央政治局常委、湘赣省委书记兼湘赣军区政治委员、红六军团随军中央代表及军政委员会主席、红二方面军政委兼二军（原红二军团）政委等职，参与领导、指挥党的军事工作与行动，从而对红军的创建做出了重大贡献。他的贡献不仅推动了红军的发展与壮大，而且成为人民军队建设的宝贵经验，影响深远。②

李富春在长征途中曾主持红军总政治部工作，其间签发了 70 多份文件。李富春在长征途中的军队政治工作思想，体现在保证战略转移、坚持党的领导、关心群众利益、执行民族政策、解决实际问题、配合两军会师等六个方面，为红军长征的胜利做出了重大贡献。③

罗荣桓军队思想政治工作方法的来源丰富，既源于中国优秀传统文化，又源于毛泽东思想政治工作方法，也源于罗荣桓自身思想政治工作的革命实践。同时，罗荣桓军队思想政治工作有着深厚的理论依据，即马克思"政治学说"、列宁"灌输理论"、毛泽东"军事思想"。罗荣桓在长期的军队思想政治工作中，探索出了许多特色鲜明且效果显著的政治工作方法，其中民主说服、诉苦教育、典型示范、以身作则这四种方法最为经典。这些政治工作方法体现了以人为本、群众路线，注重宣传、营造氛围，突出重点、兼抓主辅以及坚持原则、实事求是的鲜明特征。④

1934 年 10 月 24 日，红三军与红六军团在贵州印江木黄胜利会师。28 日，贺龙、任弼时等率红二、红六军团主力离开黔东苏区，发起湘西攻势。11 月 7 日，红二、红六军团袭占永顺县城。湘西军阀陈渠珍委派龚仁杰为指挥官、周燮卿为副指挥官，率四路纵队共十个团一万余人向永顺进攻。16 日，贺龙指挥设伏于十万坪地区的红二、红六军团大败敌军。此役毙敌 1000 余人，俘敌 2000 余人，缴枪 2200 余支，史称"十万坪大捷"。十万坪大捷，贺龙厥功至伟。十万坪大捷是贺龙不唯上，只唯实，科学把握战略

① 金立昕、关泠：《军事家彭德怀》，《百年潮》2018 年第 10 期。
② 曹春荣：《任弼时与红军的创建》，《党史博览》2018 年第 7 期。
③ 莫志斌：《李富春军队政治工作思想探析——以长征途中签发的文件为中心的考察》，《遵义师范学院学报》2018 年第 2 期。
④ 谭天宇：《罗荣桓军队思想政治工作方法研究》，硕士学位论文，长安大学，2018。

方向，坚持集中兵力作战原则的结果；是贺龙从实际出发，实事求是，正确选择了作战方针、作战形式和战术手段的结果；是贺龙心系人民，切实维护群众利益的结果。①

抗战初期徐特立关于解决兵役问题的主张，包括：彻底废除募兵制，实行义务兵役制；理顺人民战时当兵的权利与义务关系；通过建立战时教育和广泛的宣传，动员民众；建立民军，从中选拔模范人才，建立地方武装，再将其转化为正规军；训练从事兵役工作的干部，建立自治性、群众性的抗战团体；改善军民关系，实行官兵一致，为义务兵役制提供保障。徐特立的征兵主张具有很强的实用性和针对性，对解决抗战初期湖南的兵役问题产生了积极影响。②

粟裕是我党我军杰出的无产阶级革命家、军事家，其作战指挥的精通纯熟和运用之妙堪称一绝，被誉为"常胜将军"。粟裕擅长指挥大兵团作战，创造出一系列彪炳史册的重大经典战役。指挥艺术的升华来自多年战斗实践的积累。粟裕指挥的芜湖官陡门大捷，在敌人重兵合围的心脏地带，上演了一幕"天降奇兵"的"活剧"。虽然这次战斗只是屡"出奇谋、用奇兵、建奇功"大将军戎马生涯中的一个小小战绩，但其百里奔袭、虎口拔牙的铁军豪情，至今令人拍手叫绝。③中国人民解放军华中野战军在江苏省中部地区对国民党军队进行的自卫反击作战，简称"苏中战役"。粟裕领导和指挥的一系列重大战役，生动展现了他驾驭战争的高超艺术，苏中战役更是其中的经典一例。面对国民党军队四倍于我的优势兵力，粟裕指挥华中野战军七战七捷，"对于整个解放区的南方战线起了扭转局面的重要作用"，毛泽东盛赞他"指挥正确，既灵活，又勇敢"。立足全局，坚持从战略上把握战争规律。作为一位战役指挥员，粟裕认为，"在即将执行上级赋予的作战任务时，应当结合战争的全局进行思考，从全局上考虑得失利弊，把局部和全局很好的联系起来"。解放战争初期，中央军委曾设想南线作战的战略计划，要求华中野战军出兵淮南，向大别山、安庆、浦口前进。粟裕根据当时敌我双方各方面情况，认真研判战争发展态势，把中央意图与

① 阳勇、楚艳辉：《贺龙与十万坪大捷》，《遵义师范学院学报》2018 年第 4 期。
② 段千千、唐正芒：《徐特立的兵役主张及其对抗战初期湖南兵役的影响》，《湖南工业大学学报》（社会科学版）2018 年第 6 期。
③ 张应松：《粟裕八分钟奇袭天险官陡门》，《党史纵横》2018 年第 4 期。

苏中地区的实际相结合，向中央军委建议先在内线打几个胜仗，再转到外线作战。中央军委对此极为重视，很快做出了"先在内线打几个胜仗，再转至外线，在政治上更为有利"的重要指示。苏中战役胜利不仅在战略上侦察了敌人的虚实，达到了战争初期试战的目的，而且为中央军委实行持久作战的战略方针提供了依据。① 淮海战役，顾名思义，最初粟裕是从华野角度提出的，其范围仅局限在两淮（淮安、淮阴）、海州、连云港一带，实际上还只限于华东战场。尽管毛泽东在《关于淮海战役的作战方针》中所规划的淮海战役，其规模要比半月前粟裕的设想大一些，但它的范围仍然在鲁南、苏北之间，还不是从华东到中原的伟大决战。这就是史家所称的"小淮海"。随着形势的发展，粟裕的思路越来越开阔。他想到，华野第一个作战围歼黄百韬兵团于新安镇、运河一线，那么邱（清泉）、李（弥）兵团必定大举东援。若华野、中野两大野战军协同作战，集中兵力于徐、海战场，争取在徐州附近歼灭蒋军主力，是完全有可能的。于是粟裕于10月31日报告毛泽东、中央军委，建议由陈毅和邓小平统一指挥淮海战役。毛泽东、中央军委完全同意粟裕的建议，于次日（11月1日）电告中野、华野，整个战役统一由陈、邓指挥，并且强调，中野在徐州以南的行动"由陈、邓临机决定"。对粟裕在淮海战役中的贡献，毛泽东在1949年的一次谈话中说，淮海战役，粟裕同志立了第一功。②

陈赓是中共历史上最具传奇色彩的军事家之一。全面抗战爆发后，他所领导的386旅成为华北战场上的一支利剑，重创了这一地区的日伪军。在行军打仗的过程中，陈赓历来重视思想政治教育，注重军队干部培养，强调官兵团结友爱。他的治军思想是386旅取得辉煌战绩的重要基础。③

谭政长期从事并领导军队思想政治工作，不仅善于做政治工作，还善于开展理论学习与研究工作，提出了一系列军队政治工作的观点与方法。毛泽东称"谭政，谈政也"，这是对谭政的最高评价。他注重保持人民军队的性质、维护人民的利益，善于总结经验、进行理论提升。谭政认为，做

---

① 刘振飞：《从苏中战役看粟裕指挥谋略》，《学习时报》2018年5月23日。
② 早耕：《粟裕是如何获得淮海战役"发明权"的》，《党史纵横》2018年第7期。
③ 张雪健：《浅析386旅时期陈赓的治军思想》，《党史博采》（理论）2018年第2期。

政治工作必须树立大局意识，根据党在不同时期的工作任务，采取不同的政治工作方法，使军队的政治工作始终围绕着党的中心工作进行。他强调军队政治工作要坚持民主，秉承以人为本思想。谭政认为，在对待官兵的问题上，不仅要尽量满足官兵合理的物质要求，而且要在人格上尊重他们。在工作中，谭政总是认真听取意见，具体问题具体分析，从不搞家长制、一言堂，对犯错误的同志也从不一棍子打死。①

许光达围绕人民解放军现代化建设面临的崭新课题和使命要求，就现代战争条件下人民装甲兵的建设与运用，从战略全局的高度进行了深入系统的理论探索。撰写了《关于保卫祖国的战略方针》、《陆军的发展趋向及装甲兵的运用》和《人民装甲兵在未来战争中的使用》等文章和研究报告，在陆军机械化、装甲兵训练和人才培养、政治工作、作战运用、装备发展等方面，提出了一整套具有指导性、针对性和前瞻性的装甲兵建设理论，其基本观点被写入当时合成军队的战斗概则和战斗条令。关于装甲兵的建设和作战运用，他认为，应结合中国的具体情况，建立和发展装甲兵。他指出，机械化是陆军发展的必然趋势，实现机械化是整个陆军的任务，装甲兵部队是机械化的合成军队，在编制体制上应包括独立坦克部队和队属坦克部队。合成军队指挥员要通晓装甲兵的理论知识，才有可能完成任务。他认为，装甲兵是陆军的重要突击力量。随着陆军机械化比重的增长，坦克兵和机械化步兵将成为陆军的基本突击力量。要有适当数量的战略预备坦克部队，以保证战略方针的贯彻落实。他强调，技术是装甲兵战斗力的基础，没有技术就没有装甲部队，要建立一整套装甲兵技术保障机构和管理制度。② 1942 年，正值抗战最为艰难的阶段，许光达请缨到条件艰苦、对敌斗争激烈的晋西北抗日前线。受命于民族危难之际，他率领晋绥军区第二分区军民通过开展统战工作、大生产运动、练兵运动、反"蚕食"斗争，将第二分区建设成为晋西北的模范抗日根据地，为八路军的发展和争取抗战的最后胜利创下了不朽的功绩。③

---

① 冯佳：《谭政：军队政治工作的先锋》，《学习时报》2018 年 9 月 17 日。
② 关泠、金立昕：《军事家许光达》，《百年潮》2018 年第 12 期。
③ 杨振庭、赵娜：《论许光达在晋西北抗战的贡献》，《党史博采》（理论）2018 年第 1 期。

三 纵横捭阖的外交战略眼光与思维

近代以来，有一大批湖南人活跃在外交舞台，清末有最早的驻外公使郭嵩焘、从俄国手中谈判收回伊犁的曾纪泽及出使外国的瞿鸿禨、王之春等；民国时期，除职业外交人员外，黄兴、蔡锷、宋教仁、蒋廷黻等人均留下了许多关于外交的思想遗产；中华人民共和国时期，毛泽东、刘少奇等党和国家领导人更是国家外交事业的领导者、外交政策的制定者。2018年学界对湘学人物外交思想的研究总体上比较单薄，特别是对参与外交活动的政治人物的外交思想缺乏关注，对近代以来关注外交的知名湖湘学术人物如周鲠生、舒新城等人外交思想的研究亦有待加强。

郭嵩焘作为晚清中国首位驻外公使，有着先于时人对中外关系的认识，即由被动到主动的外交意识、由"夷狄观"到"平等观"的外交态度、由"中体西用观"到"本末有序观"的外交选择。这些认识指导了他在驻外期间具体的外交活动并取得了良好的效果。郭嵩焘的出使也对中国开启外交近代化的序幕、明晰当时与各主要国家之间的关系以及进一步深化对西洋文明的理解等产生了深远而持久的影响。①

关于晚清湖湘外交思想与实践，曾纪泽由于曾担任中国驻英、法、俄三国公使，建树颇多。曾纪泽外交思想形成的背景和原因主要有三，一是中外关系格局的变化及西方思想的传入，二是家世背景影响及个人努力，三是外国友人的影响；以主权为核心的原则、实力原则和国际法原则是曾纪泽外交思想的主要内容，具体表现为维护国家主权和民族利益、以强硬国力为后盾进行谈判和运用国际法维护权益；曾纪泽的外交思想推动了中国近代外交的发展，在中国近代外交史上具有重要地位。②

有研究成果指出，曾纪泽作为近代中国著名的外交家，是近代史上成功运用现代意义的外交思想办外交的杰出代表。目前学术界对曾纪泽的研究绝大部分是围绕他的外交思想及其实践展开的，其他相关的研究也在不断深入。关于曾纪泽外交思想的研究，主要有其外交思想综合研究、专题

---

① 刘平：《郭嵩焘出使英国述评》，《湖南工程学院学报》（社会科学版）2018 年第 3 期。

② 罗忍章：《浅论曾纪泽的外交思想》，《现代交际》2018 年第 11 期。

研究，涉及西学思想、开放观念、国际法思想等。关于曾纪泽外交实践研究的成果有曾纪泽与中俄谈判、曾纪泽与中越交涉、曾纪泽与中朝问题研究等。此外，还有关于曾纪泽保护海外华侨思想研究、曾纪泽历史地位研究等。① 学者们回顾了国内外以往对曾纪泽外交思想与实践研究的情况。韩燕对近 20 年来曾纪泽研究领域中的主要观点进行了分类综述，重点梳理了曾氏外交思想与实践研究方面取得的学术成果，认为随着学术界思想的不断解放，对曾纪泽的研究突破了固定僵化的模式，研究的角度不断拓展，视野更加开阔。② 另有学者撰文探讨英语世界对曾纪泽经世外交思想和实践的研究，侧重介绍了曾氏学习近代外交知识的情况，介绍国外学者研究和探讨曾氏外交思想与实践的情况却甚少。③

　　学者在研究晚清湖湘人物的外交思想与实践时，魏光焘是得到关注的另一重要对象。魏光焘力争帕米尔界务是以往晚清湖湘外交实践研究中未曾引起注意的问题。在护理新疆巡抚期间，魏光焘为加强帕米尔地区的防务，先是派人带兵巡查内外卡伦，并在苏满地区设卡，派回部头目驻守。当俄英两国展开对帕米尔的争夺时，魏光焘紧急派人带兵驻防苏满，对俄方越卡犯界提出强烈抗议，迫使其撤兵。俄国退兵后，英国又派人带兵到达塔墩巴什。随后，魏光焘向总理衙门详细汇报了俄英侵犯中国边界的行径，以大量可信的史实陈述了中俄帕米尔界址划分问题。总理衙门据此向俄力争，使其只好知会塔什干总督嗣后不得越境。④ 赵维玺、侯育婧撰写专文，对魏光焘与中法云南矿务交涉进行了全面考察。文章指出，面对法国对云南地区矿产的掠夺和开发，试图进一步侵犯中国利权的行径，主政云贵的魏光焘始终遵循防范、保全和均利的原则，与法国方面进行了极其艰难、曲折的磋磨。最后尽管未能完全遏制法国的侵略态势，但在晚清大变局之时敌强我弱的形势下，这种努力和抗争的部分成功，在很大程度上改

---

① 韩燕：《近二十年曾纪泽研究综述》，《赤峰学院学报》（汉文哲学社会科学版）2018 年第 7 期。

② 韩燕：《近二十年曾纪泽研究综述》，《赤峰学院学报》（汉文哲学社会科学版）2018 年第 7 期。

③ 范丽娜、李金姝：《英语世界对曾纪泽经世外交思想和实践的研究》，《艺术科技》2018 年第 9 期。

④ 赵维玺：《魏光焘抚新刍议》，《西北民族论丛》2017 年第 2 期。

变了所谓"弱国无外交"的固有观念和思想，值得称道。①

湖湘文化蕴含的经世致用思想对宋教仁认清中外局势、坚持务实的作风有重要影响。但在经世思想的引导下，宋教仁在对外交往中也存在为维护国家利益而不顾国际条约的倾向。在国家平等观上，宋教仁竭力主张中国与西方列强的平等关系，却对中国与朝鲜等藩属国的平等关系谈及较少。湖湘文化蕴含的勇于拼搏、悍勇顽强、敢于担当的"霸蛮"精神，对于弘扬爱国主义精神以及在外交事务中敢于斗争发挥了极大的作用，但也存在过分强调主观能动性的问题。没有实力做保障的外交实践，即使有强烈的"尚争"精神，也显得苍白无力。我们在研究中应该清醒地认识湖湘文化对宋教仁外交思想的深远影响，对宋教仁外交思想与实践的研究不仅要探究其事功，更要探究其渊源，力求对宋教仁的外交思想有全面的认识。②

毛泽东的外交思想一直是学界关注和研究的重点之一，刘少奇的外交活动也得到了关注。关于毛泽东外交思想，既有对其外交战略、目标、实践和特点的研究，也有对其特定时期外交思想的研究。

外交是一个国家的对外联系与事务，在外交事务中，外交思想是统领。总的来看，毛泽东时代的外交思想主要有三个层面：第一，维护国家主权和独立的外交思想；第二，推动无产阶级世界革命的外交思想；第三，反对霸权主义的外交思想。其中，推动无产阶级世界革命的外交思想是中国外交思想的重要组成部分，它在毛泽东时代的不同时期都有所显现，极大地塑造和影响了中国外交面貌。③

毛泽东的外交战略思想具有"高屋建瓴、势如破竹"的战略眼光与恢宏气势。1958 年，毛泽东在给周恩来的一封信中提出"高屋建瓴，势如破竹，是我们外交斗争的必须形态"，这一战略思想在指导新中国外交工作时得到了充分体现。在对美外交方面，毛泽东在战略上视其为"纸老虎"，认为美国本质属性是为了自身利益，本质目的是推行全球霸权，制定规则是

---

① 赵维玺、侯育婧：《防范保全和均利：魏光焘与中法云南矿务交涉》，《曲靖师范学院学报》2018 年第 5 期。

② 平英志、袁咏红：《湖湘文化对宋教仁外交思想的影响》，《湖州师范学院学报》2018 年第 11 期。

③ 王建辉、张瑜：《论毛泽东时代的中国外交思想》，《沈阳师范大学学报》（社会科学版）2018 年第 1 期。

为了束缚别人，联合国、美洲国家组织等统统都是它手掌里的工具，都是以有利于它的侵略目的为转移，它用得着就用，用不着的时候就一脚踢开，只有通过加强团结、坚持斗争，才能为合作创造条件，奠定基础；策略上深谙掌握主动之道，"不着急"是其法宝之一，邀请尼克松访华便经历过漫长的铺垫。毛泽东对美国是以斗争促成合作，对第三世界国家则始终充满了关心、团结和友好，为人类贡献了"和平共处五项原则"和"三个世界"理论这两大遗产，这也是新中国价值观输出的成功典范，是新中国软实力最生动的展现、最有力的证明。① 二战后，美苏从战时合作走向了对抗，世界被划分为帝国主义阵营和社会主义阵营，作为马克思主义政党领导的新中国需要得到国际上的承认和援助，所以必须实行"一边倒"的外交政策。毛泽东提出"一边倒"外交政策是为了维护国家利益、巩固新生政权，它是特定时代的产物，虽有一定的局限性，但对于当时新中国的社会主义建设和后来的外交政策都具有重要意义。② 1949 年上半年，毛泽东先后提出了三条基本外交方针，并形象地概括为："另起炉灶"、"打扫干净屋子再请客"和"一边倒"。这个"三位一体"方针的提出，主要是基于中国共产党对中国革命胜利前夕所面临的国际形势的清醒判断和现实考虑。历史证明，以毛泽东为代表的第一代党的领导人全面有序地推进这些方针，中国所寻求的主要外交目标基本上得以实现。以此为基础的新中国以和平为基调的外交事业在曲折中与时俱进，从而为后来的改革开放创造了一个不可或缺的、十分有利的外部环境。③ 中华人民共和国成立后，在"革命与战争"的时代主题和冷战格局下，毛泽东外交的总体目标是寻求中国经济政治稳定，发展经济、提高综合国力、提高人民生活水平，逐步建立独立自主的新型外交关系；其主要实践表现为，选择社会主义阵营，与旧中国屈辱外交划清界限，反对帝国主义，独立自主开创外交新局面；主要特点是具有明显的坚持底线思维的独立精神、突破意识形态观念的创新精神、注重与第三

---

① 刘洁：《高屋建瓴 势如破竹——学习毛泽东外交战略思想》，《中国工程咨询》2018 年第 12 期。

② 冯红丽：《20 世纪 50 年代初期毛泽东"一边倒"外交政策的原因及评价》，《世纪桥》2018 年第 8 期。

③ 胡新民：《毛泽东开创新中国和平外交事业》，《党史博采》2018 年第 7 期。

世界合作的特色。①

马克思主义的有关国际关系理论、新中国成立前对外交流思想和中国优秀传统文化中有关外交的思想是新中国成立初期毛泽东外交思想形成的理论来源，以美国为首的帝国主义阵营对新中国的敌意和遏制、以苏联为首的社会主义阵营对新中国的承认和支持，以及亚非拉等中间地带国家的群体性独立则构成了其形成的现实条件。其主要内容为提升国际地位的三大外交方针政策、形成新型国际关系的和平共处五项原则，以及形成国际多格局发展圈的"两个中间地带理论"，具有"坚持独立自主，捍卫国家主权与尊严""反对霸权，维护世界和平""国家利益至上，求同存异"三大特点。新中国成立初期毛泽东外交思想是马克思主义中国化理论成果的重要组成部分，为新中国外交奠定了坚实基础，为改革开放后的外交提供了借鉴参考；给后人的启示是，我国的外交事业应一切从实际出发，遵循独立自主基本原则，提高综合国力，创造和平的外部环境。② 毛泽东外交思想是毛泽东思想的重要组成部分，是在透彻分析了中国国情和当时国际形势的基础上，将马克思主义的国际关系理论与外交实践相结合的产物。"争取永久和平"，在"平等、互利"前提下开展外交工作，注重开展文化交流，以及"三个世界"等外交思想或理论，是毛泽东外交思想的重要内容。③

习近平新时代中国特色社会主义思想是与毛泽东思想一脉相承的理论体系，是在新时期对毛泽东思想的继承和发展，主要体现在：继承与发展了毛泽东的党建思想，开创了全面从严治党新局面；继承与发展了毛泽东的文化思想，进一步提升了中华民族的"文化自信"；继承与发展了毛泽东的生态思想，把生态文明建设纳入中国特色社会主义事业"五位一体"的总体布局中；继承与发展了毛泽东的外交思想，开创了全方位、宽领域、多层次的政党外交新格局；继承与发展了毛泽东的群众路线思想，进一步丰富和发展了群众路线的理论内涵；继承与发展了毛泽东的惠农思想，谱

---

① 张孟孟：《中华人民共和国成立后毛泽东外交思想的目标、实践和特点》，《世纪桥》2018年第8期。
② 韩燕：《建国初期毛泽东外交思想研究》，硕士学位论文，牡丹江师范学院，2018。
③ 张潇天：《试析"一带一路"与毛泽东外交思想的联系》，《学理论》2018年第8期。

写了新时代乡村全面振兴新篇章。①

刘少奇在新中国有四次重大外交活动，即新中国成立前的一次秘密访苏、筹备新中国第一次国际会议（亚洲、澳洲工会会议）、担任国家主席后的第一次出访（参加在莫斯科举行的各国共产党和工人党代表会议）、中国国家元首对周边国家（东南亚四国）的第一次大出访，刘少奇身体力行，为开拓新中国的外交事业做出了重要贡献。②

综上所述，关于湖湘外交思想与实践的研究，较为突出的是对魏光焘外交活动的研究获得了重要突破，对毛泽东外交思想与实践的研究有重要进展。

四　社会与教育思想之济世品格

经世致用是湘学最为重要的特征之一，从胡安国治《春秋》以康济时艰，到胡宏治学"明体"以致用、张栻以"传道以济斯民"作为岳麓书院的治学宗旨、王船山以"致治"作为学术追求、魏源"以经术为治术"，更不用说以曾国藩等为代表的理学经世派等，莫不如此。在此学风影响下，以改造自然、社会和人为目的，湘学发展出了丰富的社会思想、教育思想、生态思想，成为2018年湘学研究中的一个亮点。

（一）经世致用的社会追求

鸦片战争后，思想文化界的风气转向"经世致用"之学。魏源提出了"师夷长技以制夷"的主张，魏源等人怀着拯救危亡、匡扶天下的社会责任感论政、论世，批评时政与学术弊端，将学术导向革故鼎新的轨道。魏源在抨击内政的同时，对于盐政、漕运、人才选拔等问题提出了切中时弊的改革方案，并身体力行，付诸实施；同时也把视线转向外部世界，关注海防、兵事，以抵御外敌。他突破了"夷夏之辨"的传统观念，较早地认清了世界发展的新格局与趋势，并把学习西方技术与御敌图强结合起来，代表了当时中国思想界的最高水平。但也有历史局限性，其所揭示的基本内

---

① 孙敏：《习近平新时代中国特色社会主义思想对毛泽东思想的继承与发展》，《南京晓庄学院学报》2018年第5期。
② 潘敬国：《刘少奇与新中国外交的几个第一次》，《湘潮》2018年第7期。

涵尚不全面、深刻，只停留在表面器物层次，未能真正认识到学习西方的深层内核。尽管如此，其进步意义不可低估，对后期的洋务运动及近代文化的转型均产生了积极而深远的影响。①

身处乱世的王闿运，因受湖湘经世学风的影响，青年时期就有经世大志。他主张通经应当致用，坚持治经必先研礼，并在书院教学和日常生活中贯而行之，以合乎时宜、兼具个性的方式将"礼学经世"思想贯彻到实践中，力主从古代经典中寻求拨乱致治之道，提出"礼治"本于"自治"的礼学经世论，并以"读礼、析礼、明礼、践礼"的具体措施将其治经理念落到实处，寻求能适应现实政治需要的经世之术、经济之学，从而实现学术与政治的贯通融合，达到通经致用的现实目的。②

社会教化是传承思想、改造社会、经世致用的重要途径，在清代湖南主要是通过书院实现教化功能。清代湖南经历了从人文凋敝到人才辈出的过程，其中乡村书院的教化之功起到了重要作用。据《湖南书院史稿》，清代湖南书院总计 378 所，而乡村书院"是书院的主体，承担了中国古代社会普及教育的任务，成为将儒家文化意识和观念源源输向广大农村的主要管线"。而书院的社会教化始终围绕着成就儒家理想人格而展开，通过培育士子、表率乡里从而教化社会，其具体途径可分为知识传播、德性培育以及事功建立三项。如果说知识传播、德性培育旨在提升地方士人、民众内在素质，那么事功建立则更能直接展现书院教化对地方事务的影响。在清代湖南众多的乡村书院中，不少书院成为某个家族乃至地域的文化活动中心，成为士民处理地方事务的重要场所。进言之，社会教化语境中的"事功"，并非彪炳千秋的勋绩伟业，而是指直接影响百姓生活起居、日用伦常的事业与规制。而事功的兴废与成效，也成了乡村书院对地方事务实际影响力的重要指针。③

（二）家教家风的生动实践

在湘学中，家教及家风思想一直是学术界、教育界研究的重点。湖南

① 戚文闯：《超越与局限：魏源"师夷长技以制夷"的长时段考察》，《理论月刊》2018 年第 7 期。
② 刘焱：《王闿运"礼学经世"思想析略》，《湖南大学学报》（社会科学版）2018 年第 2 期。
③ 于祥成：《论清代湖南乡村书院的社会教化》，《湖南大学学报》（社会科学版）2018 年第 4 期。

地区素有耕读传家的传统，因此对家庭教育、家风建设要求十分严格。关于这方面也形成了相当丰富的思想资源，对于今人依然具有重要的价值和意义。其中之佼佼者，当首推曾国藩。曾国藩是我国近代史上颇具影响力的政治人物，他十分注重自身修养，并且治家有方，使曾家人才辈出。曾国藩治家的思想体系离不开对传统文化的有益借鉴、对家风家训的传承创新与地域文化的教化培育，其产生与发展具有深刻的思想根源。和睦、孝悌、勤俭是曾国藩治家思想的三个重要维度：和睦是治家的逻辑使然；勤俭是治家的重要依归；孝悌是治家的力量根基。曾国藩的治家思想在当今仍有重要价值：其和睦思想有利于增进邻里亲厚度，孝悌思想有利于促进家庭和谐性，勤俭思想有助于推动消费理性化。[1] 与上文认为曾国藩家教思想受湖南地域文化的影响不同，有的学者认为，曾国藩虽是湖南人，但服膺安徽桐城一派，进一步传承了桐城派的家训家教文化。曾国藩通过撰写家书的方式教育家中子弟，传承家教、弘扬家风，形成了家书、家训、家教和家风"四位一体"的教育模式，其内容主要集中在三个方面：勤于学习，知书达理；孝顺长辈，子弟贤良；严于律己，谦虚谨慎。曾国藩的家训家教思想，对于青年学生处理好个体与自我、家庭、社会以及国家之间的关系具有借鉴与启示作用，也是我们做好新时代思想政治教育工作的重要资源。[2]

毛泽东受曾国藩等人影响，亦秉持严格的家教家风。其相关思想的形成源自四方面：一是中国传统文化，他从小"熟读经书"，受到中国传统文化的教育与熏陶，他特别喜欢研习中国古代文史典籍，从经史子集到稗官小说无不涉及；二是湖湘文化，《曾国藩家书》是毛泽东常读的书，内容包括修身养性、为人处世、交友识人、持家教子、治军从政等，上自祖父母至父辈，中对诸弟，下及儿辈；三是毛氏家族优良的家教家风，他的人生道路和心路历程与毛氏家族的传统文化精神有着密切的联系，毛家族谱有家规十八条、家训十则、家戒十则，这些家规、家训包含着不少积极因素，如清正廉洁、严格教子、孝养父母、尊老敬长、怜恤孤寡、婚丧从俭等；

---

① 郝佳婧：《曾国藩治家思想的来源、内在逻辑与当代诠释》，《湖南行政学院学报》2018年第4期。
② 钱敏：《曾国藩家训家教思想的构成与启示》，《湖北经济学院学报》（人文社会科学版）2018年第12期。

四是共产主义理想信念，对共产主义的坚定信仰，不仅铸就了毛泽东崇高的革命品格、高尚的革命情怀和坚强的革命精神，而且使毛泽东的家庭发生了翻天覆地的变化，成了为理想信仰前仆后继、百折不挠、勇于牺牲和舍小家为国家、舍自己为人民的英烈家庭。毛泽东家教家风思想的基本内容：一是重视加强理想信念教育，培养共产主义事业接班人；二是重视亲情教育，制定严明家规；三是重视言传身教，树立廉洁家风；四是关心亲朋好友，但是不搞特权；五是传授正确的学习方法，倡导理论联系实际的家风。毛泽东家教家风思想的现实意义：一是良好的家教家风是个人立德成才的源头，二是良好的家教家风是从严治党的关键环节，三是良好的家教家风是民族复兴的重要基础。①

刘少奇以优良淳厚的家教家风为人所称颂，他以自身的大智慧，在亲情面前严于律己、公私分明，为共产党人的亲情观做了很好的诠释。1959年他当选国家主席后更深知责任重大，十分慎用手中的权力。他认为这些权力是人民给的，只能为人民谋利益，在任何时候、任何情况下，都绝不能利用人民赋予的权力来为自己和亲友谋取私利。为此，他时时以"国家主席也是人民的勤务员"为座右铭，并常以此提醒自己和告诫亲属，这充分表现了他廉洁奉公和全心全意为人民服务的崇高风范。刘少奇十分重视子女的理想信念教育。他很注重子女世界观的培养，要求子女坚持唯物史观，树立无产阶级的世界观和共产主义的远大理想。他公私分明，严禁特殊，常常开家庭会，以正家风。刘少奇不仅严于律己带头遵守党和国家的纪律，而且对亲属子女及身边工作人员高标准、严要求。他一贯要求身边工作人员，外出参加会议或办事，不许对有关部门或地方工作指手画脚、随便发表意见，不许以"少奇同志"的名义压人家。他还为此明确定立了"四不准"规矩："每到一地，不准要人家接送；到任何地方，不准请客吃饭，铺张浪费；不准向人家要东西，人家送上门来也要婉言谢绝；参观时不准前呼后拥地陪同，有个向导引路就行，不准影响地方负责同志的工作。"始终保持革命战争年代的艰苦奋斗作风。在生活上一向对自己和家人都是高标准、严要求，坚决反对自己及家人有意无意地搞特殊。②

---

① 戴安林：《论毛泽东家教家风思想及现实意义》，《毛泽东研究》2018年第3期。

② 洪梦：《刘少奇家风》，《党史文汇》2018年第11期。

作为中国共产党老一辈无产阶级革命家的谢觉哉，其家风建设，引起了社会的高度重视。中华人民共和国成立后，谢觉哉出任中央人民政府"大官"，老家的子女和亲属请求帮忙解决个人问题。他总是强调，他做的"官"是为人民服务的"勤务兵"，不是封建社会中"一人得道，鸡犬升天"的旧官僚。谢老不徇私，且以身作则，对子女言传身教，教育子女"居新社会学新本事"才能立足，而不是借助长辈的权势。这对于今天共产党人的家风建设具有重要启示意义和借鉴价值。①

（三）教育思想的历史价值

张栻长期从事教育活动，先后在岳麓书院、城南书院主讲，具有非常丰富的教学实践经验，不仅培养了大量人才，而且形成了自己的教育理念和教育思想。张栻的教育思想植根于儒家传统，重视人格培养，强调伦理道德教育，在教育的目标、方法、成效等方面有比较系统深入的论述，同时也表现出鲜明的理学色彩，丰富了儒家教育思想宝库。首先，张栻认为学须"立本"，这个"本"，就是"明天理"。四德、五伦属于天理，都是先天所固有的，但因为"局于气禀，迁于物欲"，而造成"天理不明"，因此需要通过后天的教育、学习来穷其天理，复其本性。这就是人为什么需要接受教育。其次，在教育的作用上，张栻强调"学也者，所以成身也"。"成身"即"成己"，也就是完善自身的人格修养，这就需要变化气质。人有贤、不肖之差别，这不仅与气禀清浊厚薄之不同有关，而且与后天的环境、积习关系甚大。因此，必须通过学习教育来"克其气质之偏，以复其天性之本"。再次，在教育的目标上，张栻提出了"学所以明万事而奉天职"的思想。所谓"万事"，即人类社会中的万事万物，当然包括德性与知识两个方面，而其中的核心内容，就是明人伦、知礼义、辨义利，归根结底，在于"成才善俗"。通过教育，使受教育者在家知孝悌，出门扩充此心，仁民爱物，在全社会形成爱亲敬长、兴仁兴让的社会风气。可以说，"成才善俗"是张栻教育思想的最终目标。最后，在知识与实践的关系上，张栻反复强调教育除了获取知识（致知）之外，更重要的是识得"天理"，讲明"人伦"，培养健全的人格。故教育的成效要体现在"致知力行""学

---

①　吕翔：《谢觉哉的家风》，《中国档案》2018 年第 10 期。

而时习"之上。"知"和"行"并非二途，而是内知、外行，知行互发，故"行之力则知愈进，知之深则行愈达"。①

注重道德教化，重视人的精神境界提升，这是王船山德育思想的突出特征。理论层面，船山提出"立人极"的命题，人是历史、道德活动的主体与承担者。他说："道行于乾坤之全，而其用必以人为依。不依乎人者，人不得而用之，则耳目所穷，功效亦废，其道可知而不必知。圣人之所以依人而建极也。"因此从哲学的高度论述了德教的必要性。船山把仁义的德行上升到天德的高度，人的仁义道德属性来源于天，仁义是天德大化流行的结果，也是人的本质属性之所在，这使得仁义道德更具有哲学本体论的意蕴。实践层面，船山反对蹈虚空谈，倡导身体力行，将德育思想的核心理念与现实生活紧密地联系起来。王船山在知行观上强调知行统一，虽然他肯定知对行的指导意义，但更强调行重于知。反映在道德认知与道德实践上，船山强调以"行"即以道德践行作为道德认知的方式与手段，高度重视道德实践在道德教育中的突出作用。王船山的德育思想具有重要的现代价值，对构建社会主义核心价值体系、提升国民道德素质具有积极意义。②

作为洋务运动的发起者和中坚、中国首位驻外外交官，郭嵩焘力主引入西方教育思想和科学技术，改革晚清教育制度。他曾一再强调"西洋之法，通国士民，一出于学"，唯有从教育着手，国家富强才有希望。郭嵩焘任粤抚时（1866），曾在私塾"学海堂"加开算学科，初行改革实践。同治六年正月（1867年2月）恭亲王奕䜣等人上折，建议同文馆添设天文算学馆，并招正途士人学习。从总理各国事务衙门所上相关各折来看，郭嵩焘自增设天文算学馆议起，就是支持主张者，甚至可谓是发起者之一。当得知湘水校经堂名存实亡，岳麓、城南等书院习时文（八股文）之弊相当严重时，他心焦于学术风气，立即重拾同治年间因他赴京出英搁置的复建湘水校经堂计划，助湖南学使朱道然复建。复兴湘水校经堂，是他第一次将所吸收的西学教育精神直接透过自己的影响力进行突破性改革的尝试，再次证明他对务实治学精神的重视。面对礼崩乐坏、国力衰微的景况，郭嵩

---

① 杨世文：《张栻教育哲学论略——以明伦教育为核心》，《江苏科技大学学报》（社会科学版）2018年第4期。

② 肖剑平、陈元桂：《论王船山德育思想及其当代价值》，《衡阳师范学院学报》2018年第5期。

焘教育思想的论述从六经、诸子引发，又援引亲眼所见的西方教育成就，排诋"广厉学官"，抱经世之志，引用西方学制来追求"三代之治"的理想。①

魏光焘是一位湘军宿将、晚清重臣，身经百战，屡建奇功。尤其值得指出的是，魏光焘对近代教育事业的发展做出了重要贡献。他认为教育的目的在于为国家培育人才，为官数十载始终热衷于教育事业，为教育事业付出了大量的时间和精力。他在甘肃、新疆、云南各地创办学院，招收大量少数民族学生入学，促进少数民族的教育水平提高，维护了祖国边疆的安定团结。在南京具体经办筹建三江师范学堂，选拔培养了大批人才。在福建任内一心促进中小学堂的创立，选派学生去日本学习。他热心于舆地教育的推行，提倡实学。在各地兴办实业学堂，培养了各类专业人才，促进了近代科学技术的传播。他回到家乡以后，继续关心家乡的教育事业，"在家乡捐学田、捐义田、修学塾、捐试馆租田，迭次赈捐巨款，历送春秋闱士子巷费"。他在担任各地地方官时，具有卓越见识地认识到教育的重要性，在财政空虚、入不敷出的不利条件下，总是优先保证教育经费的投入。在清末动荡的社会环境下，这种加大教育投入的果断行为是值得肯定的，这些重视教育发展的措施直接促进了当地近代教育的发展，为全国很多地方培养了一大批杰出人才。②

作为中国近代著名的启蒙思想家，谭嗣同大力提倡的变法维新中的一项内容就是教育改革。与此同时，谭嗣同崇尚实学，关注时政，对治事抱有深切关注和极大热情。这促使他将变革科举与人才培养结合起来，进而对科举考试的内容和方法提出变革。谭嗣同将"变学校"视为变法之根本，而他寄予厚望的"变学校"质言之就是用实学（"实事"）变革科举考试的内容和方法。事实上，实学情结使谭嗣同注重专门专业之学，并将天文学、地理学和生理学作为人人必备之知识。在他那里，前者属于专业教育，后者属于通识教育。二者的结合既是谭嗣同对中国近代社会救亡图存与思想启蒙的回应，又与他的哲学理念、政治主张一脉相承。教育的目的是育人，如何摆正专业教育与通识教育的关系是教育的根本问题之一。在这方面，

---

① 杨小明、庞雪晨：《论郭嵩焘与近代天文算学教育的引入》，《自然辩证法通讯》2018 年第 12 期。

② 杨乔：《魏光焘对近代教育的贡献》，《湖湘论坛》2018 年第 5 期。

谭嗣同的观点引人深思，对当下仍然具有启发意义。①

熊希龄以从事政治活动和慈善事业闻名于世，但他在儿童教育方面也取得了重要成就。他后半生弃政从教，创办北京香山慈幼院，并在实践中形成了全面系统的儿童观，包括强调服务生活的儿童办学观、强调亲身体验的儿童教学观、强调德育为先的儿童课程观、强调内培外引的儿童教师观、强调量身打造的儿童教材观、强调自我约束的儿童管理观六个方面。香山慈幼院在熊希龄儿童教育思想的指导下，培养了一大批优秀人才，不仅没有使战争年代沦落街头的孤贫儿童沦为社会的包袱，而且使这些孤贫儿童长大后成为社会各个领域的专业技术人才，为新中国的建设做出了重要贡献。②

徐特立是现代中国教育家的杰出代表，20世纪二三十年代即有"湘徐与皖陶，教育之双瑞"之誉。徐特立的教育生涯经历了一心教育救国、为革命办教育、为新中国教育奉献心力等三个阶段。在70余年教育生涯中，他一方面努力学习和吸收古今中外的优秀教育成果并用于自己的教育实践，另一方面认真总结实践经验并上升到理论的高度，逐渐形成自己的教育思想。徐特立教育思想的形成与发展历程，大致经历了摸索、萌芽、产生、发展、成熟和深化等六个时期。从大的历史背景来看，徐特立的教育思想更是时代的产物，其形成与发展的历程，是中国近代社会由旧民主主义向新民主主义和社会主义转变在教育领域的真切反映。③ 他的教育理念与思想既有对包括人本主义教育思潮在内的西方教育理念的借鉴，又有对中国传统教育思想的智慧传承；既反映了转型期社会情势对于教育发展的客观要求，又坚持"教育为政治服务"的特殊使命。其教育的理念和思想渊源还与其丰富、跌宕的教育实践与人生履历密切相关，因而具有特殊意义，对当代教育也有很强的参考价值。④ 教学思想作为教育思想的重要组成部分，徐特立同样在中国现代教学思想发展史上占有重要的地位，显示出独到的特色。他深厚的马克思主义素养、不同历史时期不断创新的教育实践、对

---

① 魏义霞：《论谭嗣同的专业教育思想》，《理论与现代化》2018年第3期。
② 闫冰、李淑贤：《熊希龄的儿童教育观》，《内蒙古师范大学学报》（教育科学版）2018年第9期。
③ 梁堂华：《徐特立教育思想的形成与发展》，《湖南第一师范学院学报》2018年第4期。
④ 伍春辉：《徐特立教育理念与思想史论》，《求索》2018年第6期。

传统教学思想的深刻理解及对现代西方教学思想的批判吸纳等使其教学思想对于推动苏区、边区的教育工作发挥了重要的作用，对新中国基础教育教学工作产生了重要影响。①

平民教育运动是五四时期一部分青年知识分子为探寻改造中国道路而开展的运动。很多青年知识分子发表关于平民教育的文章，并成立研究和从事平民教育的社团，在各地开办业余学校，为工人、农民补习文化。他们认为，中国腐败落后是由教育落后造成的，而改良教育的方式就是使全体人民都受到民主和科学的熏陶，尤其是使目不识丁的工农群众受到教育。而邓中夏正是青年知识分子中的一员，承担着教授知识并启发工农群众的任务，他强调教育救国是平民教育的初心、人人平等教育观是平民教育的宗旨、教育实践活动是平民教育的始终、敢于创新是平民教育的作风。邓中夏的平民教育运动就是通过其组织的"平民教育讲演团"、筹办的长辛店劳动补习学校等深入工农群众的实践活动，用通俗易懂的语言将最新的知识传授给群众，成为五四运动前后平民教育发展史上重要的一环。②

毛泽东的教学改革思想非常丰富，他主张对教学进行一系列改革：在教学方法上，他强调必须废止注入式教学，倡导以研究实际问题为中心、在劳动中接受教育的方法；在教学对象上，他坚决反对将学生划分等级、划分性别，认为享有优先教育权的对象是工农及其子女；在学习方式上，他推崇自学并强调使用是更重要的学习；在考试方式上，他抨击搞突然袭击、出偏题怪题的考试，倡导灵活的考试方式；在教材、课程与学制上，他主张增加教材的地方性色彩，要求减少课程数量，主张缩短学制。③

（四）生态思想的时代光芒

周敦颐被誉为理学开山，其思想中也包含宇宙观、立诚等朴素的天人合一生态伦理思想。周敦颐在其著作《太极图说》和《通书》中，将儒家学说的生态伦理观念与宇宙本体论的思想体系相结合，为其理学思想体系奠定了基本理论基础。其生态伦理思想主要包括和谐统一的宇宙观和立诚

① 田景正、张宁惠、汪丹丹：《徐特立教学思想特色分析》，《教育文化论坛》2018 年第 2 期。
② 罗馨：《邓中夏平民教育运动对当代教育的启迪》，《新西部》2018 年第 32 期。
③ 李玉姣：《毛泽东的教学改革思想》，《毛泽东研究》2018 年第 1 期。

至善的人生观，是对传统文化中天人合一思想的传承，突出了人的作用与人格修养。其生态伦理思想有三个显著特征：一是为儒家学说服务的，并非今天所说的独立学科思想，不能拔高；二是朴素唯物主义的，他的阐述相对之前的天人合一思想要具体，无论是"太极"，还是"五行"，虽然不是现代意义上的科学概念，但是具有朴素唯物主义辩证色彩；三是启发性的，在其和谐立诚的生态伦理思想中，宇宙化生、万事万物都与人的生成相辅相成，要人以天地为榜样，追求圣人的境界，以达到天人合一的最高境界。周敦颐开创了湖湘文化的理学思想，其生态伦理思想是湖湘文化重要的思想渊源，对胡国安、胡宏、张栻、朱熹及王船山等湖湘名人思想影响很大，周敦颐的生态伦理思想也正是由于他们的宣扬得以传播。一是其和谐统一的宇宙观充满了唯物主义辩证色彩，影响很大；二是立诚至善的人生观对后世影响巨大；三是其天人合一的生态伦理思想也丰富和拓展了湖湘文化内涵，给当今湖南的生态发展和生态文明建设以有益的启示。[①]

王船山被誉为"中国古代朴素唯物辩证法的最高峰"，其哲学思想中同样蕴含着丰富的生态哲学思想。王船山带有自然属性的"太虚"概念为其生态哲学的建构提供了本体支撑。王船山"太虚"的自然属性有两重含义：其一是气，由阴阳二气构成，是一种充斥宇宙的无所不在的物质构成性材料，是生命的由来和元素，这为其生态学的建构提供了物质基础；其二是阴阳二气运行的规律，即阴阳二气运行的依据或根源，这为其生态学的建构提供了理论基础。他强调"万物一源"的生态共同体，其组成者有圣人、君子、上知、下愚、动物、植物等若干层次，万物在自然界中的地位是不平等的，阴阳二气凝聚的类型是其分化的基础。他以"延天祐人"的生态目的为导向，指出人具有认识自然和天道的可能，圣人能根据天道的运行制定人的行为规则，通过人的行为规范来调节自然万物的发展。通过"正己临物"的生态路径，即人因德性修养的提高而能适应自然变化发展的需要，并能帮助万物完成生命的周期，实现人的价值与物的价值的统一，并最终达到"以人合天"的生态境界。[②]

---

① 杨英伟：《论周敦颐生态伦理思想的现代意义》，《中南林业科技大学学报》（社会科学版）2018 年第 3 期。

② 张枫林：《王夫之生态哲学思想体系的阐释》，《自然辩证法研究》2018 年第 11 期。

在毛泽东思想体系中，林业生态思想是其重要组成部分，为我国林业的发展指明了前进方向，奠定了重要基础。毛泽东十分重视林业工作，这不仅体现在他的著作中，还体现在他同各方面人士的日常谈话中，无论是在中央日常工作中还是去地方视察，也无论是在新民主主义革命时期还是在新中国成立后，毛泽东都强调林业的重要性，高度重视林业的发展。他提出了一系列具有深远意义的林业生态思想，如绿化祖国，实行大地园林化，强调绿化城市、绿化荒山荒地、绿化江河，一切能够植树造林的地方都要努力植树造林，逐步绿化我们的国家；尊重规律，科学发展林业，鼓励营造经济林木创造经济效益；重视采育结合，提出农林牧副渔协调发展等。毛泽东的林业生态思想有力促进了我国林业的发展，对于今天的生态文明建设和绿色发展理念践行具有重要现实意义。①

总的来看，2018年湘学研究体现在多个方面，学术界从多角度、多层次给予了积极探讨，特别是教育思想和家教家风建设是湘学中极其重要的资源，这与湖南重视教育、耕读传家的传统密切相关。湖南在历史上出了很多教育大家，拥有丰富的教育思想，学术界对此从更加微观的角度展开了深入探讨，涉及书院教育、儿童教育、平民教育、科技教育、教育改革等各个方面，这些对于今天依然具有重要价值。其问题主要在于，一是重复性研究比较多，创新性研究比较少，湘学研究中教育思想一直是历年研究的重点，难免研究方式单一、研究内容雷同，在创新发展上有所不足，学术原创能力还不强。二是描述性研究比较多，学理性研究比较少，对于湖湘人物的教育实践多有介绍，然而在理论性的总结和提升，形成有指导意义的教育理论，形成一定的学科体系、学术体系、话语体系等方面还有所欠缺。三是个案性研究比较多，对比性研究比较少，主要集中于某个教育家的个体研究，横向或纵向对比研究比较少，这方面还有待加强。四是研究总体上呈现有数量缺质量、有专家缺大师的状态，研究的论文不少，但精品力作不多见，特别是自觉有意识地研究湘学的专家本身就不多，大师更是凤毛麟角，这是当前面临的重要问题。

---

① 唐正芒、张春丽：《毛泽东日常谈话中的林业生态思想解读》，《毛泽东研究》2018年第2期。

第四章 历史文化：在传承 与创新中突围

湖南历史源远流长，作为根植于湖湘大地的湖湘文化更是中华文明中独具特色的奇葩，尤其是湖湘文化孕育下的湖南人在近代中国历史中所发挥的巨大作用，令世人瞩目，更为学术界关注。2018 年学术界对湖湘历史与文化的研究主要从宏观和微观两个层面进行。宏观层面，学术界在探讨湖湘文化特性的基础上，重点思考新时代湖湘文化如何实现转型与创新发展，这种趋势既反映了理论研究的方向，也是新形势下社会对湖湘文化发展提出的现实问题。微观层面，研究成果多以近代湖湘人物为例，探求湖湘文化在他们身上的独特体现，以小见大，以微知著，从多个角度、多个方向呈现湖南精彩的历史进程与独特的文化特质。

一 湖湘文化：特性、变迁与转型

作为一种区域文化，湖湘文化一直都是学界的研究热点，尤其是曾对中国近代以来政治、思想及其他领域产生过重要影响的近代湖湘文化，各种研究成果层出不穷。2018 年有关湖湘文化的研究成果集中在对湖湘文化的特征、变迁暨新时代下湖湘文化的创新与改革等问题的探讨上。

（一）湖湘文化的地域与特征研究

以往人们一直认为，湖湘大地是"蛮荒之地"，湖湘文化是"舶来文化"。吴金明通过对最近 30 年的考古挖掘及其遗存研究的梳理，指出这些颠覆了以前人们对湖南和湖湘文化的基本认识：湖湘大地不仅不是"蛮荒之地"，还是中国乃至东亚人的源头，世界农耕文化的源地，世界最古老陶器文化和城池文化之源；湖湘文化是早期自创、后期融入了外来文化元素的本土文化，既是中华文化的源头之一，又是中华文化极其重要的组成部分，更是中国极具区域和民族特色与影响力的地域文化。其源流有三，且表现出阶段性演化和不断走向融合与收敛的特征。①

吴正锋通过对现代湘籍作家与湖湘文化精神关系的探讨，指出现代湘籍作家继承与发展了湖湘文化精神传统。其作品表现出强烈的功利性，张扬个性精神，关注底层民众，以现实主义为主而又不乏浪漫主义，受到湖湘文化精神的深刻影响，并与时俱进，具有时代特征。将湖湘文化精神提升到一个新的高度，为中国现代文学的发展增添了独特的光彩。②

作为传统农耕大国，中国传统文化中普遍存在"重男轻女"的文化现象，李侃认为湖湘文化却从古至近现代时期均存在男女平等的文化因子。由于受自然环境的孕育、生产方式的决定、民族构成的影响、新文化运动的推动，湖湘文化中妇女解放和性别平等因子逐渐产生、发展和壮大，推动了近现代妇女解放运动的兴起，促进了近现代湖南文学艺术的大发展和大繁荣。③

文化特质决定文化内涵，也对文化的现代化产生重要影响。赵勇认为湖湘文化是湖湘人在长达千年的追寻中所创造出来的，在此过程中形成了属于自身的文化特质。正确把握湖湘文化的特质，有助于凝练其精髓、发挥其价值。④

从 1840 年到 1949 年，中国从封建社会到半殖民地半封建社会，再到中华人民共和国成立。在这百年历史中，地处内陆的湖南逐渐涌现了一大批人才，如倡导洋务的经世人才、立志变法的维新人物、热血辛亥的革命志士，他们不仅对全国产生了深远影响，也发扬延伸了湖湘文化所蕴含的深刻意义。⑤

（二）湖湘文化的变迁与延续研究

湖湘文明，源远流长；惟楚有材，于斯为盛。千百年来，灿烂的湖湘文化如湘江奔涌，生生不息。千百年来，一代又一代湖湘哲人士子上下求

① 吴金明：《近期考古遗存视域下的湖湘文化地位辨正》，《船山学刊》2018 年第 3 期。
② 吴正锋：《论现代湘籍作家与湖湘文化精神的关系》，《江汉论坛》2018 年第 7 期。
③ 李侃：《试论湖湘文化中的性别平等因子》，《岳阳职业技术学院学报》2018 年第 6 期。
④ 赵勇：《论湖湘文化的独特品质》，《传播力研究》2018 年第 9 期。
⑤ 王凯丽：《历史与记忆——近代湖湘文化再思考》，《中国民族博览》2018 年第 1 期。

索，立功立德立言，成就了湖湘人物的星汉灿烂。而毛泽东横空出世，以其艰辛的探索和缔造新中国的丰功伟绩，把湖湘文化的影响推向了极致，被誉为"伟大时代的灵魂人物"。在与《湖南日报》的对话中，李佑新指出毛泽东横空出世，与他学习传承湖南近代以来诸多人才群体的思想密不可分；以毛泽东为核心的中国共产党第一代领导集体创造的毛泽东思想，带有鲜明的毛泽东气质，也就是湖湘精神；毛泽东对湖湘文化发展的最大贡献在于，给现代中国革命的伟大历史进程深深地打上了湖湘文化的烙印；湖湘文化的当代发展，绝不能离开当代中国社会的伟大实践，不能偏离马克思主义中国化的方向。①

刘红、张勇通过对湘籍早期马克思主义者妇女解放思想及实践的研究，认为这些湘籍早期马克思主义者深受湖湘文化浸润，体现了鲜明的湖湘文化特征：浓烈的忧患意识和家国情怀、经世致用的务实精神和敢为人先的进取精神。这些理论与实践在相当程度上形塑了中国共产党人对妇女问题的认知，奠定了日后指导和开展中国妇女解放运动的基础。②

邹旭对屈原文化与湖湘文化的内在逻辑进行了探究，认为从被贬黜至生命的终点，屈原长期生活在湖南境内，他对湖南的影响是深远的，屈原文化对湖湘文化的形成与发展的作用是不可替代的。屈原文化被看作湖湘文化的源头，其与湖湘文化的结合并非偶然，是历史的选择，同时屈原被认为是湖湘文化的重要塑造者之一，没有屈原，就没有屈原文化，也就没有今日的湖湘文化。③

平英志、袁咏红对宋教仁的外交思想进行了研究，认为在湖湘文化氛围中成长的宋教仁，无论是民主宪政思想，还是外交思想，都带有浓厚的湖湘文化因子，湖湘文化是宋教仁思想产生的重要渊源。其外交思想的精髓——务实、爱国、尚争，正是深受湖湘文化经世致用的学风、爱国主义

---

① 奉清清：《毛泽东：立起湖湘文化的丰碑——访湘潭大学毛泽东思想研究中心主任、教育部"长江学者"特聘教授李佑新》，《湖南日报》2018 年 12 月 22 日，第 5 版。

② 刘红、张勇：《湘籍早期马克思主义者妇女解放思想及实践的湖湘文化特征》，《遵义师范学院学报》2018 年第 4 期。

③ 邹旭：《屈原文化与湖湘文化的内在逻辑探究》，《湖南工业职业技术学院学报》2018 年第 4 期。

的传统以及尚争思想的影响。①

赵晶、陈晓玲通过对湖湘现存的服饰相关文献资料和服饰实物的收集和整理，解析服饰构成的三大要素，互相印证构建起湖湘近代生活与礼仪、农耕与科技、贸易与市场的社会基础框架，并在此基础上阐明区域性物质文化和社会发展的阶段性状况。②

19 世纪 60 年代兴起的洋务运动，是洋务派在内忧外患的形势下为"富国强兵"而采取的自救之举。尽管洋务运动"富国强兵"的目标最终没有实现，但使中国近代化的进程迈出了重要的一步。唐海花认为在这一进程中，湖湘文化以其经世致用、敢为人先的品性在社会发展中起到了重要作用。③

（三）　新时代湖湘文化的转型与创新研究

习近平总书记指出，建设中国特色社会主义文化，既要坚守中华文化立场，又要推动中华优秀传统文化创造性转化、创新性发展。

湖湘文化是中华文化中深具地域特色的重要一脉，蕴含着心忧天下、实事求是、通变求新、兼容并蓄、敢为人先、经世致用、不怕牺牲等精神内核，积淀着三湘儿女最深沉的精神追求。《湖南日报》署名为晨风的作者认为，任何一种文化都要在创新中发展，只有推陈出新才能保持旺盛的生命力。我们要对湖湘文化进行深入挖掘和阐发，使其中的优秀基因与当代文化相适应，与现代社会相协调，与时代精神相契合，不断拓展新内涵，形成新品格，开辟新境界。④

文化软实力是一个国家或区域综合竞争力的重要组成部分，湖湘区域文化共同构建了博大精深、源远流长的湖湘文化。李斌指出，我们应深入挖掘湖湘区域文化即各市州历史文化的丰富内涵和精神特质，讲好区域文

① 平英志、袁咏红：《湖湘文化对宋教仁外交思想的影响》，《湖州师范学院学报》2018 年第 11 期。

② 赵晶、陈晓玲：《管窥民国时期（1912—1949 年）湖湘服饰文化的变迁》，《湖南工程学院学报》（社会科学版）2018 年第 3 期。

③ 唐海花：《从馆藏文献看湖湘文化对洋务运动的影响——以长沙博物馆藏〈皇朝经世文编〉〈海国图志〉为起点》，《文物天地》2018 年第 3 期。

④ 晨风：《湖湘文化发展必须推陈出新——三论进一步做强做优广电和出版湘军》，《湖南日报》2018 年 8 月 15 日，第 1 版。

化故事，充分发挥其当代价值，为湖南的现代化建设和高质量发展提供更广泛丰富的精神动力、文化支撑及经验启迪。①

湖南抗战精神是中国人民伟大抗战精神的重要组成部分，也是对湖湘文化、对中国优秀传统文化的弘扬光大。李斌认为，深厚的湖湘文化沃土孕育了湖南抗战精神。广大军民在顽强抗击日军的过程中，诠释了深厚的爱国主义情感和攻坚克难、血战到底、精诚合作、坚韧不拔的抗战精神。要将理论与实际相结合，通过研究、宣传、保护文化资源等途径大力弘扬湖湘抗战文化，传承湖南抗战精神。②

当前，伴随"一带一路"倡议的深入推进，具有"一带一部"区位优势、省会长沙又是"一带一路"重要节点城市的湖南，迎来了开放的机遇、发展的契机。如何发挥湖南湖湘文化高地优势，让相关文化企业"抱团出海""借船出海"是值得思考的一个课题。梁斌认为应抓住重要历史发展机遇，从挖掘湖湘文化精神特质、创新传播方式、打造品牌等方面，大力助推湖湘文化"走出去"，让世界更好地领略湖湘文化的独特魅力。③雷鸣强在分析湖湘文化"走出去"的基本情况、面临挑战的基础上，就如何加快"走出去"步伐提出建议和对策，他认为在加强领导、加大投入、树立战略地位的前提下，要发挥特色，聚焦优势，打造拳头精品，同时要做好平台建设与提高传播实效。④

传统村落是"彰显和传承中华优秀传统文化的重要载体"，是中华民族共同的精神家园，是中华民族文化的根和魂，具有民族文化的本源性和传承性。中共中央、国务院印发《乡村振兴战略规划（2018—2022年）》将传统村落划归为"特色保护类村庄"。湖南省现有657个村落入选中国传统村落名录，总数名列全国前三。刘灿姣、杨刚认为乡村振兴，文化是魂，实施乡村振兴战略，既要"塑形"，也要"铸魂"。应发挥湖湘村落文化在乡村振兴中的铸魂作用，以文化自觉为起点，经由文化自信，发展到文化

---

① 李斌：《讲好区域文化故事　助推湖南高质量发展》，《湖南日报》2018年6月7日，第5版。

② 李斌：《传承湖南抗战精神　增强文化自信与凝聚力》，《湖南日报》2018年7月7日，第5版。

③ 梁斌：《让世界更好领略湖湘文化独特魅力》，《湖南日报》2018年6月23日，第6版。

④ 雷鸣强：《"一带一路"背景下湖湘文化"走出去"的路径探讨》，《湖南省社会主义学院学报》2018年第3期。

自强，凸显出纵深延伸、动态推动的生成路径。①

　　文化是社会发展的根本、源泉和灵魂，湖湘文化是"兴湘之魂"，富饶、美丽、幸福新湖南建设要靠湖湘文化的创新性发展来引领和支撑。当前，湖南省正跨入文化强省建设的新征程，彭昊认为要从这几个方面着手，对湖湘文化进行创造性转化和创新性发展：不断丰富时代内涵，增强湖湘文化传承力；努力打造产业品牌，扩大湖湘文化传播力；全面构建创新格局，激发湖湘文化创造力。②

　　在湖南实施开放崛起战略、加快文化强省建设的大背景下，大力加强对外文化交流，对于提升湖南文化发展的开放性与多元化、扩大湖湘文化的影响意义重大。高荣国认为，需在顶层设计、打造品牌、畅通传播通道、加大海外市场调研和培养高水平翻译人才方面入手。③

　　对于湖湘文化转化和发展的时代课题，尹虹等人认为近代以来的湖湘文化日益成熟，表现出鲜明的"敢为人先""心忧天下""经世致用"等精神特质，同时也存在囿于地域、偏于功利等不足之处。立足新时代，湖湘文化应在爱党爱国的政治觉悟、体察民生的人本情怀、创新开放的时代气质、科学理性的探索品格、超越狭隘功利的价值追求等方面追求新的建树。④ 管桂翠指出，在新时代特点和要求下，对湖湘文化的创造性转化与创新性发展要坚持马克思主义的指导原则，注重对湖湘文化历史和传统全面梳理和提炼的客观性和整体性，剔除湖湘文化中的糟粕并保留基本精神，赋予其新的时代内涵，动态地创新和发展湖湘文化，使其能够"日日新，日又新"，有助于坚定文化自信，培育和践行社会主义核心价值观，建设新时代中国特色社会主义文化，铸就中华文化新辉煌。⑤ 陆亚林则认为推动湖湘文化的创造性转化与创新性发展，要在历史与现实、内部与外在、理论

---

① 刘灿姣、杨刚：《发挥湖湘村落文化在乡村振兴中的铸魂作用》，《湖南日报》2018 年 12 月 21 日，第 21 版。

② 彭昊：《以湖湘文化的创新性发展推进文化强省建设》，《湖南日报》2018 年 10 月 23 日，第 14 版。

③ 高荣国：《加强对外文化交流 提升湖南文化发展的开放性与多元化》，《湖南日报》2018 年 9 月 10 日，第 8 版。

④ 尹虹、朱永华、彭艺：《发展湖湘文化须坚定正确的价值选择》，《湖南日报》2018 年 9 月 10 日，第 8 版。

⑤ 管桂翠：《文化自信视野中湖湘文化的创造性转化与创新性发展》，《克拉玛依学刊》2018 年第 2 期。

与实践、研究与应用相结合的基础上，着眼于湖湘文化的价值与精神，把握好继承与创新、本来与外来、传统与未来的辩证关系，弘扬传播湖湘文化的精华，挖掘适应时代要求的新内涵，使之在新的时代焕发生机活力，构筑湖南人民乃至海外湘人的精神力量，并成为中华民族伟大复兴的持久动力。①

郑佳明认为属于农耕文明的湖湘文化是儒家文化很成熟、很完备、很典型的形态，价值观需要向工商文明转化。一方面，湖南人"心忧天下"的观念，是发展社会主义工商业的好观念，要大力弘扬。湖湘文化中，以诚修身、实事求是、敢为人先、拼搏霸蛮等都是创业守业、创新创造十分需要的品质。另一方面，湖南人要自觉地摒弃保守的观念、内陆的观念和内斗的旧习惯。要学习吸收世界和沿海先进地区的开放精神、包容精神、合作精神、法治精神、科学精神，在处理政府与市场、权力与经济、权力与权利等关系方面取得更大的进步。②

此外，唐亚新以爆红网络的纪录片《如果国宝会说话》为例，展示了互联网时代迅猛发展的技术手段给湖湘文化生产方式、艺术形式、传播方式等带来的深刻革命。③

二　湖湘史志：宏大视野下的点缀

湖南有着悠久的历史、灿烂的文化和丰富多彩的人类活动，给历史研究提供了取之不尽的宝藏。2018 年，学界关于湖南历史文化的研究成果众多，这些研究成果丰富了湖南历史文化研究的内涵，突出了湖湘特色。

（一）湖南古代史研究

2018 年古代湖南历史研究成果较往年有所增加，涵盖了政治、经济、教育、社会、军事等诸多领域，特别是对于明清湘西苗疆的研究不断深化，

---

① 陆亚林：《论湖湘文化的创造性转化与创新性发展》，《湖南省社会主义学院学报》2018 年第 6 期。
② 奉清清：《推动湖湘文化向工业文明转型——郑佳明谈湖南近现代工商业之路及其启示》，《湖南日报》2018 年 9 月 4 日，第 7 版。
③ 唐亚新：《给湖湘文化插上互联网翅膀》，《湖南日报》2018 年 8 月 20 日，第 5 版。

涌现了一批相关研究成果，既凸显了苗疆在传统社会时期国家治理体系中的重要性，又反映了该地区独特的地域文化。不过与其他地区相比，湖南古代史志研究尚有许多可以开拓和深化的地方。

1. 政治史研究

2018 年学界对湖南古代政治史方面的研究，主要集中在黔中郡地缘政治和清代苗疆治理两方面。

战国时期楚国首置"黔中郡"，该地因战略位置突出成为历朝政权关注的地区。学界向来认为黔中郡临沅，但自里耶简出土后，简中所载洞庭郡所辖范围与此前学界公认的楚秦黔中郡辖域惊人吻合，这无异于彻底推翻了前人对秦郡的研究范式。王晨光由《水经注》"更始水道"问题切入，澄清司马错水行路线的误区，进而揭示武陵区域黔中、洞庭分治的军事形势及楚国行政建构的地缘阻隔，最终厘清秦国在攻楚进程中实际控制空间的流变，勾勒出黔中、洞庭两郡的整体脉络。他指出：战国迄秦，对湘黔地区的控制是以河道为轴心建立战略据点，继而逐渐向水道上源与山脉腹地渗透，武陵山脉分水岭导致乌江、沅水形成两大分离的政治空间，仅凭借长江沟通。通过重审古地图画工的意图，认为建立在此行军道路基础上的楚黔中临沅说或沅陵说不能成立，而"更始水道"纯属郦道元主观造作的谬误。楚黔中郡治位于乌江彭水，公元前 280 年被司马错所占。楚在洞庭以南沅水及其支流建有十五个邑点，主要目的在于扼守濮、越等族东出水道，重心位于沅陵。公元前 277 年江南十五邑曾被蜀守张若攻占，并连同司马错所占的乌江组建临时大战区，《史记》秦本纪与楚世家记载有差异。直至公元前 222 年，王翦才清除沅水流域楚势力并建立秦"洞庭郡"，十五邑始转化为里耶简所见洞庭辖县，其目的仍在于防控武陵山脉腹地的敌对族群。[①]在娄旭的学位论文中，依然将楚黔中郡辖域限定在今湖南西部与西北部的沅水、澧水流域。[②]唐玄宗开元二十一年（733）分天下为十五道，于江南道分置黔中道。刘枫林认为黔中道的设置与其复杂的民族分布、重要的政治及军事地位不无关系，弄清这一点对于进一步研究唐朝的行政区划思想

---

① 王晨光：《黔中、洞庭分治论——楚秦南部地缘与治理空间》，《中国历史地理论丛》2018
　　年第 4 期。
② 娄旭：《秦楚黔中郡之争研究》，硕士学位论文，吉首大学，2018。

有重大意义。他进而指出：黔中道作为使用较广泛且固定下来形成定制的道，带有一定的"御边"性质。与河西道的设置类似，不仅仅是为了方便监察黔中地区的州府，更是为了巩固唐王朝在西南地区的统治，构建保护中原王朝的屏障，其设置在一定程度上也构建了西南少数民族势力与中原王朝之间的重要缓冲带，从而应对西南地区复杂的民族、政治、军事形势。[1]

荆湖地区因其战略地缘，往往成为治世者扭转分裂之局，重建一统的关键场所。安北江以平定荆湖为中心，探讨了宋初战略地缘政治。指出宋兴代周后即定"先南后北"战略方针，历时两主二十年对全国完成统一。面对南方诸势力，主要是南唐与南汉政权，太祖等人先发制人取荆湖，控制形胜要害，进而以此为战略基地，四面出击，使后蜀、南汉、南唐以及吴越等处于无扞蔽之态，丧失"连横"机会，逐一被剪灭。他认为荆湖区位优势显著，在国家战略、交通和经济上都具有不可替代的作用，宋先占取，不仅加快了统一全国的进程，也为北宋建国初期黄河中下游地区的社会经济恢复提供了经济援助。[2]

衡山赵氏是南宋后期一个著名的统兵家族，从赵方开始，赵范、赵葵、赵溍、赵淮祖孙三代相继出任沿边军政要职，绵延四十年，对南宋后期边防事务产生过重要影响。李超认为，衡山赵氏家族的崛起在很大程度上缘于同权相史弥远的密切关系。官方史书出于为贤者讳的考量，刻意淡化了史弥远在赵氏家族兴起中的作用。赵方执掌荆湖长达七年，成为史弥远掌控地方的重要工具。不过，赵方在京湖的长期经营也引起了史弥远的警惕。赵方死后，史弥远不失时机地将其子赵范、赵葵以及其他许多部属调离荆湖，消除了赵氏家族在荆湖的根基。史弥远对赵氏一族的驾驭体现出既用且防的鲜明特点。此外，从对赵方的任用中可以看到，史弥远在用人上既有任人唯亲的一面，亦有选贤任能的一面，这当是其得以长期专权的重要原因。[3]

项露林以明代湖广地区为中心，对渔政制度进行了探讨。经考证，河泊所沿袭元制，是受有司督管同时具有较强独立性的朝廷派驻机构，由河

① 刘枫林：《唐代黔中道建置初探》，《长江师范学院学报》2018年第5期。
② 安北江：《宋初战略地缘政治研究——以平定荆湖为中心》，《理论月刊》2018年第11期。
③ 李超：《既用且防：史弥远与衡山赵氏家族关系考论》，《南华大学学报》（社会科学版）2018年第5期。

泊官与户、工、礼部对接，承担渔户管理与贡课征缴之责。明初湖广地区河泊所数量众多，因设置过滥、藩王侵占及垸田开发等因素，在宣德以后经历了三次裁革高峰；业甲制是以"赤历册"为基础的渔户组织和管理制度，"业甲"为社区单位，每"业甲"辖十二至十五"业户"不等。"业总"指"业户"之总，其职能更趋近于"吏"；贡课制包括名贵鲜鱼、鱼产品上贡和鱼课的征缴。明代鱼课经历了先课米后课钞（包括实物、折色）再课银的演变，鱼课总额亦在嘉靖、万历年间急剧减少，出现征收范围扩大及转嫁田赋现象。①

清代湘黔地区的苗族聚居地区是政府重点关注地区，为实现对这一地区的有效管辖，清廷采取了各种措施，这些措施对该地区历史发展产生了深远影响，学界对此予以充分观照，涌现了不少研究成果。王洪对清代"湖南苗疆"的政治构建与社会结构变迁进行了探讨。他指出，清朝开辟"湖南苗疆"之初，针对该地区的各种政治举措在一定程度上影响了当地社会结构的变迁，但是行政上的身份析分未能在短时间内化为社会运作的影响变量，更未能直接主导人们身份观念与行动逻辑的转变。同时，地方也呈现不同的传统与社会特征，促使国家改变统治策略，由此形成了具有多样性的地方社会。② 郗玉松认为雍正时期，清政府对湖广土家族地区实行的改土归流是土家族地区国家认同不断深化的结果，改土归流促进了土家族地区的国家认同。指出改土归流虽是中央王朝主导的，以流官取代土司管理民族地方的变革过程，但土民在改土归流中的主体地位不容忽视，王朝的主导作用和土民的主体作用合力推动了改土归流的进程。改土归流后，土司贵族与中央王朝的"家国同构"演变为土民之家与中央王朝的"家国同构"。政治认同、经济认同是土家族地区国家认同的重要表现形式，文化认同则是土家族地区国家认同的核心。③

清嘉庆初年，湘西苗疆局势渐趋"平稳"，均田屯防被其时苗疆地方官

---

① 项露林：《明代渔政制度构成、运行及嬗变考释——以湖广地区为中心》，《云南社会科学》2018 年第 3 期。
② 王洪：《从苗民到边民：清代"湖南苗疆"的政治构建与社会结构变迁》，《北方民族大学学报》（哲学社会科学版）2018 年第 6 期。
③ 郗玉松：《改土归流与湖广土家族地区的国家认同研究》，《遵义师范学院学报》2018 年第 3 期。

员视为最重要的治理举措全面推行开来。然而，就在"均屯"开展过程中，总理湘西苗疆边务的凤凰厅同知傅鼐与乾州厅同知阎广居，围绕乾州"均屯"的必要性、规则与范围等问题展开了激烈论争。暨爱民认为，这场论争解决了湘西苗疆地方官员关于"均屯"的观念分歧，使得整个湘西苗疆屯务和"苗防"体系建设全面推进并最终完成，也反映了国家化进程中湘西苗疆地方的权力互动情势。① 乾嘉之后，湘西苗疆社会秩序再度瓦解。清政府改变统治思路，采用"以苗治苗"策略，设立苗弁制度，并招募苗兵作为武备力量。谭卫华探讨了乾嘉之后湘西苗疆苗弁制度与基层社会控制问题。他指出苗弁作为政府与苗民之间的桥梁纽带，有利于化解矛盾和冲突，对湘西苗疆的治理和稳定发挥了重要作用，加强对苗弁的管理是维持湘西苗疆地区基层社会控制的关键所在。以史为鉴，这一制度对当前处理民族关系和维护民族地区基层社会稳定有一定的借鉴意义。②

此外，朱雷雷结合历史文献资料与考古发掘资料，从政区、交通、经济三个层面入手，论述桂阳郡在汉代的政区演变、交通线路的走向以及两汉桂阳郡经济的发展。他认为汉代桂阳郡政区的设置打破了南岭山区地理条件的限制，将处于南岭两侧的湘南、粤北地区划为一个政区，这样的设置从一开始就带有汉王朝强烈的政治目的，意在使岭南难以长期维持割据势力。③

2. 经济史研究

经济史研究主要涉及税关、集场、纸币等问题。

辰关是清代湖南唯一的中央税关，位于辰州府沅陵县，清中期以后税额在 1.8 万两以上，在工关中排名第六。许存健考察了辰关设置历史，指出辰关负责征收竹木税和盐税，过关木材主要为来自清水江流域的杉木和湘西地区的杂木，食盐为来自安徽的淮盐。清廷为了保证辰关关税的征收，设置了严格的管理和考核制度，雍正时对税收则例进行了修改，并要求每年上报税额进行考核。通过税收数据，可以看出沅水流域的木材经历了从雍正到乾隆后期的增长再到嘉庆以后的波动。辰关关税增加了朝廷的财政

---

① 暨爱民：《傅、阎之争与乾州"均屯"》，《广西民族大学学报》（哲学社会科学版）2018 年第 6 期。

② 谭卫华：《乾嘉之后湘西苗疆苗弁制度与基层社会控制探析》，《民族论坛》2018 年第 3 期。

③ 朱雷雷：《汉代桂阳郡研究》，硕士学位论文，湖南师范大学，2018。

收入，客观上也促进了沅水流域商品流通的发展。①

在嘉庆初年湘西苗疆边墙体系基本完成之后，苗疆地方社会治理渐次推开，从苗疆地方各级政治权力、军事体系的重构与运行，到苗疆社会经济与保障体系、族群关系、文化教育的政策措施等，形塑了此后湘西苗疆近百年政治、经济与文化的基本格局。张晓燕等人对这一背景之下民、苗集场交易的兴起历史进行了考察，探讨苗疆集场交易之管理，指出清地方政府对湘西苗疆集场交易限定了地点、场期，并严控集场交易过程，对集场交易物品也严加管束。认为政府依托边墙体系对苗疆集场交易的管理与监督，使国家权力切实深入地方社会的日常生活之中，促进了苗疆地方社会的一体化整合，确保了国家权力从上至下渗入湘西苗疆边地的最底层，以应对苗疆社会变化。②

张或定等人对收集的两张清代光绪年间湖南长沙南正街"乾镒泰"商号壹串文钱票进行了研究，指出该票由日本凸版刷印公司汉口分局印刷，在湖北地方志中，该分局未见记载。日本公司铜凸版印制的中国纸币，亦极其罕见，它在我国近代纸币印刷史上和近代纸币发行史上占有特殊位置。③ 此外，徐杨对清代湖南经南岭通往广东的四条盐道进行了考察。④

3. 教育史研究

科举制度是我国古代封建王朝通过设立各种科目公开考试选拔官吏的制度，对我国传统社会的政治、教育、文化观念和社会风尚有重大影响。长期以来，人们对科举制度有着浓厚的兴趣，研究人员也通过查阅文献资料、考察文物古迹等方式研究古代科举制度的历史、流程、特征及教育发展等情况。

湖南湘西地区的乡试随着清廷不断推进教化，逐渐发展起来。王启敏、瞿州莲以《湖南通志》中"选举志"为基本资料，以举人数量分布为对象，对顺治三年（1646）至光绪八年（1882）湘西地区举人数量及时空分布进

---

① 许存健：《清代沅水流域竹木税征收研究》，《农业考古》2018 年第 3 期。
② 张晓燕、暨爱民：《国家在场：地方治理视野下清代湘西苗疆之集场交易》，《贵州民族研究》2018 年第 6 期。
③ 张或定、张哨峰、张劲峰：《清代湖南长沙"乾镒泰"商号钱票——罕见日本凸版刷印公司汉口分局印纸币》，《江苏钱币》2018 年第 3 期。
④ 徐杨：《盐道沧桑——湘粤古盐道勾沉》，《中国盐业》2018 年第 18 期。

行统计，指出从清朝初期到清朝晚期，湘西地区乡试逐渐得到发展，举人数量逐渐增加。就整个清代而言，湘西地区举人数量呈现递增的趋势，各时期举人数量不平衡。湘西地区各厅县举人分布不平衡，"苗区"三厅举人占比整体呈现上升趋势，原"土司区"占比则整体呈现下降趋势。他们认为清代湘西地区举人数量时空分布的不平衡，是乡试优惠政策差异、各厅县文化水平高低不同、乡试盘费数量不一等因素综合影响的结果。[1] 这两位作者在另一篇论文中，则选取清嘉庆之前湘西苗疆凤凰厅、乾州厅、永绥厅、保靖县为区域，以湘西科举考试中冒籍个案为分析对象，结合清政府对苗疆冒籍问题的处理，对湘西苗疆"科举冒籍"所反映出的科举制度的问题进行探讨。指出清廷为了提高苗生参加科举的积极性，制定了增加学额、乡试另编字号、给予考试盘费等优惠政策，在促进湘西苗疆科举考试发展的同时，也吸引了部分外来考生前来"冒籍"参加考试。由于地方官员渎职、廪保机制的不健全，湘西苗疆"科举冒籍"严重，损害了苗生的切身利益，造成了苗疆社会的不稳定。[2]

　　社会教化是维系社会秩序、传承思想观念的重要途径，也是中国古代书院的基本功能。书院自中晚唐创设以来，由私人读书之所演变为教学藏书的机构，发展至清代达到鼎盛。乡村作为传统社会的主体，不仅在幅员上占据主要部分，更是国家、社会稳定的基石。如何将国家的意志、典制以及主流意识形态渗透于乡村社会，不仅是国家统治、社会治理的燃眉之急，更是历代儒者必面对的时代课题。于祥成从清代湖南这一特定的时空范围出发，从知识传播、德性培育、事功建立三个层面来分析书院的教化功能，指出乡村书院不仅是提升家族凝聚力的重要媒介，而且为清代湖南乃至中国的社会变革、发展培育了大量英才。在知识传播方面，不少乡村书院因材施教，采用浅显易懂的教材，结合乡村社会的具体情况，将儒家的日常伦理规范、待人处世的道德原则、敦亲睦族的观念作为日常教育、训导的重要内容，对于地方民智的开化深具意义。在德性培育方面，乡村书院援引国家典制、帝王训诰，彰显了皇权对地方的渗透与控制，试图将

---

[1] 王启敏、瞿州莲：《清代湘西地区乡试探究》，《三峡论坛》（三峡文学·理论版）2018 年第 6 期。

[2] 瞿州莲、王启敏：《清代前期湘西苗疆"科举冒籍"问题探究》，《民族论坛》2018 年第 3 期。

国家的主流意识形态转化为民众的实际观念。在事功建立方面，不少乡村书院旨在培育经世济民之才，书院师生通过参与具体的地方事务，主导地方建设，倡办公益活动，将传统儒家伦理道德落实为造福地方民众的具体行动，不仅提高了书院的声望与影响，而且直接增强了社会教化的效果。[①]

此外，胡仁亮对郴州出土明嘉靖七年《湖广乡试录》以及墓主人何仲方的生平进行了考察，指出《湖广乡试录》详细记载了参与此次乡试考务工作官员的姓名、字、籍贯、学历和官职等情况，为研究他们的生平及明代职官设置提供了珍贵资料。[②]

4. 社会史研究

2018 年社会史研究涉及宗族社会、慈善救济、苗疆社会发展等问题。

沈宏格从族谱的修撰、祠堂的修建、祭田的置办三方面对明末清初湖南湘乡的宗族进行了考察，指出湘乡的宗族建设虽在明代已出现，但基本上集中在乾隆时期，这与明清时期湘乡的移民、赋税（主要是"堕粮"）有关，也与朝廷的圣谕宣讲有关。认为宗族建设的过程更是宗族意识形态向地方社会渗透的过程，也是地方认同与国家象征互动的过程。不过明清时期的宗族发展各具特点的背后却隐藏着各地不同的社会历史。宗族的发展过程既是地方社会历史变迁的反映，也是地方社会历史变迁的结果。[③]

慈善事业向来为学界所关注，2018 年有关湖南古代慈善事业的研究成果主要集中在慈幼方面。溺婴之风，大多数情况下是指溺女婴之风。溺婴的情况历代皆有，江南犹盛，长江中游也普遍存在这种风气。明清时期，随着地方资料的增加，湖南溺婴的记载层出不穷。张超凡总结了清代湖南地区溺女现象的特点：不仅延续时间长，而且分布地域广。尽管地方政府为制止溺女行为发布了很多禁令，并且修建了育婴堂，但是收效不大。认为清代湖南地区解决溺女问题失败的原因有以下四点：政府禁令缺乏足够的威慑力；政府缺乏充足的资金来源；士绅的经济实力有限；重男轻女观

---

① 于祥成：《论清代湖南乡村书院的社会教化》，《湖南大学学报》（社会科学版）2018 年第 4 期。

② 胡仁亮：《郴州出土明嘉靖七年〈湖广乡试录〉考析》，《中国民族博览》2018 年第 9 期。

③ 沈宏格：《清代前期湖南湘乡的宗族建设与地方社会》，《西华师范大学学报》（哲学社会科学版）2018 年第 6 期。

念没有改变。① 彭康则以澧州育婴堂为例，探讨地方慈幼事业，指出澧州极少见溺子的情况，贫民在极端情况下才有偶发的溺女婴行为，因此育婴堂出现较迟，早期官办育婴堂大概是为了应付上级行政要求而建，规模狭小，如澧州旧堂及永定、石门、慈利等堂。澧州堂与安福堂将运营权交给民间后迅速发展起来，安乡堂清末交由士绅打理，规模也得到空前发展，他认为它们的经历正是内陆地区慈幼事业的缩影。② 此外，谭婷在其硕士学位论文中，探讨了清末时期洪江育婴堂的来源、建立过程、经营管理状况、资金来源以及它的多种慈善功能等问题，指出洪江育婴堂的发展一直得益于其商业的繁荣。③

现代地名中的历史地名可以反映一地历史发展轨迹。周妮通过统计与分析湖南苗疆各市县地名，发现其历史地名中包含了众多与历史时期"民族治理"相关的地名，以明清两朝苗疆治理地名尤甚，反映了明清两朝苗疆治理的具体措施及其对区域的影响，同时以地名形式表达了本土话语对于"苗民起义"的认识。比较这些地名，发现其在空间分布上存在较大差异，不同时期王朝苗疆治理重心存在由南至北的转换过程，揭示了不同时期王朝边疆经营策略的变化过程。④

雷家森指出土家族只有自己的语言，没有文字，于是金石铭文就成为了解和研究永顺土司社会治理中"家国情怀"思想的重要实物资料。溪州铜柱的竖立解决了"楚蛮"双方利益平衡的问题，使双方实现了和谐共处，为永顺土司八百余年社会治理中形成"家国情怀"的思想奠定了坚实的基础。清康熙五十二年（1713）的德政碑是对永顺土司在社会治理活动中如何遵循溪州铜柱盟约，维护国家统一，传承"家国情怀"思想的德政颂扬。⑤

5. 军事史研究

2018 年关于湖南古代军事史的研究成果不多，主要涉及改土归流后绿营兵的布设问题。

---

① 张超凡：《清代湖南地区溺女现象与政府救助》，《湘南学院学报》2018 年第 4 期。

② 彭康：《清代地方慈幼事业：以澧州育婴堂为例》，《昆明学院学报》2018 年第 5 期。

③ 谭婷：《清末时期洪江育婴堂研究》，硕士学位论文，湘潭大学，2018。

④ 周妮：《地名文化视野下清代湖南苗疆治理——兼论苗疆区域地名文化差异》，《贵州文史丛刊》2018 年第 4 期。

⑤ 雷家森：《试论永顺土司社会治理的"家国情怀"思想》，《三峡论坛》（三峡文学·理论版）2018 年第 9 期。

清代湖广土家族地区改土归流，土兵被裁撤，来自省内外的绿营兵进驻到湖广土家族地区，先后成立永顺协、施南协和永绥协，并在基层社会中设置汛塘。郗玉松认为绿营兵的进驻，巩固了湖广土家族地区改土归流的成果，有利于民族经贸往来，推动了汉、土文化的互动与交融，维护了社会稳定。到 19 世纪初，绿营兵的战斗力衰退，土家族地区组织乡勇，维护地方社会稳定。从土司时期的土兵，到改土归流后的绿营兵，再到团练乡勇，反映了清代湖广土家族地区基层社会防务的变迁。①

（二）湖南近代史研究

近代湖南对中国近代史影响深远，2018 年，学界从政治、经济、军事、社会、教育等诸多方面阐述近代湖南史事，探究其在近代背景下和宏阔境域中的全貌及局部，这些研究成果对于我们加深对近代湖南的了解无疑具有重要作用。

1. 政治史研究

晚清大变局为宗法文化勃兴和湘军崛起提供了契机，也为湖湘士子一展经世情怀提供了平台，中兴将相，什九湖湘，其征伐达于十八省，蔚为奇观，一时无二。朱耀斌探讨了湘军的宗法性与晚清政治生态变化，认为从文化意义上来说，湘军集团精英阶层所倡导的风气转换在一定程度上缓解了晚清精神文化层面的整体衰败，但湘军体制所带来的制度渐变导致了晚清政统、治统和道统权威的丧失；从社会文化心理来看，湘军崛起后晚清的政治生态呈现宗法文化纽带与制度转型的封闭性、保守主义色彩与洋务新政的倒逼性、世俗道德权威与法令权威的式微性、圣贤豪杰理想与制度变迁的偏离性等特点。② 孙光耀则从《讨粤匪檄》探讨了曾国藩对太平天国的舆论反击战，他指出《讨粤匪檄》是湘军统帅曾国藩针对太平军发布的《奉天讨胡檄布四方谕》等多篇檄文而进行的舆论反击之文，认为《讨粤匪檄》既是士大夫阶层试图捍卫纲常名教的战斗宣言，也是晚清理学经世派追求"内圣外王"的时代呼声。曾国藩在檄文中公开打出"卫道"的

---

① 郗玉松：《改土归流后绿营兵的布设与职能研究——以湖广土家族地区为例》，《清史论丛》2018 年第 1 期。

② 朱耀斌：《湘军的宗法性与晚清政治生态变化的主要特点》，《湖南人文科技学院学报》2018 年第 6 期。

旗帜，力图全力攻击太平军的致命弱点，以争取社会舆论的支持，极具针对性和煽动性，达到了孤立、分化以及瓦解太平军的目的，为最终平定太平天国运动奠定了一定的社会舆论基础。①

李莉凤以湖南为例，梳理了咸同之际湘抚权力演变过程。咸同之际（1851—1865），湘抚权力经鼎盛而后式微：先是骆秉章抚湘十载，权倾湘省，他将省区政权与军政大权相结合，开创了军政一体化的先河，成为晚清湖南历史上任职最久、威望最隆、权力最大的巡抚；继之而后的几任湘抚，如毛鸿宾、恽世临、李瀚章等人，其能力、威望、影响力、执行力远不如骆秉章，任内如履薄冰、难以专权，更难久任，湘抚权力大大缩小。对于这一变化，她认为湘抚权力鼎盛之原因在于：倚仗湘军为后盾；援引湘绅之拥护；适应时局之所需；清廷以剿平太平军为首旨，被迫放权地方；此外，还有清廷抑制曾国藩集团的需要以及骆秉章本人卓越的才能等。湘抚权力式微则在于：清廷扩权原为权宜之计，为防止尾大不掉，一系列制衡和抑制之策布于其中；随战争渐弭，湘省财政权逐渐缩小；湖南会党势力的蔓延；湘绅势力的掣肘；继任几任巡抚个人因素；等等。她进一步指出：与史学界所普遍认同的 1860 年以后"督抚专权""督抚扩权"说大相径庭，湘抚权力的演变恰恰说明清政府依然对地方政权具有相当的控制力。②

晚清中央政府与地方督抚的政治博弈，是近代中国政治走向的一个重要命题，而梳理同治、光绪两朝地方督抚群体的结构和人事嬗递状况，可以明了同光督抚的特性及其对晚清政局的影响。邱涛在其著作《同光年间湘淮分野与晚清权力格局变迁（1862～1895）》中以更客观、多元角度认识了这段历史的多面相。③

19 世纪 90 年代，维新运动在湖南蓬勃展开。杜万岭等学者认为湖南地方官绅的支持是维新运动开展的有力支撑，湖湘地区独特的文化氛围是维

---

① 孙光耀：《从〈讨粤匪檄〉看曾国藩对太平天国的舆论反击》，《河北北方学院学报》（社会科学版）2018 年第 6 期。
② 李莉凤：《咸同之际（1851—1865）湘抚权力演变的考析》，硕士学位论文，湖南师范大学，2018。
③ 邱涛：《同光年间湘淮分野与晚清权力格局变迁（1862～1895）》，社会科学文献出版社，2018。

新运动开展的土壤，保守与开明的激烈博弈是维新运动开展的推动力。在维新运动中，维新派在思想文化方面进行了大胆的改革，其改革措施主要有三项：一是创办《湘学报》《湘报》，唤醒民众；二是创办时务学堂，培养人才；三是创建南学会，宣传维新思想。经过维新运动的洗礼，湖湘地区民众的思想发生了很大的变化，主要体现在三个方面：一是民众从"盲目排外"转变为"文明排外"，二是民众开始重视发展资本主义工商业，三是救亡图存的观念深入人心。① 刘梦溪在《湖南新政在戊戌之年的机遇与挫折》一文中，再现了一个从学术思想论争到政治构陷的愈演愈烈的演变发展过程。②

晚清时期，粤汉铁路作为近代湖南最大的实业，在其建设过程中，湖南省内各种政治势力，如以湖南巡抚为代表的官方势力以及维新派、立宪派、革命派等都曾深度介入其中，试图使粤汉铁路湖南段的建设能够沿着各自政治力量所希望的方向发展。张卫东的《粤汉铁路与晚清湖南政治变迁》一文论述了这一过程，他指出湖南新政是湘省铁路事业的最初原动力，陈宝箴主持的湖南新政，打破了近代湖南的保守风气，铁路等实业受到了湖南绅商的重视并借粤汉铁路筹建之机，积极延路入湘，为湖南的发展奠定了一个长远的基础。粤汉铁路定线湖南后，围绕着粤汉铁路的建设，湘省官、绅、商等各方势力均积极介入，他们既斗争又合作，由此对粤汉铁路的建设产生了深刻的影响。③

自 1898 年 3、4 月开始，以时务学堂札记批语和《湘报》所刊载的言论为焦点，维新派与守旧派展开了一场激烈的政治和思想交锋，深刻影响了湖南新政的走向与结局。阳海洪、阳海燕在梳理这场争议始末的基础上，从文化领导权角度来解读这次新旧之争。指出包括湖南新政在内的戊戌变法以悲剧结束，这也是 20 世纪更大悲剧的起点。尽管其失败由多种因素促成，但政府没有在传媒领域夺得文化领导权，缺乏将自己的理念渗透到社会基层的管道，以实现各种社会政治组织和政治程序的"国家化"，动摇了

① 杜万岭、孟庆圆：《维新运动与湖南的思想变革》，《新乡学院学报》2018 年第 10 期。
② 刘梦溪：《湖南新政在戊戌之年的机遇与挫折》，《中国文化》2018 年第 2 期。
③ 张卫东：《粤汉铁路与晚清湖南政治变迁》，《中州学刊》2018 年第 7 期。

政府的执政基础，亦是重要原因，其教训是惨痛的。①

中国近代史上的排日问题，作为近代中日关系史的研究内容之一，一直备受学界关注。仇志云以民国北京政府外交部档案为基础，以 1919 年湖南常德排日事件为对象，对事件本身及其交涉过程进行了梳理，指出由其引发的交涉，历时近两年。交涉对象既涉及地方知事、交涉员、领事等，又涉及中央外交部、公使馆；交涉地点一度由常德移至长沙，再由长沙转移至北京；交涉内容也曾涉及通商问题。②

此外，徐小云引用民国档案及有关文献，叙述国民党政府在长衡岳地区受降前夕的部署、与日军接洽受降事宜过程、推行"防共""反共"政策等有关方面的内幕，披露诸多历史细节。③ 吴和平则撰文指出"芷江洽降"的说法是错误的，没有谁规定受降前必须先要洽降；芷江受降也不是南京受降的序幕，而是中国战区受降的重要一环；芷江受降更不是偶然的，而是中国战区战况发展变化的必然结果。芷江受降纪念坊以及大量的历史文物、重要文献、新闻报刊、影像档案等资料，充分证明芷江受降的历史地位不容置疑。④

2. 经济史研究

近代湖南经济史研究主要涉及开埠通商、湘绣、近代化以及抗战时期的经济等问题。

明清之际，凭借优良的地理位置、便利的水陆交通等因素，湘潭成为一个重要的商业贸易转口重镇。江西、安徽等省所产药材经水路大量涌入湘潭，湘潭成为全国药材集散地。王毓伟认为药材对湘潭的发展产生了关键性作用，指出嘉庆二十四年（1819）土客仇杀事件后，湘潭药业组织更加严密，药市更加规范化，呈现良好的发展态势。近代以来，通商口岸的开辟，尤其是湖南岳州、长沙开埠后，湘潭转口贸易重镇的地理优势丧失，

---

① 阳海洪、阳海燕：《论文化领导权与长沙时务学堂新旧之争》，《长沙大学学报》2018 年第 3 期。
② 仇志云：《1919 年湖南常德排日事件及其交涉研究》，《怀化学院学报》2018 年第 10 期。
③ 徐小云：《长衡岳受降前夕之台前幕后》，《文史春秋》2018 年第 10 期。
④ 吴和平：《论芷江受降的历史地位——与卢彦名等商榷》，《三峡论坛》（三峡文学·理论版）2018 年第 3 期。

依托于外力而非自发产生的药市随着商业的全面衰落而消散。①

　　粮食为民众生活之根本，粮食政策为国之大计。粮食出口贸易关乎国家的根本利益，是历届政府管理调控的重点。尤其是清朝以来，对粮食贸易的管理更为严格。湖南是粮食出口的重地，自晚清至民国时期，都曾不同程度地出台米禁政策。杜万岭在《清末至民国时期湖南米禁政策研究（1900—1931）》一文中，对湖南米禁政策出台的缘由、过程及影响进行了探讨。他指出，清朝米禁政策的传统、水旱灾害致使谷米歉收、人为干预等原因促使湖南当局在米粮供应失衡背景下，采取米禁方式应对。认为湖南的米禁政策可能在一定程度上减少了湘米的外运，但这并不能说明湖南的谷米安全就得到了保障。湘省米价的上涨也不单是由于粮食的紧缺，在灾荒频繁、社会动荡、不平等条约牵制、粮食生产力不足等多种因素的牵扯之下，湘省实行米禁政策看似合情合理，实则扰乱了市场规律，并没有达到维护谷米安全的目的。② 纪浩鹏则以 20 世纪 20 年代日本关东大地震后向中国政府提出开弛长江沿岸通商口岸及各处米禁一事为例，探讨这一时期的中日关系。认为日本在江苏与湖南两个产粮大省购粮失败的主要阻力来自英国和北京政府。③ 抗战时期湖南既是主战场，也是全国粮食重要供给地。黄均霞梳理抗战时期湖南粮政的开办与调整过程，在其研究中，提出了"农业国防"概念，将其定义为以粮食为中心，通过加强战时粮食生产和调整粮食政策来增强国防力量，是农业国持久战与"消耗战"的主要表现。1939 年，湖南省政府以"农业国防"为中心开办粮政，统制生产、加强购储与控制粮价，将粮政迅速纳入战时轨道。田赋征实后，湖南省政府调整战时粮政，加大粮食征集力度，加强粮政管理，严格粮食流通，以强化"农业国防"。认为"农业国防"政策为抗战胜利做出了巨大贡献，但巨大的征实征购摧垮了湖南农村经济，也使"农业国防"政策难以持久。④

　　湘中为湖南乡村主要农业区域，王继平对民国时期湘中地区乡村经济

①　王毓伟：《转口贸易、开埠通商与清代湘潭药市的变迁》，《湖南工程学院学报》（社会科学版）2018 年第 3 期。

②　杜万岭：《清末至民国时期湖南米禁政策研究（1900—1931）》，《衡阳师范学院学报》2018 年第 5 期。

③　纪浩鹏：《20 世纪 20 年代中日关系的一个侧面：日本关东大地震后中国苏、湘两省米粮弛禁之争》，《民国档案》2018 年第 3 期。

④　黄均霞：《"农业国防"：抗战时期湖南粮政的开办与调整》，《求索》2018 年第 3 期。

进行了研究，他发现进入民国以后，湘中乡村经济恶化。至于造成这一现象的原因，他认为土地兼并继续发展，地权变更频繁，呈现土地向大地主集中的趋势，中小地主数量减少，佃农增加；赋税加重，特别是地方政府附税大幅加征，超过国民政府规定的限额，导致农民生活贫困，农户负债率提高，生活水平下降，离村率倍增；家庭手工业作为家庭经济的主要补充普遍存在，成为老人、妇女和小孩的经济来源；商品经济得到发展，粮、棉、苎麻成为湖南乡村主要的输出农产品。[①]

湘绣作为中华民族文化的艺术名片，虽然在清末之时就已有了较快的发展，但实际上直至民国始能让湘绣出品大放异彩。熊元彬通过追踪民国时期的报刊资料，指出虽然湘绣也曾因战乱和商家的投机取巧而备受打击，市场出现过一定的波动，但由于高超的技艺以及国内外展览会和报刊的舆论宣传，也曾出现了黄金时代。其绣品及其技艺深受西洋以及国内军阀、大地主等群体的钟爱，甚至还出现了湘绣绣品供不应求和日本绣货盛行、西洋转而欢迎湘绣的发展势头，并风行一时。[②] 熊元彬在另一篇论文中，则探讨了清光宣年间湘绣的发展及其影响，指出随着光绪年间湘绣的兴起及其商品化的发展，时至清末十年，在实业救国的倡导下，湘绣不仅在国内外享有"针绝""迹灭针线"的美誉，而且还形成了"湘绣甲天下"的局面，特别是"绣像"更是成为湖南乃至中华民族的艺术名片，出现在了国际舞台上。[③]

湖南有色金属储量丰富，近代以来的开采在中国矿业史上有着重要的地位。刘云波对廖树蘅与甲午战后常宁水口山铅锌矿进行了探讨，他认为常宁水口山铅锌矿的开采在甲午战后卓见成效，与廖树蘅悉心经营密切相关。主要体现在两个方面：一是改进开采方法，发明"明窿法"，取代传统的"暗窿法"，大幅度提高了矿藏开采产量；二是改进冶炼方法，舍弃传统土法冶炼，借用国外先进技术或直接将矿砂销售到国外冶炼然后再回购到国内，大大提升了成砂出产率和产品质量。廖树蘅对水口山铅锌矿的经营是在湖南成立专门矿务管理机构并对矿藏开采进行有效管理的基础上展开

---

① 王继平：《民国时期湘中地区乡村经济》，《求索》2018 年第 4 期。
② 熊元彬：《论民国湘绣的技艺及其产销》，《西北民族大学学报》（哲学社会科学版）2018年第 5 期。
③ 熊元彬：《清光宣年间湘绣的发展及其影响》，《历史教学》（下半月刊）2018 年第 7 期。

的，其中湖南矿务总局和湖南矿务总公司是近代湖南矿业发展史上两个最重要的机构。[①]

陈渠珍是民国时期湘西政坛的风云人物，有着"湘西王"的美誉，是具有重要研究价值的历史人物。随着历史研究的细微化，越来越多人关注陈渠珍与湘西地区发展的互动。孙聪将微观与宏观的角度相结合来考察陈渠珍对湘西近代化的发展所做的贡献。他指出，民国初期的中国军阀混乱、社会动荡、自治风行，而湘西社会匪患猖獗、社会失序、发展落后。面临内忧外患的局面，陈渠珍依旧推动着湘西由以传统自然经济为主体的农业社会向以工业发展为主体的近代社会的转型。[②]

此外，余洋考察了1946—1949年岳阳县商会发展情况，认为岳阳县商会不仅推动了岳阳县社会经济以及近代中国社会经济的发展，也丰硕了岳阳县人民的物质生活，体现了近代商会在发展经济、保护商人利益等方面，发挥了其他任何市场中介组织在近代市场经济中无法代替的重要作用。[③]

3. 军事史研究

湘军集团崛起作为近代以来最引人注目的事件，对晚清以降历史产生了深远影响，有关这方面的研究成果颇多。2018年的研究成果主要涉及湘军、抗战湖南兵役等问题。

历史上，不少学者很早就关注了湘军固结的精神气质和文化根源。汤浩以礼为核心探讨了湘军理学文化"节制"机制，指出湘军具有与历代军队完全不同的节制机制，是一支以理学维系的新军系。咸同湘军以理学为节制之道，培植政治和文化的双重权威结构，体现出独特的精神风貌和文化特色。湘军在其应对艰巨的经世过程中，逐步形成了以礼为宗、以诚为心、以术为辅的治军经世之道。[④]

清咸丰四年（1854），曾国藩奉旨统率湘军出省越境镇压太平军，但湘军在转战过程中，面临兵饷供应难题。孟祥菊从东征初期，曾国藩与陕西

---

① 刘云波：《廖树蘅与甲午战后的常宁水口山铅锌矿——兼论湖南近代矿务机构的设立及其演变》，《湘潭大学学报》（哲学社会科学版）2018年第3期。

② 孙聪：《陈渠珍与湘西近代化研究》，硕士学位论文，吉首大学，2018。

③ 余洋：《1946—1949年岳阳县商会研究》，硕士学位论文，湘潭大学，2018。

④ 汤浩：《凝士以礼：理学导向下的湘军"节制"机制分析》，《湖南大学学报》（社会科学版）2018年第2期。

巡抚王庆云就军饷协济等所作的两通未刊函札出发，考察当时军费协济之多层实际问题，诸如军饷解济到军营后如何支放，制钱、白银和黄金三者搭放营勇的技巧等。指出王庆云一函不但表明了其积极的支持心态，而且设身处地为曾国藩筹谋军饷搭放技巧，所提出的"三金并用"计策较为别致，至其或行或阻，多由独特环境制约，非人为因素所能左右。这一案例生动展示出协饷制度在复杂时境中的多种样态，货币形态与人脉亲疏对筹集军饷亦存在莫大的影响。[1]

湘军和淮军是晚清时期相继而起的两大军事政治集团，并共同开了近代军事体制变革和洋务运动的先河。汤浩、朱汉民从理学文化视角对这两大军事政治集团进行了比较，认为因其内在军系文化取向不同，其在历史际遇上存在巨大差异。湘军人物，多为爱惜羽毛的节操之士；淮军之英，多为人情练达的功名之流。湘军人才结构以儒生为主体，受理学文化浸淫至深，在军政方面有更大作为，也较好地保障了其军队战斗意志和战斗力，并于甲午之后投身政治文化改革，以救亡为鹄的，形成新的湖湘经世派。以李鸿章为首的淮系集团因放弃了军政管理中的理学原则，很快走上了衰败之路，其中原委令人深思。对于甲午湘淮军失败的根本原因，指出在于中日双方国家体制和军队形态都存在极大的代际差，将中国暌隔于现代国家、现代战争之外。[2]

此外，谭剑翔通过双峰县第二次全国文物普查队在甘棠镇芭蕉村调查发现的军门成示牌探讨了湘军军风军纪。[3]

4. 教育史、社会史研究

2018 年湖南近代教育史的研究主要侧重于近世人物教育活动的影响，社会史研究主要涉及疾病史、乡村社会等方面的问题。

湖南自先秦以来一直为"化外之地"，鲜为中原文化所被染。自宋代朱熹、张栻来湘讲学，理学之风渐渐兴起。乾嘉时期，汉学始兴，随着湘水校经堂的设立，汉学在湘发展起来。张舜徽为近代湖南文献学大家，其学

---

[1] 孟祥菊：《咸丰初期湘军饷银供应与"三金并用"计策——基于曾国藩与王庆云未刊二函的分析》，《暨南学报》（哲学社会科学版）2018 年第 5 期。

[2] 汤浩、朱汉民：《湘淮军集团的同源异流：一个理学文化视角的比较》，《原道》第 34 辑，湖南大学出版社，2018。

[3] 谭剑翔：《从军门成示牌看湘军军风军纪》，《档案时空》2018 年第 1 期。

博涉四部，尤精于子、史，对于道家之学研究甚深。田小玲以张舜徽道家思想为中心，探讨湖南的汉学教育与近代学风的嬗变。①

作为洋务运动的发起者和中坚、中国首位驻外外交官，郭嵩焘力主引入西方教育思想和科学技术，改革晚清教育制度。杨小明、庞雪晨通过历史发展的鉴证之法，列举郭嵩焘参与的天文算学教育活动，举凡他首倡同文馆、复建湘水校经堂并开设艺堂、创办思贤讲舍、聘请算学名师执教、重视实学的精神，种种与西学之首天文学教育有关的思想与亲身实践的努力。②

丁文江是中国近现代地质科学奠基人，也是享誉世界的地质学家。在强烈的爱国主义精神驱动下，丁文江以其所学之专长对近代中国地质科学贡献卓著。1931 年九一八事变后，日本帝国主义开始以武力征服中国。为保家卫国、抵御侵略，丁文江和他所率领的地质勘探队奉命到湖南勘察抗战所急需的矿床，他率领地质勘探队的队员们风餐露宿，踏遍了湖南的荒山野岭，勘探出许多抗战急需的矿产资源。张红艳、杨载田对丁文江对近代湖南地质勘探事业的贡献进行了探讨。③

湖南是一个灾害频发的地区，对民众生产生活和社会发展影响最大的除水旱灾害之外，当数传染病流行造成的疫灾，它直接危害人的健康甚至生命，给社会造成巨大损失。杨鹏程、张凤探讨了湖南疫灾流行与环境的关系。认为湖南湿热的自然环境为传染病的病原体提供了传播的温床，频繁的水旱灾害和战乱兵燹更使得雪上加霜，湖南疫病流行是自然环境与社会环境综合作用的结果。疫灾暴发时官府会采取一些施医送药的救助措施，或者施衣舍粥提高灾民的生活质量和抵御疾病的机能，民间中医中药也多少发挥了治疫疗疾的作用。但由于时代的局限，官民观念陈旧，加之旧时湖南贫穷落后，民众求温饱而不可得，生存环境十分恶劣，因此防治作用有限。清季随着西医西药的输入情况有所改观，但科学的防治措施在城市有一定成效，对于广大贫苦民众尤其是农村人口来说，他们处于贫穷和饥

---

① 田小玲：《湖南的汉学教育与近代学风的嬗变——以张舜徽道家思想为中心》，《普洱学院学报》2018 年第 6 期。

② 杨小明、庞雪晨：《论郭嵩焘与近代天文算学教育的引入》，《自然辩证法通讯》2018 年第 12 期。

③ 张红艳、杨载田：《丁文江对湖南地质科学的贡献》，《湖南社会科学》2018 年第 5 期。

饿的境地，首要的问题乃是解决温饱，卫生和防疫不过是一种奢望。①

晚清王朝内忧外患，命运多舛。在剿灭发捻、抗击外侮、捍卫疆土、筹办洋务、变法维新等过程中，湘军集团成员之间互相提携、互相帮衬、生死相依、荣辱与共，从而形成近代中国一支举足轻重的军事政治力量——湘军。湘军集团主要成员之间具有十分牢固的人际关系。黄民文探讨了湘军要员之间的人际关系，并将这些人际关系概括为四个方面：一是天然的地缘关系，湘军集团主要成员绝大多数来自湖南，尤其是湘乡与新宁更可视为其集聚中心；二是相近的趣缘关系，湘军集团主要成员尤其是上层成员多为读书人，而且多讲求理学经世，彼此之间趣味相投；三是紧密的学缘关系，湘军集团成员不仅上层将帅多为师生、同窗，下层官兵中具有这一渊源关系者也为数不少；四是亲密的血缘关系，湘军集团主要成员中很多人来自同一家族，即使来自不同家族，彼此之间也多互相联姻。湘军集团主要成员之间错综复杂的人际关系使他们彼此相互支持，共同发展，从而形成一支左右近代中国历史发展进程的军事政治力量。②

晚清社会处在从传统到现代的转变过程中，湖南乡村社会也不可避免受到外部冲击，王继平重点关注了晚清湖南乡村社会的发展状况。晚清湖南民间乡村社会组织与其他区域一样，以血缘为基础的家庭、家族、宗族、村落等社会组织处于分化之中；都甲、保甲、义学、义仓等亦官亦绅或官方倡办的社会组织也产生了危机感。③ 他在另一篇文章中，探讨了近代湖南乡村家族变迁的原因及表现，指出传统湖南乡村家庭与传统中国乡村家庭一样，是以血缘为基础，以父系、父权为核心的基本经济单位，并且以累世同堂为基本形式。近代以来，由于资本主义经济的发展、新式教育的普及以及政治改良与革命的推进，家庭观念发生了深刻的变化。累世同堂的大家庭逐步瓦解，代之以父母子女为主体的核心家庭；妇女经济地位提高，家庭作为生产单位的经济性质逐步消解，父权、夫权在家庭的权威逐步丧

---

① 杨鹏程、张凤：《民国以前湖南疫灾流行与环境的关系》，《历史教学》（下半月刊）2018年第 16 期。

② 黄民文：《地缘、趣缘、学缘、血缘：湘军要员之间的人际关系》，《江西社会科学》2018年第 7 期。

③ 王继平：《晚清湖南乡村社会组织与社会动员》，《近代中国》2018 年第 1 辑。

失。① 王继平还探讨了晚清湖南乡村治理与乡村自治。②

彭正德的著作《宗村政治：近代以来乡村社会政治信任的变迁》，选取湖南东部的宗村开展了关于政治信任的口述史研究。宗村地处湘赣边界，毗邻革命圣地井冈山，是"三大学士故里"的政治、经济、文化中心，宗族文化浓厚，历史底蕴深厚，近代以来发生了深刻的社会变革，涌现了诸如民国中将彭国栋、中共上海市委宣传部长彭柏山等著名人物。彭正德通过深入的田野调查，以重大事件和重要人物为主线，展现了近代以来乡村社会政治信任变迁的生动画卷。他的研究发现，在以宗亲血缘关系为主要纽带的乡村社会，传统政治信任的发生依赖于以宗族为核心的"信任的文化网络"，中国共产党抛开了传统社会"信任的文化网络"，却获得了乡村社会高度的政治信任，但是随着现代性因素的不断嵌入，特别是市场经济的发展，乡村社会的政治信任呈现弱化的趋势。如何构建乡村社会稳固的政治信任，这是该书试图解答的核心问题。③

《湘报》为湖南近代第一份报纸。阳海洪、阳海燕的著作《〈湘报〉与晚清湖南新闻事业现代化研究（1897—1911）》以"媒介生态史观"为基本研究方法，以《湘报》为个案，在分析晚清湖南新闻事业现代化早期进展过程中，探讨了中国新闻事业现代化的独特规律。从理论意义上讲，它既对《湘报》进行了系统研究，也提供了对新闻史讲述的另一种可能性；从实践意义上讲，通过对《湘报》这份创造过辉煌历史的报纸的研究，可总结其成败得失。④

张晶萍则以民国初年船山学社的讲演活动为研究对象，探讨船山学社致力于船山学说研究与传播的意义与特点。指出为应对民国初年价值失范、人心不古的局势，船山学社传播正学、培植元气，将晚清以降的船山热发展到学理探讨、资源活化的新高度。民国初年船山学社的讲演呈现以下特点：第一，讲演内容紧密围绕船山的《四书训义》《周易大象解》《张子正蒙注》等著作展开，对船山学说的钻研更为深入、系统，开启了近代船山

① 王继平：《论近代湖南乡村家庭变迁》，《湖南社会科学》2018 年第 1 期。
② 王继平：《晚清湖南乡村治理与乡村自治》，《人文论丛》2018 年第 1 期。
③ 彭正德：《宗村政治：近代以来乡村社会政治信任的变迁》，人民出版社，2018。
④ 阳海洪、阳海燕：《〈湘报〉与晚清湖南新闻事业现代化研究（1897—1911）》，湖南人民出版社，2018。

学的先河；第二，通过对船山学说的涵泳把握来理解圣贤微言大义，以船山津逮邹鲁；第三，讲演兼具学术价值与现实意义，所谓"内求之身心，外达于天下国家之故"，将表彰船山绝学与挽救世道人心结合起来；第四，讲演兼具学术研讨与国学传播之性质，具有一定的开放性，讲演以生动亲切的语言解读船山学说，宣传、普及了船山学说，产生了较好的社会效果。不过也有一定的保守性与局限性。①

钟启顺、沈宏格以民国时期湖南湘乡县丧礼为例，探讨佛道与儒在宗族丧礼中的冲突与融合。指出从宋代到明清，丧事中的佛道活动受到朝廷及士大夫的批评与禁止。民国时期，湘乡宗族在承袭明清对丧礼中的佛道现象进行批评的同时，在其所坚持的儒家礼制《文公家礼》中融入了大量的佛道内容，并以族谱的形式加以固定与传播。究其原因主要是：民国丧礼变革，其政治伦理意义逐渐丧失；佛道在湘乡长期发展的影响；亲人寄托孝思与怀念的心理需要。②

邝桂萍对晚清湖南义庄进行了探讨，认为晚清湖南义庄的迅速发展不仅受历代义庄设置影响，与清政府的支持政策有关，也与湖南浓厚的宗法观念、太平军的兴起、团练和湘军的崛起有关。宗亲家族所设置的义庄救助活动与其他善堂、善会等慈善机构具有诸多共同之处，也有一定的特殊性，如主要分布在乡村，服务于各属宗族；义庄赡济的对象是生活贫困以及具有族内血亲关系之人；义庄的救助范围不局限于基本生活保障，更考虑宗族的长远发展。于宗族来说，有利于宗族的繁荣昌盛，更好地立足于社会。于国家来说，义庄的设置有利于地方基层的稳定，国家的长治久安。但事物都具有两面性，义庄作为传统宗族文化的产物，摆脱不了它所具有的局限性。它作为宗族慈善机构，它的救济水平不高，救济范围、对象等都有一定的局限性。③

钟思游对抗战胜利后长沙市政建设与管理进行了研究，指出战后湖南省政府虽然把主要精力集中在支持国民政府的内战上，但也对地方做了力

---

① 张晶萍：《民国初年船山学社的讲演活动研究》，《湖南师范大学社会科学学报》2018 年第 5 期。

② 钟启顺、沈宏格：《佛道与儒在宗族丧礼中的冲突与融合——以民国时期湖南湘乡县的丧礼为例》，《湖南社会科学》2018 年第 3 期。

③ 邝桂萍：《晚清湖南义庄研究》，硕士学位论文，湖南师范大学，2018。

所能及的建设工作，而且取得了一定的成就。省会长沙的许多建设关系到民生，例如城市公用事业、城市公共卫生、住宅区、城市园林绿化等方面的建设与管理，这些市政建设与管理工作有利于完善城市功能，保证政府机构的正常运转，也对城市人民生活状况的改善、维护社会治安以及城市市政管理的现代化模式确立影响深远。由于特殊的战时背景，长沙的市政建设与管理工作还未来得及全面展开，因此，长沙的市政建设所取得的成就也是有限的。①

张瑶瑶梳理了 1840—1919 年湘潭主要人才群体的发展历史，按照时间顺序概括出四个人才群体，即洋务运动时期的人才群体、维新时期的人才群体、辛亥革命时期的人才群体和新文化运动后涌现的人才群体，并从人才群体的概况、结构、代表人物、巨大贡献等方面对近代湘潭人才群体进行具体系统分析。审视近代湘潭人才群体形成的历史过程，总结出近代湘潭人才群体的整体特征以及出现的原因。②

三　湘学文献：在解读与挖掘中放彩

湖南乃风雅之地，湖湘英灵，著述繁多，作为湖南历史和湖湘文化的主要载体，湖南文献反映了湖南社会的方方面面，其内涵更是彰显了湖湘文化的本质精神。2018 年湖南文献整理与研究，既有对传统纸质文献资料的梳理与汇编，也有对金石文献资料的解读与研究，而湖南作为简牍大省，吸引了省内外诸多专家学者的关注，研究成果也最为集中，这些对深化中国古代历史文化的研究和湖南简牍文化中心地位的确立起到了重要作用。

（一）纸质文献整理与研究

2018 年湖南纸质文献整理与研究，包含了汇编性文献专著、历史人物文集的结集出版，也有今人整理之名家零散文献刊于相关刊物。从文献涉及时间来看，主要集中在清代、民国时期。

---

① 钟思游：《抗战胜利后长沙市政建设与管理研究（1945—1949 年）》，硕士学位论文，湖南师范大学，2018。
② 张瑶瑶：《湘潭近代人才群体研究》，硕士学位论文，湘潭大学，2018。

1. 清代文献整理与研究

清中后期湖南人才辈出，湖湘文化获得空前发展，相关历史人物的文献资料整理长期以来都是学界关注的重点。

曾国藩作为晚清湖湘人士的代表人物，对清王朝的政治、军事、文化、经济等方面都产生了深远的影响，其相关史实与著述已有多部著述与论文进行整理，2018 年依旧有对曾国藩相关文献的辑佚与研究成果出现。王晓天在读湘地族谱时，于中得曾国藩佚文五篇，内容主要涉及行状与谱序。其一为曾国藩应友人邹溥霖所请为其父邹馥所撰《二十八世祖敕赠承德郎刑部陕西清吏司主事馥祖行状》，该文原载于新化邹氏睦亲堂咸丰二年（1852）六次续修本《邹氏族谱》，王晓天从是谱民国 8 年（1919）八次续修本卷三《名宿》中辑出。据他考证，撰文时间或在咸丰二年（1852）正月。其二为《左氏族谱序》，其三为《左母万孺人赞》，其四为《左母王孺人节孝赞》，这三篇曾氏撰文，原载于上湘溪口左氏本仁堂咸丰九年（1859）《左氏九修族谱》卷首。据考证，该谱成书于咸丰九年九月间。其五为《杨氏三修族谱序》，该文原载《衡湘杨氏三修族谱》咸丰七年丁巳本卷首。①

安徽省图书馆藏有胡林翼友朋手札十四通，未曾刊布，钟姝娟对这些手札进行了解读。这些信札是胡林翼为宦贵州和湖北时期的友朋书札，撰写者多为晚清重要政治人物，撰写时间从道光二十八年（1848）至咸丰十一年（1861），内容多与时局政务相关，亦有朋友间的问候请托，是研究湘军、太平天国运动及相关历史人物的生动资料。②

左宗棠是晚清同光年间的中兴名臣，一生历官甚丰，主持经办之事亦多。洪晨娜所揭六通左宗棠信札，未收入《左宗棠全集》，是同治九年（1870）至光绪十年（1884）分别写给胡雪岩、吴大澂和曾国荃的。内容涉及西北平乱、丁戊奇荒、陕甘分闱、对外借款和管理神机营事务等重要历史事件，既可补充相关文献记载之阙，又可加深对左宗棠与胡雪岩、吴大澂等人关系之认识。③

---

① 曾国藩著，王晓天整理《曾国藩佚文五篇》，《湘学研究》2018 年上辑（总第 11 辑），湖南人民出版社，2018。
② 钟姝娟：《胡林翼友朋手札十四通》，《文献》2018 年第 3 期。
③ 洪晨娜：《左宗棠佚札六通考释》，《文献》2018 年第 3 期。

光绪十一年（1885）二月至五月，伊犁将军金顺所率伊犁部队接连哗变，引起朝野上下高度重视，清廷命令新疆巡抚刘锦棠以筹措的三十万两实银处理此次伊犁哗变事件。孟祥菊通过解析时任陕甘总督谭钟麟致刘锦棠的三封未刊信函，再现了伊犁哗变的前因后果和应急处理过程等史实。函中关于湘军欠饷问题的解决，也反映出光绪中叶新疆建省前后，国家财政短绌对边疆军政制度改革的牵制和影响。①

杨锡贵于古籍数字资源库中获得《楚军营制》资料，该资料主体内容完整，包括楚军营制、附录（含布阵图及说明、操演七队图说、条规）两大部分。据考证，编者认为该文作者当为左宗棠，该本为左宗棠任闽浙总督时的修订本。② 杨锡贵又于北京图书馆所藏抄本中获得《西陲事略》一文，该文为非湘籍的湘军将领李云麟于清光绪四年（1878）九月所著，分为论往七则、述今十二则、察来六则三个部分。书中纵论晚清新疆史事、人物功过、新疆局势等，其中对左宗棠督师西北的功过论述尤为详细，是了解左宗棠收复新疆的第一手重要史料。③

毛健据世界书局影印本《何绍基手写日记》整理出《何绍墓使黔日记》，起自道光二十四年（1844）七月二十六日，迄于十月二十二日。其内容实为何绍基奉命担任甲辰科贵州省乡试副考官，由京城赶赴黔省主持乡试之事。日记文本前半部分已经缺失，日记所记与何绍基《使黔草》诗集内容相契合。④

方功惠（1829—1897）为晚清著名藏书家，其碧琳琅馆藏书名天下。刘雪平根据中国国家图书馆藏两抄本——一为国立北平图书馆民国22年7月重抄江安傅氏藏绿丝栏抄本，一为郑振铎藏抄本（卷端钤有"长乐郑振铎西谛藏书"朱文方印、末页钤有"长乐郑氏藏书之印"朱文长方印），整理出《碧琳琅馆藏书记》。经比对，二者内容相差无几，虽记录不全，仅余经部"易、尚书、诗经"三类七十余种图书，但每篇提要内容精审，不仅书名卷数、序跋题识、版刻特征、收藏源流、《四库全书》收录等基本情况

① 孟祥菊：《谭钟麟致刘锦棠未刊三函考释》，《文献》2018年第3期。
② 左宗棠著，杨锡贵整理《楚军营制》，《湘学研究》2018年上辑（总第11辑）。
③ 李云麟著，杨锡贵整理《西陲事略》，《湘学研究》2018年下辑（总第12辑），湖南人民出版社，2018。
④ 何绍基著，毛健整理《何绍基使黔日记》，《湘学研究》2018年上辑（总第11辑）。

了然明晰，且部分附存原文序跋全文，其后的"案语"含义丰富，或考证版本、著者生平，或彰显版本流传递嬗情况，或鉴别版本优劣，或阐明编书缘由，或评骘书中内容，或录他人品评之题跋。该文认为这是方氏藏书的一部重要目录学文献，为研治古文献提供了重要的参考借鉴价值。[1]

此外，王珏玲与周建刚对晚清湖南学者曹耀湘所撰《读骚论世》一文进行了整理与标点。[2] 王澧华根据中国国家图书馆藏李元度《翁君（学本）神道碑铭》对李元度、翁学本以及曾国藩等人的交游渊源，兼及翁氏祖孙的生平与仕宦进行了考订。[3]

北京日报出版社以光绪五年（1879）湖南传忠书局刻印，由曾国藩门生李瀚章、李鸿章主持编校的《曾国藩家书》为底本，根据前人搜集整理，增补了《旧版未刊家书补编》398 封家书和同为李氏兄弟主持编校的两卷本《曾国藩家训》两部分内容。全套书收曾国藩的家书 1305 封，完整呈现了曾国藩修身、齐家、治国的思想和实践。[4] 民主与建设出版社在其湘学研究丛书中收录出版了《蕉云山馆诗文集》，该书为陈士杰所撰，陈士杰历任兵部侍郎、浙江巡抚、山东巡抚，是曾国藩心腹幕僚之一。他在晚清的政治军事上有一定的影响，在海防、河工、教育等方面都做出过贡献，是一个著名的"循吏"。[5]

皮锡瑞是晚清经学大家，由湖南大学出版社出版的《皮锡瑞经学讲义两种》内容分经学历史和经学通论两部分，该书是他为新式学堂编撰的教材。经学历史包括经学开辟时代、经学流传时代、经学昌明时代、经学极盛时代、经学中衰时代、经学分立时代、经学统一时代、经学变古时代、经学积衰时代、经学复盛时代等十部分；经学通论包括易、书、诗、三礼、春秋等五卷。该书据思贤书局刻本影印，但细做校订，参考湖南师范大学图书馆藏《经学历史》初稿本、周予同《经学历史》注释本和中华书局《经学通论》校印本，对两书的版刻讹谬做了纠正，同时对两书引文做了细

① 方功惠著，刘雪平整理《碧琳琅馆藏书记》，《湘学研究》2018 年上辑（总第 11 辑）。

② 曹耀湘著，王珏玲、周建刚整理《读骚论世（上）》，《湘学研究》2018 年下辑（总第 12 辑）。

③ 王澧华：《李元度佚文〈翁君（学本）神道碑铭〉辑考》，《湘学研究》2018 年下辑（总第 12 辑）。

④ 曾国藩著，李瀚章编撰，李鸿章校勘《曾国藩家书》，北京日报出版社，2018。

⑤ 陈士杰：《蕉云山馆诗文集》，民主与建设出版社，2018。

致检核。①

2. 民国文献整理与研究

2018 年湖南民间文献整理涉及的历史人物主要有刘善涵、李肖聃和叶启勋等。夏剑钦对刘善涵诗文笺注后结合其生平事迹，编撰出《刘善涵年表》。② 尧育飞自长沙《大公报十周年纪念特刊》中辑出湖南近代知名学者李肖聃的《最近湘学小史》一文，该文基本框架是仿照《四库全书总目》的类例，按照经史子集的次序，详叙晚清民国湘中学人之著述与文章。该文的网罗范围相当广泛，叶德辉等人许多未刻之书赖此得存目。编者认为李肖聃后著《湘学略》，名垂史册，推其著述之源，实脱胎于《最近湘学小史》。③ 尧育飞考证了藏书家叶启勋所用的纸笺，同时补充了叶启勋在长沙工务局及湖南文艺中学任教的简要状况。④ 邓江祁根据新发现的史料，钩稽了谭人凤不平凡的一生，以助于认识、了解和研究谭人凤。⑤

1910 年，长沙抢米风潮震惊海内，引起了社会的广泛关注，经历此次风潮的来华外人留下了诸多记述。除此之外，当时中外的英文报刊也刊登了许多外国人的亲历文章。张金艳选译了《北华捷报》（*The North-China Herald and Supreme Court & Consular Gazette*）以及雅礼护校的盖仪贞发表在《美国护理杂志》（*The American Journal of Nursing*）上的四篇文章，揭露了长沙抢米风潮期间的中外应对以及来华外人的避难和财产损失等情况，在一定程度上弥补了现有研究资料的不足。⑥

朝华出版社在其清末民初文献丛刊中，收录出版了王闿运所撰《湘绮楼诗文集》。全书四册，共计二十二卷，包含文集八卷，清光绪二十六年湦阳刊本；诗集十四卷，清光绪三十三年衡阳刊本。文集前四卷为赋、奏疏、上书、论、议、序、颂、箴、铭，后四卷为传、诔、哀词、祭吊、碑、墓志铭、行状、之文。诗集按年编次，起自道光二十九年（1849），迄于光绪三十二年（1906），内容以咏物、抒怀、记人、赠答、记游居多。⑦

---

① 皮锡瑞：《皮锡瑞经学讲义两种》，湖南大学出版社，2018。
② 夏剑钦编撰《刘善涵年表》，《湘学研究》2018 年上辑（总第 11 辑）。
③ 李肖聃著，尧育飞整理《最近湘学小史》，《湘学研究》2018 年下辑（总第 12 辑）。
④ 尧育飞：《藏书家叶启勋所用纸笺及其生活变迁》，《公共图书馆》2018 年第 1 期。
⑤ 邓江祁：《谭人凤年谱简编》，《邵阳学院学报》2018 年第 1 期。
⑥ 《长沙抢米风潮史料四则》，张金艳译，牛桂晓校，《湘学研究》2018 年下辑（总第 12 辑）。
⑦ 王闿运：《湘绮楼诗文集》，朝华出版社，2018。

浙江古籍出版社的大家文集丛书中收录出版了《秋瑾诗文集》，该书作者秋瑾为近代民主革命的先驱，她自幼喜诗书，能文章，尤以诗词为著。此次整理，诗之部分以民元湖南所刊《秋女烈士遗稿》，即通称长沙本为卷一，以新近搜辑佚诗为卷二。其余词、歌、联语、书信、文、弹词小说、译著等，分门别类，务为全观。凡新发现之诗词、文章皆以手稿文本校勘，以求原貌。① 北方文艺出版社出版的《艽野尘梦》为记述"湘西王"陈渠珍进出西藏生死经历的文言笔记体纪实作品，讲述了清末民初"湘西王"陈渠珍奉命进藏，一路上历尽艰险、九死一生的故事，以及他与藏族姑娘西原可歌可泣的生死爱情，同时还记载了辛亥革命前后川藏地区的真实情况，描述了藏区的山川地貌、风土人情。书中描述了藏区险峻优美的自然风景、古老淳朴的民俗风情、复杂险恶的官场环境、身陷绝境的人性异化、绝地逃生的生存智慧、藏汉人民的深厚情谊、感人至深的爱情绝唱，堪称奇绝。②

（二）简牍整理与研究

湖南是中国出土简牍最多的地区，从 20 世纪 90 年代开始，陆续发现了常德楚简，湘西里耶秦简，沅陵虎溪山汉简，长沙走马楼西汉简、吴简和东牌楼汉简，郴州吴简和晋简，益阳兔子山简牍等，数量达数十万枚，其年代从战国开始，历秦汉、三国到西晋，共 600 余年，几乎涵盖了我国使用简牍记事的所有时代。在这些发现的简牍中，当属里耶秦简、长沙走马楼简牍等最为著名，因为这些简牍时间跨度最长、记载的事情最为具体、涉及的内容最为广泛，包括政治、经济、文化、军事等诸多方面，2018 年学界在这些方面的研究成果颇丰。

1. 里耶秦简研究

于洪涛通过里耶简对秦代紧急公文种类与递传方式进行了研究。他指出秦代紧急公文主要包含"命书"（制书）和"署书"（急书）两类，"命书"（制书）主要是传达王命或皇帝命令的文书，"署书"（急书）在新出秦简牍中又被称为"恒署书"。紧急公文主要采用"故令人行"和"利足

① 秋瑾撰，郭长海、郭君兮校注《秋瑾诗文集》，浙江古籍出版社，2018。
② 陈渠珍撰，任乃强注《艽野尘梦》，北方文艺出版社，2018。

行"的方式传送，它们都是"以邮行"文书递送方式中的特殊形式。① 鲁家亮则依据《里耶秦简》第一卷所刊之五、六、八层简牍数据，梳理出秦迁陵县令史的基本信息，共计 42 人。② 余津铭以里耶秦简中几组写有"谒告过所县乡以次续食"的简文为研究材料，探讨秦代官文书的文式，并尝试厘清简文内容和当中的习用语。③ 陈侃理通过对正式公布的秦简进行检索，共检得时刻记录 138 条，指出这些记录兼用时称和漏刻记时法，大致均匀分布在各年中，始终并用。这两种记时法的使用比例与当地的气候状况相适应，且都比较粗略，说明秦代迁陵县的工作节奏相对缓慢。④

孙兆华、王子今指出里耶秦简牍户籍文书所见妻不书姓现象，或许反映了妻从夫姓的社会情形。其中只有户人书姓，体现了秦文书的简洁，也体现出秦户籍管理中以户人为中心的原则。户人之妻不书姓，可能是从夫姓，或体现了出嫁从夫观念在秦边疆地带的普遍流行。西北汉简所见卒家属廪名籍、葆出入名籍、吏及家属符和过关简牍中妻从夫姓明显，孙吴的临湘侯国户籍简牍则存在妻不书姓现象，两者或可证明里耶秦简牍户籍文书中的妻从夫姓情形延及后世。⑤ 刘自稳考察了里耶秦简牍所见"作徒簿"呈送方式，认为"作徒簿"按照统计内容分为"日计"、"月计"和"年计"的方式并不合理。"作徒簿"按照文书格式的不同可以分为两类，两类又分别有不同呈送方式：一类包含收发文记录的"作徒簿"一般当日呈送；另一类不包含收发文记录的则由一枚说明性简牍统领，连同汇总本月徒隶使用情况的"最"，按月呈送。⑥

里耶秦简牍数量众多、价值较大，然其中有不少残简，颇不利于其研究价值的发挥。残简的缀合对于充分发挥出土材料的作用是一项基础且必要的工作。谢坤共缀合八组残简，并对其内容和价值略加说明。⑦ 吴方基依

---

① 于洪涛：《从里耶简看秦代紧急公文种类与递送方式——兼谈秦汉〈行书律〉相关问题》，《档案学通讯》2018 年第 6 期。

② 鲁家亮：《秦简所见秦迁陵县的令史》，《简牍学研究》2018 年。

③ 余津铭：《里耶秦简"续食简"研究》，《简帛》第 16 辑，上海古籍出版社，2018。

④ 陈侃理：《里耶秦简牍所见的时刻记录与记时法》，《简帛》第 16 辑。

⑤ 孙兆华、王子今：《里耶秦简牍户籍文书妻从夫姓蠡测》，《中国人民大学学报》2018 年第 3 期。

⑥ 刘自稳：《里耶秦简牍所见"作徒簿"呈送方式考察》，《中国人民大学学报》2018 年第 3 期。

⑦ 谢坤：《里耶秦简牍缀合八组》，《文献》2018 年第 3 期。

托里耶秦简文书解读"付受"，分析认为秦代地方国有财物流转运营情况
是：接受方向县廷提出申请，县廷下达申请文书到出付方，接受方派遣接
受人到出付方处接受财物；出付方出付财物，制作"付券"（也可由接受人
制作），记出账（出计），并上报县廷，县廷下达"付券"给接受方；接受
方接受财物，记入账（入计），并上报会计凭证"校券"给出付方。县廷在
整个流程中起"中轴"作用，有效促进了付受财物的良性运作。① 王子今考
察了里耶秦简"邮利足"，认为"邮利足"作为服务于邮驿系统的专业人员
参与"以邮行"实践，体现了"邮"对于通信效率的特殊追求。②

朱圣明以里耶秦简异地同级文书为中心，考察了秦代地方官员的文书
传递职权。他指出秦代乡官、县属吏、县尉间的绝大多数文书往来，需经
由县令、县丞转送；乡官、县属吏、县尉没有自主收发县外文书的职权，
这一权力掌握在县令、县丞手中；县令、县丞能越过所属郡直接与外郡县
令、县丞乃至郡守、郡尉以文书联系；目前所见，唯有文书传达目的县未
明或目的县为同郡的所有属县时，跨郡的涉县文书才需要通过目的县所属
郡的郡守或郡尉来转发；秦代县间的文书往来，一般遵循"县令→县令"
"县丞→县丞"的对等文书收发原则，但当县令、县丞中一方不在署或空缺
时，另一方可代替其处理文书，这一变通亦适用二者同上级的文书来往。
整体而言，县令、县丞处在秦代地方文书行政中的中心位置。③

单印飞则考察了秦代县级属吏的迁转路径。他指出，在"基层佐史"
内部存在乡佐到官佐、官佐到官佐、乡史到官史之间的平级调动；在"基
层佐史"与"中层吏员"之间存在官佐、乡佐、尉史升迁至令佐，乡史、
田部史升迁为令史，官佐升迁至官啬夫等路径；在"中层吏员"内部，令
佐可能是上升到令史的重要阶段，令史可临时出任官啬夫和乡啬夫；而守
丞的担任者多是官啬夫、乡啬夫。此外，简文显示秦代基层的史职与非史
职在迁转过程中并非泾渭分明而是多有交叉。④ 晋文通过里耶秦简迁陵县的

---

① 吴方基：《里耶秦简"付受"与地方国有财物流转运营》，《中华文化论坛》2018 年第 4 期。
② 王子今：《里耶秦简"邮利足"考》，《首都师范大学学报》（社会科学版）2018 年第 2 期。
③ 朱圣明：《秦代地方官员的文书传递职权——以里耶秦简异地同级文书为中心的考察》，
《南都学坛》2018 年第 1 期。
④ 单印飞：《秦代县级属吏的迁转路径——以里耶秦简为中心》，《鲁东大学学报》（哲学社会
科学版）2018 年第 1 期。

积户和见户记录,分析指出积户实际是县、乡对全年户籍核查和登记的累积户次。从积户与实际户数的关系推算,秦始皇三十五年(前 212)迁陵县的户籍在 2000 户左右,人口在 10000 人以上。见户是每年经过"核验、钩校"后新增交纳租赋的民户,主要和垦田(即"舆田")有关。截止到秦始皇三十五年,迁陵县共有 356 户交纳租赋。无论是积户的核查和登记,还是见户的审定和统计,秦代基层官吏的量化考核都始终在管理过程中起着保障、推进和奖惩的杠杆作用。①

李亚光、赵宏坤通过对里耶秦简中有关"徒""徒隶"的若干条材料的分析,认为"徒"与"作徒"没有差异,里耶简中的"徒"不是"徒隶"的省称,其范围比"徒隶"要大;国家对以"徒隶"为主的"徒"进行严格管理,"课志""徒簿""作徒簿"是对徒隶进行管理的重要文档,严格的管理体现在劳作和生活两方面。②

最新出版的《里耶秦简(壹)》公布了里耶古城 1 号井第五、六、八层出土的秦简,其中包含了大量具有绝对年代标尺意义的朔日简。将此批朔日简与学者所谱秦历对照,可以大抵推断古井井内第五层年代分布为战国至秦二世元年,第六层为秦始皇三十五年至秦二世元年,第八层为秦王政二十五年到秦二世元年。这在一定程度上否定了此前有学者据《里耶发掘报告》就古井地层的年代分布问题所提出的质疑。③

刘鹏考察了里耶秦简所见居役的几个问题,指出秦简中的"隶妾居赀"指隶妾服居赀劳役者,需在役期内完全为官府劳作,较之秦政府对单纯隶妾的常规役使能创造更高的劳动价值。一般而言,隶妾居赀者是依其自然身份被安排劳作的,劳役类型并不固定,覆盖了多种强度层次。秦百姓居赀并不少见,役期一般也较长,他们多采用公食的居作方式。秦简中出现的居赀者向官府贷食,实质仍由公家禀给。此外,"居贷"当是为折抵贷款而服居役者,各种非常制征发的戍卒应是其重要来源之一。他们戍役期内

---

① 晋文:《里耶秦简中的积户与见户——兼论秦代基层官吏的量化考核》,《中国经济史研究》2018 年第 1 期。

② 李亚光、赵宏坤:《秦对"徒隶"的管理——以里耶秦简等简牍为中心》,《渤海大学学报》2012 年第 1 期。

③ 孔祥军:《试析里耶古城 1 号井第五、六、八层的年代分布——以〈里耶秦简(壹)〉所见朔日简为中心》,《考古与文物》2018 年第 4 期。

向官府借贷整月口粮，期满后多通过就地居作的方式予以折抵。刘鹏认为居役是秦帝国役使百姓的重要内容，堪称对徭戍制度的一项重要补充。①

里耶秦简中有迁陵县多种机构支出粮食的记录。仓是管理粮食支出的主要机构，迁陵官吏、戍卒、冗作以及由仓管理的隶臣妾，都由仓支付口粮。贰春、启陵的两个乡仓由乡啬夫监管，但乡啬夫没有出贷粮食的权力，县仓输送至乡的粮食受到县廷监管，仓也会按期派佐官前往核算离仓粮食支出。司空只是统一支取其所管理刑徒的口粮，然后以出食的方式供应刑徒。官田的经营可能是独立核算，故而由田官支付官田耕种者的口粮。作为粮食管理机构的仓，另外也有饲养牲畜、管理刑徒、经营手工业的职能。②

2. 走马楼吴简研究

自1996年出土以来，吴简整理成果陆续出版。学术界对吴简的研究大致形成两个学术方向：一是文献整理与复原方面，逐步形成"吴简文书学"；二是运用新材料解决传统问题，通过吴简资料与传世文献结合的"二重证据法"，对一些传统观点进行重新诠释，或为一些争议性问题的解决提供关键证据。曹万青对吴简二十年来的研究状况进行了归纳与总结。③ 李文才则对长沙走马楼吴简"吏民"问题研究及其学术乱象做了点评，他指出，以长沙走马楼吴简的出土为界，大陆史学界"吏户"问题研究大致可分为两个时期：第一个时期（1957—1996），此间一直占据统治地位的观点是魏晋南北朝"吏"的身份较普通百姓低贱，"吏"有专门编制的户籍即"吏籍"，"吏"的身份具有世袭性；第二个时期（1997—2017），长沙走马楼吴简的出土为"吏户"问题的研究提供了新的突破性资料，魏晋南北朝"吏户"及其相关问题的研究取得了突破性进展，黎虎先生所确立的关于"吏户""吏民"问题研究的新学术体系为其代表。还认为吴简研究中"团伙行为"的存在以及传统"吏户"论的影响，在一定程度上干扰了学界对黎虎先生的新学术体系和相关研究给予应有的重视和做出正确判断，其中也暴露出走马楼吴简研究领域存在的诸如肆意剪裁或曲解传世文献以抹黑新说、

---

① 刘鹏：《里耶秦简所见居役的几个问题》，《河南工业大学学报》（社会科学版）2018年第5期。

② 王勇：《里耶秦简所见秦迁陵县粮食支出机构的权责》，《中国农史》2018年第4期。

③ 曹万青：《长沙走马楼三国吴简研究二十年》，《社会科学动态》2018年第5期。

玩弄文字游戏、不合逻辑地推测甚至臆说以及党同伐异的"团伙行为"等不容忽视的学术不端现象。①

学者对于吴简的研究与探讨，更多的是从语言学方面着手。杨芬探讨了走马楼三国吴简中"侯相君丞""清公""郡士都尉"的理解问题，指出吴简中出现的"丞"字下签名而"君"字下未留白的"侯相君丞"称谓或非"侯相"与"丞"的合称，而是"丞"的单称；"清公"，在传世文献中是形容官吏品行之词，但在三国孙吴时期是一类吏员的职官之称；"郡士"不与吏民同籍，"郡士"及其妻、子为郡士都尉所领。② 苏俊林将走马楼吴简中关于盐米的档案记录与司法案件资料分为"入米简""其米简""出米简"，对吴简中的盐米资料进行整理，并对其格式、内容及相关制度等进行初步研究。③ 陈荣杰分析了吴简中"侄"这一亲属称谓在语言学、辞书学、孙吴社会学研究中的价值。④ 陈荣杰在另一篇文章中，对走马楼吴简词语的时代性和地域性进行了论述。⑤

走马楼吴简中记录的许迪割米案作为官吏割盗军粮的大案，性质严重，牵涉甚广，从案发到审结，跨越了嘉禾四、五、六年三年，经历了初审、录囚、改辞、复审等诸多环节，是透视三国孙吴长沙地区政治、经济、军事、社会诸情状的绝好案例。郝蒲珍以吴简"许迪割米案"为核心，从语言文字、法律、经济等角度梳理了此案的研究成果，指出目前学界对此案的研究主要集中在语言文字和法制史方面，但对法制史的诉讼制度、审判制度、刑罚制度以及经济、文书制度的研究尚不充分，零散而未成系统。⑥在硕士学位论文中，他运用法律学、传统训诂学、简牍文书学等学科的知识和方法对许迪割米案进行了整理研究。⑦

此外，陶新华对走马楼吴简所见百姓对政府租税的直接逋欠进行了探

---

① 李文才：《评长沙走马楼吴简"吏民"问题研究及其学术乱象——兼论大陆史学界"吏户"问题研究 60 年》，《陕西师范大学学报》（哲学社会科学版）2018 年第 2 期。

② 杨芬：《读长沙走马楼三国吴简札记三则》，《简牍学研究》2018 年。

③ 苏俊林：《走马楼吴简所见盐米的初步整理与研究》，《盐业史研究》2018 年第 1 期。

④ 陈荣杰：《论走马楼吴简中的亲属称谓"侄"》，《简帛》第 16 辑。

⑤ 陈荣杰：《论走马楼吴简词语的时代性和地域性》，《出土文献》第 12 辑，中西书局，2018。

⑥ 郝蒲珍：《走马楼吴简"许迪割米案"研究综述》，《重庆科技学院学报》（社会科学版）2018 年第 3 期。

⑦ 郝蒲珍：《走马楼吴简许迪割米案整理与研究》，硕士学位论文，西南大学，2018。

讨。一般来说，佃田户的直接逋欠是以户主为逋欠主体，而自耕农的直接逋欠则是以乡为单位的集体逋欠。造成租税直接逋欠的原因，既有天灾、战乱等客观原因，也有不愿交纳租税的主观原因。政府对租税逋欠的政策，一是详细记录百姓逋欠租税的情况，二是实行租税追征，既向逋欠者本人追征，也向其家属追征。但孙权下过"癸卯"诏书，对实在无法偿还逋欠租税的人户实行欠债免除。① 徐畅则对长沙走马楼三国吴简基本性质研究做了评议。②

3. 岳麓书院藏秦简整理与研究

2007 年，湖南大学岳麓书院由香港古董市场购来秦简，这些秦简很快就引起了学界的关注。2018 年，有关岳麓简的整理与研究成果颇丰。

2015 年 12 月，《岳麓书院藏秦简（肆）》由上海辞书出版社出版。内容为秦律令，该卷定名为"秦律令（壹）"，共收录 391 枚竹木简，分为三组。第一组 105 枚简，是有关"亡律"内容的卷册。第二组 178 枚简，是秦律的 19 种律文。第三组 108 枚简，内容大都与"内史"有关。这三组简文内容对秦代法律制度研究有重大价值和意义。刘艳娟对《岳麓书院藏秦简（肆）》的相关研究进行了梳理。③ 温俊萍则对《岳麓书院藏秦简（壹）》出版以来《质日》的研究成果进行了综述，指出学界对《质日》中新见地名地望的考察着墨较多，对《质日》的性质、《质日》所见历谱的正确与否及《质日》的主人等都有所涉及。④

随着岳麓简的出版，对该简的注释成果越来越多。《岳麓书院藏秦简（肆）》共收竹木简 391 枚，其内容主要是秦代的律令文书，整理者将之分为三组，前两组为秦律，第三组为秦令，为秦史研究尤其是秦代法律研究提供了第一手资料。2018 年，齐继伟对《岳麓书院藏秦简（肆）》中第三组的释文及图版进行校读，另择取四则，分别对未释字的释读以及简文符号的修正提出意见。⑤ 刘明哲搜集、整理学界已有的相关研究成果，以及传

---

① 陶新华：《走马楼吴简所见百姓对政府租税的直接逋欠》，《中国社会经济史研究》2018 年第 4 期。
② 徐畅：《长沙走马楼三国吴简基本性质研究平议》，《出土文献》第 12 辑。
③ 刘艳娟：《〈岳麓书院藏秦简（肆）〉研究综述》，《简牍学研究》2018 年。
④ 温俊萍：《岳麓书院藏秦简〈质日〉研究综述》，《简牍学研究》2018 年。
⑤ 齐继伟：《〈岳麓书院藏秦简（肆）〉补释四则》，《出土文献》第 12 辑。

世文献与出土文献中可以与《岳麓书院藏秦简（肆）》相互印证的材料，对其进行全面解读，形成集释。① 陈伟根据文义和存留笔画，尝试对《岳麓书院藏秦简〔伍〕》中的一些残字进行辨识，以期进一步复原简册文本，疏通文义。先后讨论凡九字，即简57"俯"、简114"片"（或"析"）、简174"诇"、简265"乏"（原释"之"）、简267"吏"、简294"官"（原释"宫"）、简300以及简165的"囚"（原均释"日"）、简307"床"、简311"购"（原释"赎"）。②

秦简所载史实考证方面。朱德贵、齐丹丹依据《岳麓书院藏秦简（肆）》中一批有关秦律规范借贷关系的新史料进行了研究。指出：秦王政十三年（前234），秦官府对民间"相贷资缗"的法律进行了一次大规模的"更修"。在此之后，黔首"相贷资缗者，必券书吏"，否则官府可以"勿听"；而此前若"不券书讼"，官府则"为治其缗，毋治其息"。不仅如此，秦官府亦制定了官方的法定利率，因此，秦的借贷关系其实是一种古典借贷关系，并非一种纯粹的"封建高利贷关系"。尤为重要的是，这批岳麓秦简不仅向世人清晰地展示了秦律规范公私借贷行为的法律文本，而且还披露了一些当时公职人员在出公差时向沿途"县官"借贷粮草的历史真相。③ 于振波根据岳麓书院藏秦简中的秦律令，对秦始皇禁伐树木诏进行考订，指出秦律令抄录于秦末，说明这条诏令直到秦末仍然具有法律效力，也证明其发布时间应该在秦始皇二十九年的出巡期间。④ 朱德贵考察了有关秦课役身份的史料，指出秦"小"的年龄上限为18岁，这与学界传统观点迥然有别；"小未傅"中的"小"，并非泛指未傅籍者，而是指"敖童未傅"15岁及以上者；根据秦及汉初出土简牍，他认为秦"始傅"年龄确实应为15岁，18岁及以上者不仅须承担完全法律责任，而且必须服全役。⑤ 曹旅宁根据新公布的岳麓秦令二十八年秦始皇南巡苍梧的条文，考证了其与秦攻南越的关系及秦令集的结集问题。⑥ 文霞对秦简所见"敖童"进行了探讨，认

① 刘明哲：《〈岳麓书院藏秦简（肆）〉集释》，硕士学位论文，吉林大学，2018。
② 陈伟：《〈岳麓书院藏秦简〔伍〕〉残字试释》，《江汉考古》2018年第4期。
③ 朱德贵、齐丹丹：《岳麓秦简律令文书所见借贷关系探讨》，《史学集刊》2018年第2期。
④ 于振波：《岳麓书院藏秦简始皇禁伐树木诏考异》，《湖南大学学报》（社会科学版）2018年第3期。
⑤ 朱德贵：《岳麓秦简课役年龄中的几个问题》，《简牍学研究》2018年。
⑥ 曹旅宁：《岳麓秦简所见秦始皇南征史事考释》，《秦汉研究》2018年。

为敖童大多从事厮役性工作，地位低于普通百姓。秦及汉初，"大、小"用来区分成年人与未成年人，一般以 15 岁为界；并非 15 岁及以上的成年人就必须傅籍，秦及汉初普通百姓傅籍年龄是 17 岁。但秦汉时期对傅籍的年龄规定根据身份不同而变化，身份越低的人傅籍越早。秦汉社会处于转型时期，一些语词、条文的内涵会出现变化，而国家制度、文化典籍对这些变化的反映和体现相对滞后，社会身份体系及相关制度比语词、条文的内涵要稳定得多。①

此外，2018 年尚有三篇学位论文对岳麓书院藏秦简有所涉及，其中湖南大学有两篇。王园红以睡虎地秦简《秦律十八种·仓律》、《岳麓书院藏秦简·仓律》和里耶秦简中的相关内容为基础，结合前贤对秦简《仓律》的研究成果，对秦简《仓律》进行探讨。② 胥紫翼以岳麓秦简（壹—肆）为基础，以材料较为完整的第三卷为主要考察对象，对其字形与音义关系进行研究。③ 李恂在秦代官箴文献《为吏之道》《为吏治官及黔首》《政事之常》《从政之经》等前人相关研究成果的基础上，对秦代"为吏之道"进行了研究。④

4. 其他简牍的研究

主要集中在对张家界古人堤汉简与长沙五一广场东汉简牍的整理与研究上。

张家界古人堤汉简方面。张春龙、杨先云利用最新红外线扫描图片，对湖南张家界市古人堤汉简一三、二〇、二二、二七至五七号计 34 枚简的释文予以补正。⑤ 王兴伊通过对"治赤谷方"木牍的研究，认为方名中"治"为王城，"赤谷"为西域乌孙大昆弥的王城，该方为源自西域乌孙王城赤谷的医方，为防治屯戍赤谷的军队所患外感伤寒及肠胃不适等常见病而设，当创于西汉宣帝甘露元年至三年（前 53—前 51），后传布至湖

---

① 文霞：《秦简所见"敖童"再探》，《石家庄学院学报》2018 年第 2 期。

② 王园红：《秦简〈仓律〉集释及相关问题研究》，硕士学位论文，湖南大学，2018。

③ 胥紫翼：《〈岳麓书院藏秦简〉（壹—肆）字形与音义关系研究》，硕士学位论文，湖南大学，2018。

④ 李恂：《以出土秦简看秦代"为吏之道"》，硕士学位论文，渤海大学，2018。

⑤ 张春龙、杨先云：《湖南张家界市古人堤汉简释文补正续（上）》，《简牍学研究》2018 年。

南古人堤。①

长沙五一广场东汉简牍方面。2010 年 6 月至 8 月，在长沙市地铁二号线建设过程中，长沙市文物考古研究所在五一广场站发现一批东汉简牍。清理方案确定后，专业人员对这批简牍进行了脱水前室内前期保护整理工作。莫泽在其文章中，将选取的简牍科学检测后的结果予以公布，并对清洗、资料采集工作进行了解读。② 王朔以长沙五一广场东汉简为中心，从信息获取途径、应对方案的制定和落实三个方面揭示了东汉县廷行政运作的过程，得出东汉中晚期县廷的行政运作已进入较为成熟稳定的阶段的结论。认为不仅获取和验证信息的途径变得多样化，县属吏分工更加明确有序，而且县廷的应对方案也更具针对性。通过梳理县廷行政运作诸环节还可以见出县属吏是协助县长吏完成日常管理的重要力量，二者的"合作共治"是东汉县廷行政运作的常态模式。该模式是东汉王朝统治地方社会的重要方式，持久地影响着汉末以降的历史进程。③

李兰芳以记载了赵明、王得被投，攸县、临湘县、长沙郡兼贼曹史审问嫌疑人（或证人）孙诗情况的长沙五一广场出土 J1③：285 号简牍为研究对象，对文书中"别问""傩赵明宅者完城旦徒""住立"等词句的含义，亦做了补释。④ 伊强探讨了简牍中的"例"及职官问题，认为"例"当为"集市"之义，此词义在传世古书中则写作"列"。汉代碑刻中的"例掾"，义同古书中的"市掾"。指出长沙东牌楼东汉简牍中"例督盗贼"之"例"，也当照此解释。⑤

（三）金石文献整理与研究

相比纸质文献，湖南的金石文献资料在挖掘整理与研究探讨方面相对薄弱一些。2018 年，湖南金石文献的研究主要集中在永州、怀化等地的石刻上。

---

① 王兴伊：《张家界古人堤出土木牍"治赤谷方"源自西域乌孙考》，《图书馆杂志》2018 年第 10 期。

② 莫泽：《长沙五一广场东汉简牍的整理保护》，《中国文物报》2018 年 8 月 3 日，第 7 版。

③ 王朔：《东汉县廷行政运作的过程和模式——以长沙五一广场东汉简为中心》，《华中师范大学学报》（人文社会科学版）2018 年第 6 期。

④ 李兰芳：《长沙五一广场出土 J1③：285 号简牍再释》，《简牍学研究》2018 年。

⑤ 伊强：《长沙五一广场东汉简牍中的"例"及相关职官问题初论》，《简帛》第 16 辑。

1. 永州月岩石刻

月岩位于永州道县城西 20 公里处。相传，月岩是理学鼻祖周敦颐少年读书悟道之地。自南宋到清末数百年间，众多仕途官人和文人墨客慕周敦颐之名而至，留石刻 60 余方。近年来学者对其研究兴趣浓厚，2018 年亦有文献整理成果与研究成果。

石刻资料整理方面，由中国社会科学出版社出版的《湖南朝阳岩石刻考释》收录保存迄今的诗刻、题记、榜书石刻共计 154 方，其中唐宋时期 42 方、元明时期 49 方，大多未经正式披露，具有珍贵的文学、文献、文物等多方面的学术价值。体例包括拓本照片、文字著录、文献考释及导论等。①

月岩石刻研究方面，因地域较近，湖南科技学院的研究人员对其比较关注，取得了一些研究成果，且主要集中在明代石刻著者考述方面。如易子薇通过对月岩石壁上今存明学者陈凤梧于正德四年（1509）所留诗刻三首和浯溪诗刻残碑一方，考述其在湖南的行迹，最后对其在道州、永州有关诗文进行探析。② 夏蓉对明进士戴嘉猷游历永州朝阳岩、月岩留下的诗刻进行了研究。③ 吕玲娜对明万历年间胡文衢任永州府通判期间，所留月岩"参悟道真"榜书、浯溪"三浯胜概"榜书、朝阳岩"朝阳起凤"榜书、澹岩"洞天"榜书四方石刻进行了考述。④

除了石刻作者的考订，题刻背后的历史也是学者关注的问题。濂溪故里月岩石壁上有两方南宋祷雨石刻题记。一方题在淳熙六年（1179），另一方题在淳熙九年（1182）。前者淳熙六年祷雨题记，署名六年赵汝谊、赵赓、章颖；后者淳熙九年祷雨题记，署名赵赓。秦仪就这两方南宋祷雨石刻题记的石刻保存基本情况、题名者生平、题刻内容进行叙述，对题刻背后反映的淳熙大旱的历史事实与宋代祷雨活动进行初探。指出官方通过直接参与祀神祷雨活动不仅能在旱情危机之际给予受灾百姓以精神慰藉，而且能深入民众，对民间祠庙祭祀活动进行必要规范和加强控制，防止在严

---

① 张京华、侯永慧、汤军：《湖南朝阳岩石刻考释》，中国社会科学出版社，2018。
② 易子薇：《陈凤梧月岩、浯溪诗刻及其在湖南的行迹》，《湖南科技学院学报》2018 年第 1 期。
③ 夏蓉：《戴嘉猷永州诗刻考述》，《湖南科技学院学报》2018 年第 2 期。
④ 吕玲娜：《明胡文衢永州石刻考述》，《湖南科技学院学报》2018 年第 3 期。

重的灾情之下祭祀活动发展成为不可控的迷信活动，为有心者利用于颠覆朝廷统治、威胁地方的社会秩序和国家的统治权威。因此，在淳熙大旱的现实背景下，代表朝廷的地方官员参与祠庙祷雨活动是基于以上多个因素而做出的决定。[①]

2. 怀化大酉石刻

位于湖南省辰溪县大酉山下的大酉洞，是传说中的西周穆王和秦博士伏生的藏书之所，也是道书所列道教三十六洞天之第二十六洞天，号华妙洞。大酉洞分前洞和后洞。前洞位于县城对河南岸的龟山北麓，后洞位于县城南十里的唐家山下。前洞于明末被官府封闭，后洞洞口也于清代乾隆以后被倾倒的石灰渣掩埋。2013 年，因当地开掘养殖场，尘封 300 年之久的后洞"惊现"于世。向彪探讨了后洞再次现身的重要意义：一是完全证实了大酉洞后洞的真实存在；二是为"书通二酉"之"二酉"指大酉洞前洞和后洞的观点提供了一个注脚；三是可以助推大酉山地区旅游经济的发展。[②]

丹山摩崖石刻群位于湖南省怀化市辰溪县辰阳镇桐湾溪村沅水河岸丹山的崖壁上，该处属喀斯特地貌，岩质为结构紧密的石灰岩，不易风化。李柏山、田晓武对该石刻群进行了详细调查：丹山临江石壁呈弧形，从西往东全长 230 米，从江面至崖顶高 80 余米；该石刻群以"钟鼓洞"为核心，石刻大的达 15 平方米，小的不足 1 平方米，分布面积约 1500 平方米，现存摩崖石刻 15 方，其中清晰可辨识的有 10 方，另有 5 方由于风化或人为的原因，已经无法辨识。绝壁上现存的石刻为明、清和民国时期的题刻，有篆、隶、楷、行、草等书体，雕刻手法阴刻、阳刻结合。丹山摩崖石刻群是大酉山文化不可缺失的有机部分。[③]

3. 其他地区石刻

除了上述两个地区，其他地区的一些石刻资料同样也进入了研究人员的视野。

---

① 秦仪：《月岩南宋淳熙间祷雨题刻初探》，《湖南科技学院学报》2018 年第 1 期。
② 向彪：《大酉洞后洞的发现及其意义》，《怀化学院学报》2018 年第 8 期。
③ 李柏山、田晓武：《丹山摩崖石刻文化遗存及其价值研究》，《怀化学院学报》2018 年第 8 期。

王晓天通过对常德诗墙碑刻所刊郭嵩焘《送葆刺史亨移守常德》诗二首的详细考订，指出咸丰四年（1854）下半年，郭嵩焘有一次完整的宝庆府筹饷之行，宝庆府属邵阳、新化、武冈、城步、新宁等五州县他都走过。郭嵩焘从宝庆府城到达武冈州城的时间应是咸丰四年九月之初，《送葆刺史亨移守常德》诗二首即作于他到达武冈州城后的第二天。两诗真实地反映了郭嵩焘对葆亨赴常德履职的期待和对时局的忧虑。①

2015年，湖南永顺"老司城遗址"获准列入《世界遗产名录》，学界对永顺土司问题更加关注，文物部门对永顺老司城遗址的发掘亦有较大进展。吉首大学与永顺县文物管理所的工作人员通过大量田野调查与发掘工作，整理出颇为丰富的碑刻资料，其中碑刻史料于2015年结集出版。朱皓轩对《永顺土司金石录》的史料类型与价值进行了探讨，指出该书收集之史料大体可分为五类：一为永顺土司家族婚姻状况类史料；二为永顺土司与"流官"交流类史料；三为永顺土司参与的军事活动与朝贡类史料；四为永顺土司汉化与国家认同类史料；五为有关永顺土司的其他史料。认为永顺老司城碑刻具有史料丰富、可信度高的特点，并为学界研究永顺土司乃至西南土司提供了新史料与新方向，其史料价值颇高。②

此外，刘雪平从文化视野角度探讨了湖南文献史研究，认为区域文献史的研究不应割裂古今，而应倡导"大文献学"的研究视野，应该着眼于文化视野。湖南文献产生的历史悠久，其与湖湘文化的发展密不可分，应当加快湖南文献的整理研究，凸显湖南文献的文化传承和保护功能，总结湖南文献的理论体系与指导方法，找出湖南文献的发展规律，从而促进湖湘文化的创新。③ 夏雨雨基于口述历史人物访谈工作实践，以湖南图书馆"寻访湖南抗战老兵"为案例，从前期准备、提纲、计划、流程、技巧等方面对开展口述历史工作人物访谈的实践方法及具体操作流程进行了总结。④

---

① 王晓天：《郭嵩焘〈送葆刺史亨移守常德〉诗二首考析——常德诗墙碑刻诗释疑一则》，《武陵学刊》2018年第2期。
② 朱皓轩：《〈永顺土司金石录〉史料类型与价值初探》，《黔南民族师范学院学报》2018年第5期。
③ 刘雪平：《文化视野下的湖南文献史研究》，《滁州学院学报》2018年第1期。
④ 夏雨雨：《口述历史人物访谈工作实践——以湖南图书馆抗战老兵口述历史工作为例》，《图书馆》2018年第3期。

雷树德论述了湖南图书馆家谱收集的历史与方法，介绍了湖南图书馆家谱整理与研究的成果，总结了湖南图书馆家谱缩微保存与服务的诸多情况。①鄢海亮对毛泽东《论持久战》版本变动的过程进行了梳理，比较分析了文本内容的异同。②

---

① 雷树德：《为了家的记忆——湖南图书馆家谱文献收集、研究、保存与服务概略》，《数字与缩微影像》2018 年第 3 期。
② 鄢海亮：《毛泽东〈论持久战〉版本研究》，《抗日战争研究》2018 年第 3 期。

第五章　文学与艺术：豪情兼柔腻的多维律动

　　湖湘文学与艺术是湖湘文化中最为灿烂绚丽的瑰宝之一。文学和艺术影响深远，有无数的文人墨客为之倾倒，也是每一位老百姓的精神食粮。学者认为，湖南文学在湖南文化体系中占有重要地位。湖南文学与湖湘文化精神有更为紧密的联系：一是秉持"经世致用"的原则；二是湖南文学大胆创造，但其中也有守旧思想；三是湖南文学创作方法以现实主义为主，体现出楚文学特有的浪漫主义。湖南文学经历了不同时期，在不同创作风格群体的带动下，走过了一个又一个光辉时段，在乡间文学的带动下，相信湖南文学会获得广袤的发展空间，在我国文学史上创造更大的成就。①

一　湖湘文学：深潭中激起的涟漪

　　2018 年，湖湘文学研究的范围非常广泛，在小说、诗词、儿童文学等方面都取得了非常丰硕的成果。

（一）小说研究

　　小说在湖湘文学中占有十分重要的地位，也涌现出众多的名家。2018年关于湘人小说的研究，主要体现在对沈从文、丁玲等人作品的分析及个人写作风格的探索上。

　　江涛认为，潇湘大地是"茶子花流派"的故乡，也是他们文学书写的空间对象，更构成了他们的精神原乡，发挥着"时空体"的作用。在"茶子花流派"的集体无意识中，"空间意识"较之文化遗传更为隐蔽。文本中对空间内部的景象风物、世俗人情、语言文化的描写，不仅确立了其迥异

---

① 易蕾：《湖南文学作品的湖湘文化背景及文化精神探索》，《文学教育》2018 年第 1 期。

于其他地域写作的叙事与美学风格，而且所流露出来的情感和文化倾向，折射出了一种"倾斜"的空间意识，又与20世纪80年代集体性的"新启蒙"思潮相悖，体现了作家们矛盾的启蒙立场。①

沈从文的小说一直是湖湘文学研究中的一个热点。向吉发认为，去历史、去商业、去时间、去意义的"边城"是沈从文"德性"想象下美丽、清洁、智慧的幻境。"人"的长成将"边城"拉回到时间、意义、价值、归罪交织而成的现实，幻境转而解体，其原因则是"湘行"途中湘西的常与变使沈从文既有的湘西记忆、乡土经验被冲击、被刷新，想象视域下的为"德性"倾心继而转向贴近血肉人生的"俗气"写作。② 周雪婷、徐俊认为，《边城》创作于20世纪30年代，该作品不仅将牧歌式叙事推向了顶峰，而且展现了城市与乡村互为"他者"的这一概念。这一作品具有高度艺术性，从创作至今不断引发人们对现代化进程中人与自然关系的思考，以及对在物质经济发展追求中滋生的自私、野蛮人性的反思。这类田园牧歌式的文学作品在译介的传播过程中很大程度上契合了世界各族人民深厚的人文关怀心理以及对自然淳朴的生活向往。③

丁玲的小说同样是关注的热点之一。张立群认为，丁玲是现代文学史上最早被作传的作家之一。从20世纪30年代至今，"丁玲传"的出版时间跨度大、数量多，已形成独特的风景。通过对"丁玲传"若干写作阶段的考察，不仅可以看到"丁玲传"的历史与现实、已取得的成绩，而且也能分析其中的不足。在此前提下，总结"丁玲传"的写作实践，可以为现代作家传记写作提供有益的经验。④ 黄丹銮认为，"光明意象"作为丁玲延安时期小说代表作的一种创作倾向，折射出丁玲进入延安后消沉心绪的"自我克服"。借助巴赫金复调小说理论，黄丹銮尝试从修辞层面探讨丁玲延安前期代表作《我在霞村的时候》的创作意图，分析文本中的经典对话片段，

① 江涛：《"倾斜"的空间与矛盾的启蒙——再论新时期初期的湖南乡土文学创作》，《浙江师范大学学报》（社会科学版）2018年第4期。
② 向吉发：《"边城"裂缝：幻境与幻境解体——论沈从文的〈边城〉》，《扬州教育学院学报》2018年第12期。
③ 周雪婷、徐俊：《边城译介中的叙事建构研究》，《牡丹江大学学报》2018年第12期。
④ 张立群：《"丁玲传"的历史与现实——兼及现代作家传记写作的若干问题》，《人文杂志》2018年第10期。

可发现"光明意象"被感知为丁玲革命选择的缘由。①

湖南安化籍作家陶少鸿的长篇小说《百年不孤》引起了学界的关注。有学者认为，长篇小说《百年不孤》在立体呈现南方乡土日常生态的基础上，正面铸造"乡绅形象"，展现出乡土精神坚守下的人生范式，揭示了乡绅文化通过"人心"影响乡村的精神法则，讴歌了中华文化的德、善基因，体现出浓厚的乡土情怀及对"乡土中国"的深刻反思。②

湘中本土作家莫美的《墨雨》是近年来反映大革命时期农民运动的一部难得的佳作。自2016年出版以来，这部有担当、有识见、乡土气息浓郁、地方特色鲜明的长篇历史小说受到读者的广泛欢迎和评论界的普遍好评，在文坛引起较大反响。倪正芳认为，莫美的《墨雨》在题材价值的判断和主题表达的角度上都有自己独特的逻辑。作品中惊心动魄的描写、令人窒息的思考和使人着迷的乡土味，体现了其在长篇历史小说创作领域的可贵探索。③

阎真的小说从《曾在天涯》到其后的《沧浪之水》《活着之上》，展现了当代知识分子在自我认知与现实践履或"知行合一"中究竟该何去何从的困惑，这是阎真小说凸显的一个问题意识。已有的研究成果却普遍忽视了中国传统"知行观"对阎真小说的构成性影响。王蕾以这一特定视域为切入点，通过对阎真小说中不同类型的知识分子形象的解析，探究了传统"知行观"对当代知识分子根深蒂固的影响，以及他们在"知"与"行"中不同的价值立场和精神追求。④

韩少功在湖湘文学中占有十分重要的地位，他的作品《山南水北》引起了人们的关注。甘林全认为，韩少功是一位出色的作家，他能把直观感性与理性思辨完美融合在作品中。在他的作品中，读者既可以看到一个个栩栩如生、个性鲜明的人物形象，也可以看到一个富有真实生命感和充满理性思辨哲人式的作家形象。在散文集《山南水北》中，韩少功一如既往

① 黄丹銮：《〈我在霞村的时候〉的复调性及其局限》，《广东开放大学学报》2018年第6期。

② 周会凌：《"乡绅形象"的正面铸就与"乡土中国"的文化沉思——论陶少鸿长篇小说〈百年不孤〉》，《湖南工业大学学报》（社会科学版）2018年第2期。

③ 倪正芳：《尘埃仍未落定——读莫美长篇历史小说〈墨雨〉》，《湖南人文科技学院学报》2018年第1期。

④ 王蕾：《从阎真小说看中国传统"知行观"对当代知识分子的影响》，《中国文学研究》2018年第2期。

地执着于对乡土世界的书写。文章中的"农夫""山泉""有点甜"分别从《山南水北》中的人物形象和作家形象、湖南汨罗八溪峒自然风光、情感态度等方面，探讨其乡土书写特色。①

有学者认为，韩少功创作始于20世纪70年代并取得了引人瞩目的成绩，《西望茅草地》《归去来》《爸爸爸》《马桥词典》《暗示》《山南水北》等一系列作品在文坛先后掀起一次次热烈讨论。他的写作可以说贯穿了当代文学发展的每一个重要阶段，并总与当时的文学热点紧密联系在一起。"伤痕文学""反思文学""寻根文学""知青写作""文体实验"中都有韩少功活跃的身影。显然，研究韩少功有利于我们把握当代文学发展脉络，深入了解其内在机理。② 还有学者认为，在20世纪80年代的"文化寻根"浪潮中，大批的当代作家都有过或长或短的"乡土创作期"，如贾平凹、张炜、阿城、路遥、莫言都曾走向乡土民间，有过代表性的作品。与这些作家不同的是，韩少功选择了确定无疑的归隐潜逸之路，他以返乡劳作的方式，通过自我个体的体能劳动，真正以生活的形式融入乡间、土地和自然。韩少功的乡野潜逸把"劳动"与重大的精神难题较量，为自我求证新的意义，并上升到了美学的高度。在韩少功的劳动美学中，"文化寻根"走向了一个新维度，那就是：沉潜乡野，以民间生活的具体质感来抗拒后工业时代的冷漠与浅薄。而"进步的回退"预示的是一种回归乡野，重新发现自我、民族乃至世界的努力。③

（二）诗词研究

2018年湖湘诗词的研究既涉及湖湘诗歌的整体发展、民间诗词的描述，也涉及各个时期比较有名的诗人及其作品研究。

1. 湖湘诗歌发展研究

王帅注意到了湖南诗歌的巫性审美特征。新时期以来的湖南诗人秉承湖南人独特的个性精神，在诗歌创作上表现出独特的追求，这种追求就是

---

① 甘林全：《农夫山泉有点甜——论韩少功〈山南水北〉中的乡土书写》，《沿海企业与科技》2018年第4期。

② 余文娟、颜水生：《评韩少功研究资料（增补本）》，《学术评论》2018年第10期。

③ 陈鹭：《进步的回退：归乡潜逸与劳动美学——韩少功文学创作的文化视野》，《福建论坛》（人文社会科学版）2018年第6期。

与湖南地域中鲜明而强烈的巫文化密切关联的巫性审美。自古以来，湖南巫文化盛行，巫文化是湖湘文化的重要组成部分，湖湘文化的源头是楚文化，楚文化的浪漫主义传统又与楚地盛行的巫神、巫术等巫傩文化有着直接关系。湖南诗人面对从未消亡的民间原始资源，将奇异的巫性思维与诗歌的审美相结合，使得新时期以来的湖南诗歌在整体上呈现明显的巫性审美特征。这种特征表现在热衷于灵异事件的叙述、能指言语的放纵、夸饰意象的创造上。①

2. 古代湖湘诗歌研究

从地域文学视域研究杜诗一直是杜甫（杜诗）研究的有效途径之一，也取得了令人瞩目的重要成果。大历三年（768）冬，杜甫从湖北公安南下湖南岳阳，漂泊流寓，徘徊湘中，贫病交加，病卒潭州。关于杜甫晚年行踪，湖南方志多有记载。《凿石浦志》作为我国较为稀见的村镇方志，其中就有丰富的有关杜甫行踪遗迹的杜诗学史料：考证了凿石浦、少陵草堂、庆霞寺、怀杜岩等杜甫相关名胜遗迹的源流变迁，为凿石浦、少陵草堂等地名的实地确认提供了充分证据；绘制的《石浦全图》简洁明晰，为准确理解《宿凿石浦》一诗提供了生动的图像资料；收录的乡贤吟咏唱和诗歌数量繁多，凸显了湖湘百姓对杜甫遗迹的凭吊、对杜甫诗歌的赏鉴和对杜甫精神的缅怀，是湖南杜诗学史的重要文献。

有学者认为，在谈及《离骚》创作缘由时，司马迁如是说道："屈原疾王听之不聪也，谗谄之蔽明也，邪曲之害公也，方正之不容也，故忧愁幽思而作《离骚》。"可见，《离骚》是屈原复杂情感的最直接呈现，它既饱含着诗人的怨愤与绝望，又昭示着九死不悔的执着与自信，为后世读者留下了极为广阔的情感探索空间。②

刘长卿的湖湘诗得到了学者的关注。徐永东认为，刘长卿一生仕途蹭蹬，屡遭迁谪。在其谪居或途次湖湘期间，或为山川胜概所激而抒以骚人之志，或为人文轶事所感而发以迁客之思，写下了一批带有鲜明地方特色的湖湘诗歌。刘长卿的湖湘诗在艺术上主要表现为白描、移情和象征手法的运用。刘长卿湖湘诗是湖湘贬谪文学的重要组成部分，对湖湘贬谪文学

① 王帅：《新时期以来湖南诗歌的巫性审美特征》，硕士学位论文，湖南理工学院，2018。
② 周厚东：《从〈离骚〉看屈原的情感世界》，《中学语文教学参考》2018 年第 36 期。

产生了深远影响。①

3. 近现代湖湘诗人研究

有学者认为，张之洞是晚清著名的封疆大吏，同时也是一名重要诗人。有人以其籍贯及与河北诗人的关系，把他划为"河北派"，其中不乏一定的道理，但并未抓住其诗歌的整体精神。考察张之洞全部诗歌创作，很难以某一流派拘囿他。张之洞的性格养成和早年诗歌，表明张之洞与湖湘文化早已声气相应，"心源"相通。湖湘文化影响张之洞，张之洞作为湖湘文化影响下的一分子，又以其诗歌展现了湖湘文化之精神。张之洞山水风物诗与历史名胜诗，揭示其中蕴含的湖湘人文精神。其山水风物诗以物喻人、比德君子，实质内涵仍是经世务实的精神。从古至今的湖湘历史人物，特别是彭玉麟等晚清名臣，张之洞推崇他们忠君爱国、经世济世的精神和力挽狂澜的担当精神，从而彰显湖湘人文精神的深层内涵。张之洞起初对清朝中兴抱着乐观态度，认为中兴有望，但随着甲午战败，希望破灭，他面对现实，致力于稳健务实的维新变法，以图实业救国。张之洞作为一个传统士大夫，忠君与爱国一体是其政治人格的底蕴。然而，在庚子之变中，张之洞力主"东南互保"，客观上把民族和国家利益放在了听命君王之前，这对近代湖湘乃至整个民族的爱国精神都有重要启示。作为湖广总督，张之洞周围聚集了一大批文人诗人，形成了以他为中心的文人群体，张之洞在其中发挥了领袖的作用。清末，张之洞的思想在很大程度上是湖湘人文精神的集中反映，他不仅对湖湘人文，而且对整个晚清文化都有重要影响。②

4. 当代诗歌研究

向娟认真分析了梁尔源的诗歌，每首都有不同的感触。经过十余年的淬炼，梁尔源的诗歌风格有了较大转变。新近推出的一组诗歌，没有了风花雪月不染俗世的遣词造句，而是去繁就简，以直呈平实拙朴向原生态语言致敬，这种转变令人措手不及。一直以置身事外的态度写诗的梁尔源突然表现出强烈的结束旁观者身份的渴望，从"出世"到"入世"的转变，反映了他对人性、本性乃至文学初心的探寻，他竭力突破自己的惯性写作，

---

① 徐永东：《刘长卿湖湘诗略论》，《湘南学院学报》2018 年第 6 期。
② 齐作献：《张之洞诗歌与湖湘文化关系研究》，硕士学位论文，湖北师范大学，2018。

想要翻越经验栅栏以及现实语境的限囿，从而超越以上诸多因素对自身创作的限制。他致力于在人类情感的"个体性"中寻找精神共鸣，同时寻求历史风物踪迹和精神世界深隐的"真实"。有别于之前他那些"高冷"气韵的诗歌，抛弃了含糊不清、讳莫如深以及各种意象的依附，这种更为亲切、平和、接地气的笔触恰恰让他的诗歌充满了人情味，散发出更多个体的温度。①

（三）儿童文学研究

2018 年的儿童文学研究可以说是精彩纷呈。儿童文学作家有着广阔的儿童文学阅读视野，他们从世界经典的、优秀的儿童文学中汲取营养，同时又重视本民族传统文化的运用。② 具体表现为题材的多样化与新收获。

1. 湖南儿童文学的现状

2018 年，湖南的儿童文学创作又是繁花似锦的一年，新中老几辈齐心奉献精品力作。作家们的儿童文学作品在题材和内容的挖掘上、在创作方法的探索上、在艺术审美的新发现上，都有了更高的要求和标准。他们以或真实或幻想的童年叙事，去追求永恒的童年精神，探讨当代的童年美学；他们有着广阔的世界儿童文学视野，致力于创作富有本土特色的经典；他们将人类与大自然紧密联系在一起，将地球上的其他生物放置到与人类同等重要的位置；他们有着作为一个作家应有的责任和担当意识，既为孩子描绘世界与生命之美，也告诉孩子成长危机四伏，危险无处不在。

综观湖南 2018 年的儿童文学创作，湖南的儿童文学作家们孜孜不倦，努力地向深处开掘，向高处攀登。在中国儿童文学整体发展的大环境中，湖南儿童文学所展示的对文化吸收与重塑的能力、对美学革新和创造的才华是令人鼓舞的。在新的文化环境里，对新的童年观念和艺术表现手法的积极探寻和探索，以及对永恒童年生命精神和价值的不懈追寻，成为当下湖南儿童文学发展的一大亮点。③

---

① 向娟：《坚守诗歌的另一种语境——梁尔源诗歌短评》，《文艺报》2018 年 3 月 30 日。
② 谭群、邓攀：《向深处开掘、向高处攀登——2018 年湖南儿童文学概述》，湖南少年儿童出版社内部供稿，2019 年 5 月 5 日。
③ 谭群、邓攀：《向深处开掘、向高处攀登——2018 年湖南儿童文学概述》，湖南少年儿童出版社内部供稿，2019 年 5 月 5 日。

2. 湖南儿童文学作家与作品的研究

汤素兰的长篇童话《南村传奇》将文学的"轻"与"重"巧妙结合，用轻盈的童话故事文本对人类童年精神的存在意义进行了深刻的哲学追问。《南村传奇》里独特、深刻、丰富的哲学意味和美学气质，展示了中国原创童话所能达到的新的深度和高度。童年精神是人类精神的永恒价值所在，它是陶渊明笔下的桃花源，亦是汤素兰笔下的传奇南村。①

邓湘子的《阳光瀑布》② 是其长篇童年自传。是自传，但并不是简单的回忆与记叙，他精心思考，深入浅出，有叙述策略，有艺术品质，表达了对乡土文化、对童年的理解和思考。作品通过书写童年体验勾勒出一个乡村男孩成长的环境、时代与文化背景，并塑造了一个生活在山野乡村而有着敏锐观察力与感受力，并富有创造力的小男孩形象。③

童年是一个人一生中的重要时期，童年的经历也是作家们写作的宝贵资源。吴昕孺《旋转的陀螺》里的很多故事都是他自己的亲身经历。他透过少年"我"的视角，以波澜不惊的语调展示了三四十年前的童年生活。看似平静的语言叙述里有着个体负载时代动荡的震撼和冲击，又不乏幽默的力量。④

周伟的儿童散文集《看见的日子》同样为我们呈现了优美的乡村童年景象。周伟以自己家乡的人、事、物为描写对象，用一段段感人美好的真实过往将读者带进他心中的乡野童年。⑤

谈到儿童文学的童年精神，自然不能缺少幽默热闹这一重要的审美元素。谢乐军的《森林国幽默童话系列》（4 册）延续了他笔下幽默热闹的童话风格。《森林国幽默童话系列》是一套写"大王梦"的动物童话，故事风趣幽默，让孩子在快乐的阅读中获取知识，拓宽视野，启迪梦想。⑥

---

① 汤素兰：《南村传奇》，湖南少年儿童出版社，2018。
② 邓湘子：《阳光瀑布》，希望出版社，2018。
③ 谭群、邓攀：《向深处开掘、向高处攀登——2018 年湖南儿童文学概述》，湖南少年儿童出版社内部供稿，2019 年 5 月 5 日。
④ 吴昕孺：《旋转的陀螺》，湖南少年儿童出版社，2018。
⑤ 周伟：《看见的日子》，浙江大学出版社，2018。
⑥ 谢乐军：《森林国幽默童话系列》（4 册），湖南少年儿童出版社，2018。

二　音乐戏曲：典雅的学术演绎

湖南的音乐戏曲深受广大人民群众的喜欢，传播范围广，涉及面大，是湘学研究的重要内容之一。2018 年音乐戏曲的研究主要集中在湘籍音乐人士创作的一些经典音乐作品，如民间音乐、花鼓戏、湘剧及其他地方戏剧上。

（一）音乐研究

1. 湘籍音乐人士研究

20 世纪初的中国正处于新旧交替、社会转型的重要历史阶段，国外新思想的大量涌入给传统文化带来了新的冲击和挑战，在历史滚滚的车轮下，文化思潮在中国的大地生根发芽。蔡志妮认为，在此阶段的湖南音乐家群体为中国音乐的发展和推进起到了重要作用，在中国音乐史上留下了一幕幕经典的时刻。他们不仅将传统溶化在自身的血液中，还将新的想法、新的内容与传统结合在一起，创新发展，为中国现代化音乐的发展和推进开辟了新征程。以黎锦晖为代表，在接受新文化新思潮后，黎锦晖开始组织筹备音乐社团，并参加了由蔡元培先生主办的北京大学音乐研究会。在此期间，他演奏了多首湖南的民族音乐，为民族音乐的发展和推进做出了巨大的贡献。湖南音乐家创造出来的新曲调《红军太好啦》《荷花出水日日新》，还是富有生活气息的新剧目，充满了积极的乐观情绪和强烈的战斗气息。[1]

2. 音乐作品研究

在民歌方面，歌曲《山鬼》，龚琳娜全身心的演绎将山鬼内心世界的猜疑与焦急表现得淋漓尽致，在作品展现的效果中亦蕴含着作曲家对中国文化的理解和对新艺术音乐最好的诠释。[2]

有学者认为，《洗菜心》是湖南花鼓戏经典作品中传唱程度最高的曲目，也渐渐成为民族声乐教学曲目中地方性民歌（小调）的必选曲目之一。

---

① 蔡志妮：《新音乐萌芽时期湖南音乐家的音乐活动分析》，《北方音乐》2018 年第 13 期。
② 郭乐乐：《从〈山鬼〉看新艺术音乐》，《黄河之声》2018 年第 14 期。

从音乐形态上对《洗菜心》的艺术特征进行分析，可知《洗菜心》旋律由
"la do mi sol" 四音音列构成、依方言音调行腔，调式为湖南特点鲜明的
"湘羽"调式，句法结构为两大句，并具词曲搭配同步的艺术特征。①

　　由株洲市戏剧传承中心打造的民族歌剧《英·雄》于 2018 年 1 月 18 日
成功首演。江晖认为，《英·雄》是以历史事实为背景的红色题材歌剧，它
从全国 143 部民族歌剧中脱颖而出，成为 2017 年"中国民族歌剧传承发展
工程"重点扶持的九部民族歌剧之一，是湖南省唯一入选剧目。主创和演
出团队几乎都是湖南人，为这部歌颂湖南英雄人物、具有地方特色的民族
歌剧注入了湖湘文化的基因。②

3. 民俗音乐研究

　　近年来，湖南通道侗族和城步苗族地区的旅游发展得相当红火。有学
者关注到了当地民俗音乐的传承问题。肖伟认为，芦笙是湖南通道侗族最
盛行的民间传统乐器之一，是侗族人民举行各种集会、祭祖、祭祀"萨"
神、"行歌坐夜"、"开款"、"讲款"、"聚款"及文娱活动的重要乐器。在
通道侗族自治县的历史发展进程中，它伴随着侗族人民的音乐实践，蕴积
了丰富的文化内涵，形成了独特的芦笙音乐。但是，因为各种因素的影响，
传统芦笙音乐文化也迈入了消亡的困危之境，应该建设以侗族芦笙音乐为
核心的通道侗族芦笙文化生态保护区，不断优化非物质文化遗产传承条件
和传承环境。③

　　湖南城步苗族婚嫁歌曲极具地方特色。王志丽认为，城步苗族婚嫁歌
曲的功能包括教育感化、娱乐、文化传承等功能。④ 她认为，苗族山歌是我
国重要的传统音乐文化，是城步苗民多年来的智慧结晶，是重要的音乐文
化遗产，能够充分体现当地的民族风情以及地域风情，是我国传统音乐文
化的重要瑰宝。所以，必须充分认识到其价值，全面地了解其艺术形式与
艺术特点，并且加强对其的保护与传承，以更好地发挥其重要的社会价值

---

① 唐文滔：《论湖南花鼓戏〈洗菜心〉的艺术及演唱特征》，《湘南学院学报》2018 年第 1 期。
② 江晖：《民族歌剧〈英·雄〉音乐的民族性》，《艺海》2018 年第 3 期。
③ 肖伟：《弦歌不断　薪火相传——湖南通道侗族芦笙传承研究》，《贵州民族研究》2018 年
　　第 2 期。
④ 王志丽：《湖南城步苗族婚嫁歌曲的音乐特征及文化内涵》，《艺术评鉴》2018 年第 14 期。

与文化价值，推动我国传统音乐文化的有效弘扬与传承。①

怎样使湖南传统音乐在新时期焕发新的光彩，引起了学者的关注。有学者关注了民族民间音乐传播的问题。"一带一路"倡议为我国的文化交流和互通带来了新的发展契机，在"一带一路"背景下，湖南民族民间音乐也应借此良机进行对外传播和创新传承。但是文化认同不足、传播载体有限制约了其对外传播的进程。面对诸多传播困境，在进行湖南民族民间音乐传播的过程中，需要构建跨文化传播内容体系、构建差异化传播模式以及运用立体传播手段，依托战略平台，打造湖南音乐文化特色品牌。②

有学者认为，湖南新化传统音乐文化历史悠久，种类繁多，特色鲜明，其在独特的文化传播空间中，形成了打动人心的山歌和神秘深奥的傩戏。这些艺术形态记载了新化民俗原生态的面貌特征，是不可多得的文化"古化石"。当代新化旅游产业的发展，除了借助本地的山水风景，也需要将具有人文风貌的传统音乐植入其中，展示其旅游资源的独立性和丰富性。借鉴成功案例，结合新化实际情况，设计出一套与时俱进且富有审美情感的实施策略，树立别样的新化旅游文化品牌，以使传统音乐得到发展和传承。③

（二）戏曲研究

戏曲的研究主要集中在戏曲表演者的研究、具有湖南浓郁地方特色的地方戏种研究、戏曲作品研究和舞蹈研究等方面。值得注意的是，戏曲和舞蹈的研究都注重深入挖掘和继承传统文化和民族文化。

1. 戏曲表演者研究

三卷本《张庚日记》，是经张庚先生儿子张小果精心整理、编辑、出版的。这部近百万字的日记，从1951年起至1998年止，时间跨度长达47年，《张庚日记》的出版引起了学者的关注。有学者认为，这部日记从一个侧面反映了湖南特别是新时期以来湖南戏剧活动与戏剧创作的真实面貌，它具有"信史"性质的可靠性，为今后编写湖南戏剧史保存了珍贵的史料；张

① 王志丽：《湖南城步苗族山歌研究》，《艺术评鉴》2018年第13期。
② 宋彦斌：《"一带一路"背景下湖南民族民间音乐传播研究》，《大众文艺》2018年第12期。
③ 阳赛玉：《湖南新化传统音乐融入旅游景区的策略初探》，《艺术科技》2018年第8期。

庚先生对湖南数十出戏所做的简短评语，给湖南戏剧院团和剧作者以启迪或参考；让湖南戏剧人深深地记住这位热情的"老乡"——因张庚先生的深厚乡情和为湖南戏剧事业做出的重要贡献。①

2. 湖南地方戏种研究

湘剧本应是对湖南戏的统称或泛指，它是起源于长沙、湘潭地区，融合高腔、低牌子、昆腔、乱弹四种声腔的湖南代表性剧种之一。刘蓉蓉、陈美君认为，湘潭自古以来就是湖南文化重镇，是湘剧孕育和发展的核心地带。在经历种种历史变故后，湘剧在全省各地一度衰落，湘潭也不例外。现如今，在党和政府的帮助与引导下，各地的湘剧发展重回正轨，生机勃勃，然而，湘潭湘剧却未能顺应这样的发展潮流，岌岌可危，现状堪忧。②

陆小燕对比了湖南民歌与湖南花鼓戏的演唱特色。她认为，湖南民歌与湖南花鼓戏是广受湖南群众喜爱的两种歌唱艺术形式。湖南民歌可以分为民歌小调、号子以及山歌；湖南花鼓戏可以分为花鼓小调、打锣腔以及川调。两者在演唱方法、演唱语言以及演唱腔调方面都有所差异，造就了不同风格的音乐艺术形式。③

湖南花鼓戏是湖南民间小戏的总称，以其载歌载舞、通俗明快、幽默诙谐的艺术风格受到人民群众的喜爱，是最具湖湘文化特色的地方传统戏曲剧种之一。朱咏北认为，湖南花鼓戏在传承与发展中取得了一定的成绩，但仍面临不少现实问题，包括专业表演人才流失、创作人员缺乏、管理模式滞后、戏曲内容陈旧、传承方式落后、资金严重短缺等。要做好湖南花鼓戏的传承工作，有必要从加大宣传力度、建立健全传承人保护与培养机制、改进剧团的管理模式、加大政府的扶持力度以及鼓励研究、整理与创作、创新等方面着手，促进湖南花鼓戏向好发展，使湖南花鼓戏的艺术生命与历史文化价值得以赓续。④　张曦元认为，2000 年至今湖南省花鼓戏剧院先后排演了《老表轶事》《走进阳光》《潇湘红叶》《桃花烟雨》《湘绣情》等反映时代变革的多部现代花鼓戏，体现了现在与之前音响设计要求的差异与进步。经历了半个多世纪的碰撞与磨砺，发展了百年的传统花鼓戏终

①　范正明：《张庚与湖南戏剧——读〈张庚日记〉笔记之一》，《艺海》2018 年第 10 期。
②　刘蓉蓉、陈美君：《大学生对湘潭湘剧的调查与思考》，《艺海》2018 年第 10 期。
③　陆小燕：《湖南民歌与湖南花鼓戏的演唱特色对比》，《湖北函授大学学报》2018 年第 7 期。
④　朱咏北：《当下湖南花鼓戏传承的主要问题与发展思路》，《当代音乐》2018 年第 12 期。

于与现代扩声技术进入了交融期。经历了初期的接触、中期的碰撞和现在的相融合，音响技术已经从最初的格格不入无从下手发展到现在的不可或缺。① 颜春英认为，湖南花鼓戏是湖湘民俗文化的重要体现，湖湘民俗文化深刻影响着湖南花鼓戏的起源和发展，具体表现在四个方面。首先是生产劳动民俗的影响。湖南花鼓戏是由地花鼓逐渐发展演变而来的，而地花鼓的许多表演形式和内容是从一些劳动歌曲中吸收来的，湖湘地区一直都有在田间劳动时唱歌的习俗，如插田时众人为保庄稼丰收所唱的插田歌、青年女性采茶吟唱的采茶歌等。所以，我们可以发现人们在农事中唱田歌的习俗对湖南花鼓戏的起源有着很大的影响。此外，人们在旱田农作时的一些独特习俗也逐渐演变成了湖南花鼓戏的表演内容，如其中的薅草锣鼓就源于薅草活动。其次是婚丧嫁娶习俗的影响。自古以来人们都非常重视婚礼，在湖湘地区，婚礼过程中同样有非常繁复的礼俗，这其中不乏丰富的文艺活动，如当地传统的歌堂哭嫁。歌堂指新娘高坐在堂前，选择出生未字者二十余人来团坐唱和，哭嫁的表现形式有很多，有独唱、合唱、边舞边唱等，内容也比较丰富，包括哭父母的养育之恩、哭姐妹离别之苦、哭自己对少年时代的依恋和对未来生活的迷茫等。除了婚礼，丧礼作为同样重要的礼俗也有很多伴丧礼，在丧事活动中亲朋好友会通过集体饮酒、击鼓歌唱来降低亲人的悲戚之情。这些婚丧嫁娶中的歌舞文艺活动都为湖南花鼓戏的发展提供了丰富多彩的民俗材料，对其产生了重要的影响。再次是民俗巫术对湖南花鼓戏的影响。巫术作为一种宗教信仰，在生产力水平低下的时期一直是人们赖以生存的精神支柱，湖湘地区由于地处南方，相对于北方地区开发更晚，生产力水平落后，所以该地区的人们重视鬼神，崇尚巫术。而对人们生活影响深刻的民俗巫术也在湖南花鼓戏的发展中有着重要的作用，如傩愿戏。最后是节日民俗对花鼓戏的影响。这主要体现在各种节日里的歌舞演出，节日民俗将大批民众聚集到一起，为湖南花鼓戏的表演提供机会，让人们能够通过这一方式欣赏传统艺术的魅力。②

梅山傩戏是傩文化体系中唯一一个以蚩尤为傩祖、在湖南中部传承已

---

① 张曦元：《湖南花鼓戏与现代音响设计的碰撞与磨合》，《艺海》2018 年第 12 期。
② 颜春英：《浅谈湖湘民俗文化对湖南花鼓戏的影响——评〈非遗保护与湖南花鼓戏研究〉》，《中国教育学刊》2018 年第 9 期。

上千年的地方原始剧种。有学者认为，梅山傩戏是国家非物质文化遗产重点保护（扩展）项目。湖南新化田坪镇麻水塘村阳全宝坛班是传承梅山傩戏最具典型性、代表性的傩坛，现已极度濒危，面临后继无人的窘境。①

陈飞虹认为，浏阳金刚头《老案堂班》说明了在清代乾隆年间，湖南的皮黄戏已经很盛行，当其与湖南的民间音乐、地方语言、生活习俗等紧密结合之后，便形成了湘剧的弹腔。即在明代的长沙吉王府时期，湘剧初步形成，而到了清代的老案堂时期，湘剧进一步完善，规模进一步扩大，成为一个剧目丰富、声腔完美、表演艺术精湛的地方大戏剧种。《老案堂班》对湘剧剧目的丰富做出了巨大的贡献，其在湘剧人才的培养上，贡献也是巨大的。②

侗族大歌自 2009 年申遗成功以来，引起了国内外的广泛关注，有学者关注到了这一点。在这种有利的环境下，这项古老的民族艺术有什么审美价值和社会价值，它目前的发展情况如何，都是值得探讨的问题。虽然侗族大歌的传承现状并不乐观，但申遗成功后，当地政府的扶持力度加大，艺术市场化程度也逐步提高。可以说，现阶段，这项古老的民族艺术忧患与机遇并存。③ 有学者认为，侗族是聚居于湘赣桂鄂地区的民族，在悠久历史中创造了丰富的文学作品，侗族常用歌和诗记录祖先历史、万物起源、风俗习惯等。

侗族古歌是侗族人在悠久历史中创作的集诗、乐、舞于一体的作品，包括创世史诗、英雄史诗、祖先传说等。古歌是了解侗族人精神世界的密码。目前对侗族古歌的研究主要集中在人物形象、原始思维、生态意识和生死观等方面。王红、陈沛琦通过对侗族古歌的研究，试图理解侗族人的生命观念与死亡意识，进而理解侗族人看待世界的方式。在侗族古歌中，侗族人表达了理性而乐观的生命观、畏而不惧的死亡观以及丰富而充满矛盾的灵魂观。④

---

① 徐益、翟婧媛：《地方原始剧种梅山傩戏的生存状况调查——以湖南新化田坪镇麻水塘村阳全宝坛班为例》，《湖南包装》2018 年第 4 期。

② 陈飞虹：《浏阳金刚头〈老案堂班〉——也谈湘剧之源与流》，《艺海》2018 年第 2 期。

③ 张君昱、温子怡、单婉茹、石磐、闻字文：《侗族大歌保护与传承的路径及思考——以湖南怀化通道地区为例》，《视听》2018 年第 1 期。

④ 王红、陈沛琦：《侗族古歌中的生死观研究》，《艺苑》2018 年第 6 期。

3. 戏曲作品研究

戏曲作品研究方面，主要涉及湖南传统花鼓戏《打铜锣》《补锅》等作品。有论者认为，没有宏大叙事与深刻立意的加持，喜剧作品的内容通常以"小"见长，更擅长家长里短的平民化讲述。《打铜锣》《补锅》便是建立在如此故事类型之上的"两小戏"和"三小戏"。在 20 世纪中叶，这两出小戏真实、生动、幽默的艺术品格成为戏曲创作中的一股清流，形成了风靡全国的艺术影响力。翻看中国传统戏曲的发展历史，产生于田间地头的地方戏曲在诞生之时，便承载着中华民族乐观豁达的性格特性。①

4. 舞蹈研究

舞蹈艺术的研究，主要有土家族的摆手舞研究、花瑶传统舞蹈研究等。刘彦认为摆手舞是沿自巴人时代的一种传统民间歌舞，至今广泛流传在土家族聚居区。它丰富的文化蕴含被学术界解读得众说纷纭，相互抵牾。从表演理论的宏观视域出发去考察，那些相互抵牾的学术观点却能显现出顺理成章的逻辑。因此，其尝试用表演理论的方法对摆手舞的文化元素进行分析，力图为全面认识摆手舞以及对摆手舞这一重要非物质文化遗产的保护和利用找到一种准确的方向感。② 彭芳认为，由于民族音乐舞蹈特殊的艺术特征，其自然成为民族地区旅游发展的重要资源，有较好的旅游发展潜力。但是由于意识观念、利用方式不同，当下很多民族的音乐舞蹈并未在旅游发展中充分发挥作用，不仅不利于当地旅游业发展，同时也使民族音乐舞蹈通过旅游进行传承发展的目标难以实现。③ 周乐认为摆手舞是土家族文化的重要标识，是湖湘民族传统的宝贵资源，是土家族传统文化的集中体现。土家族摆手舞成为国家非物质文化遗产名录中的重要一员，也充分展示了其在中国文化、中国艺术上的重要性。④

周妙认为，花瑶人口虽少，但其文化底蕴却极其深厚，花瑶舞蹈就是重要的组成部分。花瑶舞蹈源自生活，也反映着生活，人们通过肢体语言

① 孔培培：《"省花路子"与戏曲喜剧创作——写在湖南花鼓戏〈打铜锣〉〈补锅〉晋京演出后》，《艺术评论》2018 年第 6 期。
② 刘彦：《表演视阈下摆手舞的文化元素演变分析》，《长江师范学院学报》2018 年第 3 期。
③ 彭芳：《少数民族音乐舞蹈的旅游价值实现——以湘西土家族摆手舞为例》，《贵州民族研究》2018 年第 9 期。
④ 周乐：《浅议湘西土家族摆手舞的文化形态和艺术特征》，《黄河之声》2018 年第 23 期。

来表达对生活的向往和内心的情感，充分体现了花瑶独特的文化韵味。既有瑶族文化的元素，也深受汉文化的熏陶，近年来，挑花图案中不乏美猴王、八仙过海的影子。花瑶舞蹈也是如此，不仅反映了花瑶人民朴实、善良的品质，也体现了对汉文化的传承，成为花瑶人的精神寄托。①

三　书法绘画艺术：揭去神秘面纱

2018 年湘学书画的研究，既对古代、近代的书画名作、大家进行了研究，也对现代及当代的名家给予了众多的关注。

（一）书法研究

书法的研究不仅涉及各个时期的书法名作、书法名家，而且还涉及当代的篆刻、印石等。

1. 古代、近代书法研究

欧阳询的书法作品得到了研究者的广泛关注。肖三喜认为，欧阳询的《九成宫醴泉铭》中常有不同类别的"笔画异化"现象，即笔画互换、借用书写抑或其他书体"楷化"的一种客观存在，具体表现为基本笔画的异化、笔画的复合型异化、行草笔势楷书化、篆隶笔意楷书化等。这些手法形成了欧体楷书"遒劲婉润""清雅充腴""妍紧拔群"的书风。② 张建军认为，"虞世南、欧阳询都是后人仰之弥高的书法星辰。清代书法家包世臣在《艺舟双楫》中说：'永兴如白鹤翔云，人仰丹顶。'"③

怀素和张旭以大草成为中国书法史上赫然耸起的两座高峰。有学者认为，怀素现今遗迹均为草书，其草书演变呈现起、承、转、合四个阶段的明显特点。当时和后世之人多赞誉其翻腾恣肆、迅疾奔突的《自叙帖》一类大草，而对其晚年的《圣母帖》《小草千字文》却识者寥寥，未予以足够重视。其《圣母帖》，尤其《小草千字文》，标志着怀素作为佛门中人和书法家最后已脱略凡尘，达到了光明究竟之域，已与他的心性修为一体两面、

---

① 周妙：《湖南花瑶舞蹈特征及其民俗生态文化研究》，《当代音乐》2018 年第 5 期。
② 肖三喜：《〈九成宫醴泉铭〉中笔画异化现象探析》，《中国书法》2018 年第 18 期。
③ 张建军：《智均力敌——虞世南〈贤兄帖〉〈去月帖〉、欧阳询〈脚气帖〉赏析》，《书法赏评》2018 年第 6 期。

合二为一，是怀素离世前无欲无求、平淡冲和、去妄归真的心灵世界的自然化现。① 有学者认为，唐代书法家怀素的狂草书法独具一格，充满了浪漫主义精神，对后世影响极为深远。他的狂草艺术是情与理、灵与神的融合，是感性、理性与悟性的统一。感性确定了他狂草书法的基调与个性，理性构建了他狂草书法的内养与法度，悟性赋予了他狂草书法的灵感与艺术高度。② 还有学者认为，由元入明的书家们在草书的风格上受到康里子山的影响，取法晋、唐，并尝试摆脱赵孟頫书风的笼罩，在草书上寻求新的发展。随着文人间雅集和社会风尚的转变，怀素"狂草"书法风格的草书受到了普遍关注。明初"三宋"、陈璧、张弼等人在师法怀素的同时有所创新，形成自家风貌，使得怀素草书在明初得到了广泛传播。③

何绍基是清代著名的碑派名家。滕琪认为，何绍基在论书诗文中，多方汲取了东坡和山谷的书学观点。东坡诗谓"颜公变法出新意"，其中新意实含"字中有笔"的篆隶古法。山谷指出无论楷行草篆，若要"得古法"，皆应知其"与科斗、篆书同法同意"，方能不俗。何绍基秉承了苏黄书论，对阮元的北碑论做了拓展，即将对南北派的空间划分转换为对时代风气兴替的理解，即其所谓"代兴"，更似有由此构建更广的一个谱系之意。其大致包括"二王"—陶弘景—智永—大、小欧阳—颜真卿—东坡、山谷在内的，因皆"意合篆分"，故不妨"派兼南北"的书学谱系。④ 张昭祥认为，"部分复原"及"吾随物性"的实际应用，都是为了在延续艺术品物质生命的同时，尽可能地恢复其审美价值并挖掘当下的审美价值。在不艺术伪造或史实伪造的前提下，在不抹去艺术作品在时光流转中获得的每一经历痕迹的前提下，通过对书画材质的修理和必要的图像复原，重建艺术作品的潜在一体性和艺术价值，并在一定程度上延长其艺术寿命。⑤

① 江永龙：《繁华落尽见真醇——怀素草书心迹墨痕发展嬗变》，《文艺生活（艺术中国）》2018年第12期。
② 周飞战：《感性、理性与悟性——谈怀素的狂草书法创作》，《美与时代（下）》2018年第10期。
③ 段成贵：《明初文人对怀素"狂草"的接受研究》，《鞍山师范学院学报》2018年第6期。
④ 滕琪：《"南北殊派本代兴"——何绍基碑学书论中的苏、黄影响》，《中国书法》2018年第2期。
⑤ 张昭祥：《"吾随物性"的修复理念与实践——以何绍基"尚有要作"七言联的修复为例》，《中国书画》2018年第12期。

曾熙是清末民初海上书坛的大家。在民国初期，曾熙与吴昌硕、沈增植、李瑞清并称"民初四大家"，其在篆、楷、行各体书中皆有不可低估的成就。他的尺牍行书，是融通诸体之后最求真的艺术水准的体现。①

2. 现当代书法研究

现当代书法的研究人数众多，草书、楷书、隶书、行书、篆刻以及印石、雕刻等书法作品都有涉及。

谭延闿既是民国政要，又是著名的书法家。他擅书法，尤以楷书名世。他与擅草书的于右任、擅篆书的吴稚晖及擅隶书的胡汉民并称为民国"真草篆隶四大家"。民初之际，书坛碑学兴盛，帖学式微，然谭延闿并未摒弃传统的帖学书法，同时又吸取碑学书法的精华。谭延闿书法早年学翁同龢，中年参以钱沣笔法，后上溯到颜真卿，同时广临诸帖，终自成一家。② 谭延闿的书法发展历经了三个阶段，从最初工整秀丽的"应制书风"转换到雍容华贵的"颜体书风"，他的书法形成了敦厚古拙的基调；他后期又崇尚苏、米，有意求变，这一举措更加丰富了谭延闿的个人书法元素。因此，谭延闿的书法既得颜真卿书法的敦厚古拙又不失灵动巧妙，在继承颜体的基础上自出新意。他的书法对颜体在民国及后世的流传起到了重要的推动作用，他更有"近代颜体大家"之称。谭延闿从长期的书法实践中领悟出了自己的书法观，在取法上，他主张学书需"崇古"，"当以学古人为第一"是其重要的书学思想。他探索书法技法之妙，总结出作书要掌握好"迟与速""肥与瘦"的关系，过与不及皆为弊。他重视文化素养，提倡书家要注重"字外功"的修炼。谭延闿在书法上取得了一定的成就，在民国书坛上有着重要的地位。③

王超尘先生是 20 世纪 20 年代出生的湖南书坛代表人物，其隶书创作在时间段上前后变化大。比如 20 世纪八九十年代写的和 2000 年以后写的相比，变化非常明显，无论是细节还是大的结构都有不同，只是都融进具体的线条中去了，要仔细体会才能看得出。④ 王超尘书法艺术独特的"书相如

---

① 张恒烟：《曾熙尺牍书法管窥》，《书法》2018 年第 9 期。
② 吕建风：《谭延闿书法观研究》，《书法赏评》2018 年第 5 期。
③ 吕建风：《谭延闿书法艺术研究》，硕士学位论文，曲阜师范大学，2018。
④ 李少华：《古拙浑厚开生面——与王超尘先生关于隶书传统与创新的对话》，《文艺生活（艺术中国）》2018 年第 9 期。

磬、用笔如铸、字发如松、章法如阵"的美学境界，格调高古、气韵生动、雄浑苍厚的艺术风格，其一，源于他心胸坦荡、游于艺的博大情怀和人生态度；其二，源于他将音乐、绘画、太极拳之理融会贯通于书法之中；其三，源于他对传统书法名家碑帖的学习，即深厚扎实的传统功力。①

杨刚秉持"东海西海，心理攸同"之信念，出入几种艺术样式间，试图寻找中西绘画的契合点与共通性，遂成博涉多优格局。几种样式固有樊篱，但也相互激荡，遂有其大写意与写意油画，此为中西格义之重要成果。②

（二）绘画研究

绘画的研究既涉及湘人绘画的发展，也涉及湘人绘画大师、绘画名师、刺绣、陶瓷绘画和其他一些美术作品的设计等。绘画是湖湘文化当中具有浓墨重彩的一部分，在绘画领域涌现出一大批名家和名作。

1. 古代绘画研究

清代四大著名画僧之一的髡残继续获得了研究者的广泛关注，相关研究论文很多。有论者认为髡残一心向往着宁静祥和，内心却又充满着悲愤与挣扎。从他画作中的题跋可以了解到，他既不能忘情尘世，又欲参悟佛理，这种矛盾的思想反映到其书法之中，便形成了天真、狂野、拙朴的风格。也许，只有在这样的风格境地中，他才能实现自己所追求的"立于天地间无愧"。③

有学者认为，髡残，清代"革新派"画派中的一员，在山水画研习的道路上，通过对古人绘画佳作的深刻学习和研究，再加上自身对山水画创作的感悟，最终形成了具有强烈个人色彩的笔墨技法，为我国传统绘画的发展增添了浓墨重彩的一笔。④ 有论者认为，髡残在禅宗与山水画紧密联系的洞悉和沟通方面，对中国绘画发展有着特殊的贡献。终生以禅宗来指导自己的生活方式和艺术创作，以及在传统和创新方面能够辩证地处理两者之间的关系，学习古而不泥古，髡残所代表的这种精神就是中国画的传统

---

① 甘润芳：《王超尘书法艺术赏析》，《艺海》2018年第8期。
② 杨肖：《中西会通的探索——论杨刚绘画创作》，《美术》2018年第10期。
③ 石燕婷：《髡残题画书法与审美意蕴探析》，《中国书法报》2018年11月27日。
④ 戚郁旻、吴国良：《浅谈髡残山水画中的笔墨特征》，《艺术科技》2018年第8期。

内涵，中国画在创新的过程中不断变化和演变，在创新中向前演进。① 还有论者认为，髡残在彻底顿悟后已超越社会世俗情感的制约，是有纯粹宗教信仰和强烈宗教情感的佛国画僧。同时，他的艺术情感受宗教情感的引导，已忘我地完全沉浸在对万物众生满怀宗教般慈悲的、博大的爱中，具有一定的超世思想。髡残的超世思想表达的是对人性的爱和对大自然的热爱，绘画中温暖蓬勃的禅境世界是超世思想的表达，这种思想是其绘画风貌形成的重要因素，在当时社会文化背景中具有宝贵的社会意义和绘画价值。②

2. 现当代绘画研究

现当代绘画的研究，涉及的人数众多。段辉先生是湖南娄底人，他为人低调、谦逊，身上具备湖南人典型的勤奋、刚毅、质朴、敢为人先、开拓创新的特质，他潜心创作，笔耕不辍，其作品多次参加国际国内大展，屡屡获奖，他不仅是湖南水彩画的中坚力量代表，更是中国新一代水彩画主力军的代表性人物之一。③

绘画地域研究。聂世忠认为，艺术的社会性、文化性、生态性是地域绘画的理论依据，他分析了曾被称为"绘画之乡""小香港"的邵阳在现当代走出大批画家的原因。邵阳的彪悍民风及敢为人先、走出与回归、霸蛮灵泛、义勇顽强等精神造就出邵阳绘画的地域性，实质是一种超越地理性的文化现象。邵阳美术创作中的以形写神、坚毅执着、张扬人性等地域特色是弘扬民族美术、增强文化自信、艺术多元化的表现，值得关注。④

山水画方面。陈少梅与张大千、溥儒、金北楼并称"民国四大家"，他擅用山水画里的近实远虚、笔下生趣的处理方法。近处茂密的丛树溪流和远处深藏隐士的山山水水产生了微妙的层次和对比。⑤《西园雅集图》为陈少梅传世画迹中的代表作，20世纪50年代首次发表于《中国画》杂志创刊号上，便引起世人瞩目。作品取材于宋代文人聚会的典故，记录了元丰年

---

① 刘小毓：《论髡残山水画的意境与特征》，硕士学位论文，沈阳大学，2018。
② 裴倩妙：《佛国画僧　超世髡残》，硕士学位论文，内蒙古师范大学，2018。
③ 高淑君：《随心所欲，境由心生——品读段辉先生水彩画艺术》，《美术大观》2018年第10期。
④ 聂世忠：《"绘画之乡"邵阳地域美术风貌谈》，《邵阳学院学报》（社会科学版）2018年第5期。
⑤ 宗乐：《〈深山茆屋〉山水挂盘赏析》，《陶瓷科学与艺术》2018年第10期。

间西园宴集的场景。陈少梅将赋诗、作画、弹琴、问道的几组人物安置于大自然之中，营造出深远、幽雅的意境，体现了"文人志在山林"的主题。其中，赋诗、作画两组代表儒家，弹琴代表道家，问道代表佛家，画中蕴含着儒释道的思想和精神。这些正是南宗文人画所追求的意境。① 张春新认为，在近现代画坛上，兼擅山水、人物、花鸟的画家虽不多，但也存在。陈少梅的意义在于其均衡的艺术表现，或说无所不能。陈少梅绘画艺术功底深厚，花鸟画中甚而每一叶都可一笔写出，完美展示了以书入画之效。他将传统与造化进一步有机融合，不仅独立成为一体，而且其山水画、人物画、花鸟画都栩栩如生。无疑，他的画寄寓了属于自己的思想情感和情操追求。他主张笔墨线条要有充沛的情感，并将之融入自己的创作中去，进而传达给观者。②

油画研究。姜向东的绘画引起了学者的关注。刘剑桦认为，姜向东的绘画几乎定位在一种唯美的基调上。简洁的音符、较少多元复调的图式、趋于冷色调的绘画语言、细腻的光感、透视的运用、精心的刻画，使他的作品在不失现代特征的同时，保持了不张扬、不喧哗、温和、雅致的艺术品质。他用一颗敏感的心，品咂着生活中寻常物品的独特诗性，将遮蔽在物品背后的存在价值置放在一种积极的思考中，他的作品仿佛蝴蝶，一秒前立于草尖，一秒后呼之欲飞。他充分调动绘画中色彩、构图、造型、空间、色调等元素，结合它们之间形成的各种关系，使平凡的物品在一极的世界中将"有限性"与"无限性"联系起来，获得物质与精神的完整性和开放性，给人愉悦而又浮想联翩的审美感受。③

绘画大师研究。齐白石是公认的湘籍绘画大师。有论者认为，基于西方艺术理论与史学交融互构的辩证传统，一些西方艺术史研究者以图像和语言"跨界交融"的态度对西方艺术史进行重新审视。瓦尔堡通过反思前人艺术史研究中出现的问题，提出"图像学"的研究概念，试图重建艺术史的观审方式。然而，他并未单纯强调"图像"而忽视文本的意义，而是将二者共同呈现。其后促生的"形相学"研究方法，对当下艺术史研究有

---

① 珍荷：《陈少梅 当代唐伯虎》，《中国拍卖》2018 年第 1 期。
② 张春新：《陈少梅艺术概观》，《美术观察》2018 年第 10 期。
③ 刘剑桦：《呈现物体的原态美感与精神刻度——读姜向东的静物油画》，《文艺生活（艺术中国）》2018 年第 6 期。

较大启发。通过"瓦尔堡思想"配合文献以及图像的研究方法对齐白石"衰年变法"的再研究产生了巨大影响。① 有的论者认为，在直面和深入地欣赏并研究齐白石的绘画时，经常能感受到那种透过画面本身所带给我们的感动，他的绘画成功地诠释了在新的文化土壤中的中国传统绘画的生命力量，齐白石带给我们的艺术体验历久而弥新。② 还有论者认为，深入研究齐白石，一个重要的路径是从细读"白石诗草"入手，以期楔入其性灵结构，亦即考辨"诗画同源"中的那个"心源"构成，从而烛照其花鸟写意经典所以垂范的奥秘。为此，宜从"历史—逻辑"层面，将齐白石内心结构解析成由"伤时""抚魂""乐生""立身"诸意象所有机合成且作履带式自循环的性灵机制，嗣后再看那些足以表征现代水墨高峰的花鸟写意，为何在吴昌硕之后只能出自齐白石这双丹青妙手，也就有根可寻了。同时，这也或许大致靠近了齐白石生前所期盼的"百年公论"。③

花鸟画研究。有学者认为刘鸿洲是湖南花鸟画界的一面旗帜，他的艺术生命播种于三湘，成长于三湘，突起于三湘。他是湖南人的骄傲，特别是花鸟画界的骄傲。他的工笔画既工非工，工写结合，设色大气，将鲜活的视觉感受同完整的意象感觉的主观色彩结合起来，既有西方绘画色彩的光影效果，又有湘楚神韵马王堆帛画中的大胆用色，使主观装饰色彩的审美原则完全脱离自然色彩的逻辑关系，改变了中国画传统用色的习惯，具有前瞻性和开拓性。④

3. 刺绣、陶瓷与其他民间绘画艺术

湖南刺绣是传统工艺品，在国内外享有较高声誉。有学者认为，湘绣记录着绚丽辉煌的古老文明，又以其独特的艺术魅力和应用价值历千年而不衰。2006 年，湘绣被列入首批国家级非物质文化遗产名录，迎来了以传承为主题的历史时期。

文化才能的赓续流传。中国工艺美术大师邬建美是传承湘绣并有所创

---

① 贾旭：《"瓦尔堡思想"对齐白石"衰年变法"再研究之启发》，《美与时代（下）》2018年第 10 期。

② 安凤：《"我有我法"白石山翁人物画浅析——从清华大学艺术博物馆齐白石人物画谈起》，《东方艺术》2018 年第 21 期。

③ 夏中义：《从"白石诗草"看齐白石"诗画同源"——兼谈艺术史的"百年公论"》，《文艺研究》2018 年第 12 期。

④ 肖剑：《名家评刘鸿洲的绘画艺术》，《文艺生活（艺术中国）》2018 年第 11 期。

新的代表人物之一。其作品《四羊方尊》在湘绣史上尚属首创，其突出特点是用针和绣法走向尽可能遵循器皿结构，同时充分发挥绣线丝光焕彩的作用。2016 年，邹建美创作的湘绣作品《后母戊鼎》被中国国家博物馆收藏。①

　　滩头年画极具代表性。有学者认为，结合滩头地区的民俗事象，不难看出滩头年画的叙事性造型表现具有如下特点：一是体现"情节性"的表现形式，二是体现"时间性"的表现形式，三是体现"空间表现形式"。②还有学者认为，滩头年画是中国木版年画在南方的一支重要力量，其独特的制作工艺及艺术表现形式使其长期活跃于当地老百姓的心中，由于特殊历史时期的中断及现代家居生活方式和审美的变化，早已不复当年的规模及影响，但其保留的极富地域文化色彩的艺术特性有着不凡的现实意义，且随着近几年自上而下对传统文化的保护，这种价值必然会被越来越多人认可。③ 还有学者认为，滩头年画独特的艺术特色与深厚的文化内涵，是中国传统民间文化中一笔宝贵的文化遗产。滩头年画呈现的符号性和象征性的艺术表达形式，不仅是地域性的文化果实，更是独具民族性的典型文化成果。它承载的祈福纳吉、子孙繁息、传统忠义思想等深厚的文化内涵，彰显出劳动人民追求"以人为本"的民俗观以及传统儒家伦理道德观。④

　　长沙窑的研究也引起了学者的广泛关注。有学者认为，长沙窑因其首创陶瓷釉下彩而闻名海内外，长沙窑的狮子造型陶瓷制品是长沙窑陶瓷产品中的精品，有值得深入研究的艺术价值和人文价值。长沙窑在安定自由的背景下创造出了别具一格的民窑特色，狮文化也在这一环境影响下，与中国传统文化融合，呈现蓬勃生机和质朴生动之美，成为湘楚大地淳朴民风的一个重要反映。长沙窑狮子雕塑的造型是在写实基础上加入个人情感及想象力的高水平的艺术创造。⑤ 还有学者认为，长沙窑为唐代彩瓷窑，在

① 王锦强：《湖南湘绣：飞针走线绘形神》，《收藏界》2018 年第 6 期。
② 林粤湘：《从民俗事象的视角探究滩头年画的叙事性造型》，《书画世界》2018 年第 12 期。
③ 郭亚东：《纸色迷香，画意氤氲——滩头年画艺术风格考察探究》，《苏州工艺美术职业技术学院学报》2018 年第 2 期。
④ 张光俊：《湖南滩头年画的艺术特色》，《美术》2018 年第 8 期。
⑤ 张玉山、杨灿、刘芳芳：《长沙窑陶瓷雕塑狮子浅析》，《美术观察》2018 年第 6 期。

我国陶瓷工艺史上有着重要地位。在唐代，长沙窑就能生产出铜绿釉和铜红釉的彩瓷艺术品。瓷器纹饰中的莲花纹饰由来已久。从目前出土的绘有莲花纹样的长沙窑陶瓷来看，其制作工艺的进步与当时的社会、自然环境影响有一定关联。①

---

① 刘玉琼：《长沙窑莲花纹饰的艺术审美特征》，《艺海》2018 年第 11 期。

第六章　宗教民俗：两重世界的交融与守望

　　"圣化"和"俗化"是宗教信仰、民间信仰认知的基本特征，超自然的神圣崇拜和信仰植根于中国社会世俗中。在历史、现实与未来的联系中，圣化和俗化的交融和守望一直是宗教思想和民俗文化的主流发展趋向。湖南境内的宗教思想和民俗信仰亦是如此。湖南宗教文化和民俗文化是湘学的重要组成部分，其生命力也包含在湘学的生命力之中。2018年，湖湘宗教思想的研究主要集中在佛教、道教等方面，湖湘民间信仰主要集中在各族的宗教信仰、地方神祇信仰等方面，湖湘民俗文化的研究主要集中在民间艺术、吃穿住行、节庆喜丧、祭祀信仰等方面。

一　在湖南宗教民俗总体研究中感受文化融通

　　新时代，湖南在推进宗教中国化的实践探索方面做出了诸多努力。湖南宗教界通过挖掘和整理宗教本土化的历史，把握了湖南宗教发展的基本脉络和突出特点：政教分离是湖南宗教发展的历史主脉；儒释道合一是湖南宗教发展的鲜明特点；文化融通是湖南宗教发展的基本趋势；高僧大德是湖南宗教发展的重要支撑。在宗教的发展方面，湖南始终用社会主义核心价值观来引导和教育宗教界人士和信教群众，使之成为宗教界的自觉追求和行为规范。主要是从思想引导入手，推进政治上的自觉认同；从解经传经入手，推进文化上的自觉融合；从发挥作用入手，推进宗教与社会自觉适应。在新形势下，主要是用法律规范政府管理宗教事务的行为，用法律调节涉及宗教的各种社会关系，加强宗教团体建设、人才培养和基层基础管理，提升工作水平。[①]

---

① 徐克勤：《湖南推进宗教中国化的实践探索》，《中国宗教》2018年第8期。

近年来，利用哲学、宗教学方法对湘西民间信仰进行专题研究，考证湘西宗教文化源流，梳理湘西宗教文化的主要特点和发展脉络，取得了很大的成效。湘西的宗教既保存了各民族传统的巫文化特征，也吸收了儒释道等中原主流文化的养分，并在与以汉民族为代表的主流文化的融合与冲突中不断发展，成为中华文明多元文化中的重要一元。另外，对廪君崇拜、驩兜崇拜、盘瓠崇拜、萨岁崇拜等远古神话传说的历史来源和演变情况也多有考证和研究判断。如对廪君所属部落及其生活的时代进行了考察，对盘瓠崇拜、萨岁崇拜与女娲崇拜的关系进行了研究，并分析了汉文化与侗文化的互动情况。从方法论而言，利用当代考古学、民俗学、历史学的研究成果，对炎帝故里说进行了系统考证。这些研究有利于正确认识南方少数民族对华夏文明的重要贡献。①

二　在佛教思想研究中体悟出世与入世

佛教自传入湖湘大地以来，或以出世的心态、慈悲心怀教人修身养性；或以入世情怀，唤起信众的社会责任感。虽然在历史的各个阶段，佛教出世入世情怀呈现不同的状态，但总体而言，佛教一直在与儒、道融通，一直在传统与现代之间圆融。

（一）古代佛教研究

周敦颐是否排佛，或者与佛教是否有干系？自宋明以降的儒家，一直对此纷争不断。在朱熹一系的理学家心目中，不仅周敦颐及其思想与佛教没有任何关系，甚至朱熹本人还被认为是一位排佛者。在一些宋元学者，尤其是佛教居士所撰写的相关文献中，周敦颐则不但与其同时代的一些佛教高僧有着密切的交往，甚至其思想体系的形成还受到佛教禅理的深刻影响。这两种观点针锋相对，几乎毫无妥协的余地。第一种观点长期占据学界的主流，至今仍然得到一些学者的认同和坚守；第二种观点所依据的文献资料却长期隐没未彰，甚至被有意或无意地予以忽视。事实真相如何？研究者万里在 2017 年撰《周敦颐与佛教》一文对此做了考述，2018 年再撰

---

① 胡文会：《湘西宗教文化源流研究》，中央民族大学出版社，2018。

《周敦颐与佛教关系再考证》一文予以考证，认为周敦颐不但与佛教禅宗僧人交往密切，并且他本身就是一位佛教居士，并认为周敦颐思想中亦有不少佛教元素。①

王夫之是明朝遗民，是一位大儒，也玩索佛理，与僧交游。王夫之有研究佛学之专著《相宗络索》及《八识规矩颂赞》，但是王夫之将释老与申韩之术并列，视之为"三毒"，在《思问录》《张子正蒙注》《四书大全说》《读通鉴论》等多种著述中排斥二氏不遗余力，誓不剃发，终不为僧，死后丧礼禁用僧道，一生楚汉分明，把儒佛之间的界限划分得一清二楚，没有丝毫含混。王夫之这样的大儒在与高僧的交游中，在有意无意或有形无形中把儒家思想信息传递过去，对佛教产生了影响。最可玩味的是，船山与山僧为友，出入于内藏，不仅没有消弭他心中儒佛之间的鸿沟，反倒是越发加深与拉大了他心中儒佛之间的分界。可以说，佛学对他的影响，根本没有触动与改变他所固持的儒学立场和态度。事实上，船山凭借自己对儒学多年的研究并将其内化为自己的信仰与对宋明儒学的"判教"，极力排斥佛、老、申、韩以及他所认为的儒学之"邪说"——陆、王之学等，确实意在为社会文化找出与提供新的生机，为人类开辟健全向上的精神。尽管船山没有走出他的时代，而使他的思想在追求儒学纯粹性的过程中丧失了最大可能的开放性、融摄性与综合圆融性，留下了不可避免的局限性与悲剧性，但是不可否认船山为儒学的复兴而殚精竭虑，其豪杰精神，天地难掩，鬼神不埋！可以说，王夫之学佛而固守儒门，王夫之深研相宗而毫无染着，王夫之辟佛而终究将自己定位为正统儒家。②

（二）近代佛教研究

近代湖南佛教发展如何？王娇在《近代湖南佛教文化复兴研究》中探讨了以下几个问题。第一，居士群体是近代湖南佛教文化复兴的一个重要力量。近代的佛学研究机构、居士林团体刊印佛学经典、组织佛学法会等活动都是以居士为主，以在家与出家共建的方式进行。另外湖南居士队伍中有不少官居要位的政治人士，他们信教热情浓厚，有的人甚至利用职权

---

① 万里：《周敦颐与佛教关系再考证》，《船山学刊》2018年第1期。
② 王兴国：《两个遗民典范：释大错与王船山》，《船山学刊》2018年第3期。

为佛教发展提供保障。第二，复兴佛教的主力是出家佛教徒。近代湖南风气开放，再加上湖南佛教历来与外地都有较频繁的沟通，使佛教界接受新文化、新思潮的熏陶较其他内地省份程度要深。在当时佛教革新人物特别是寄禅、太虚的影响下，湖南佛教徒在精神层面上首先进行了革新。第三，庙产兴学风波是湖南近代佛教发展一个不得不重点提及的内容。湖南庙产兴学涉及范围之广、程度之深在全国都较为罕见。社会对庙产的侵占对佛教界来说可谓是灭顶之灾，在这种情况下，佛教徒不得不了解国家法令政策，积极入世同俗界进行抗争以赢得生存条件。更重要的是，这次风波促进了湖南佛教力量的团结，给佛教各项事业的进行提供了有利的条件。第四，湖南佛教文化复兴概括起来主要包含革除弊端、发扬传统、近世转向三个方面的内容。他们创建新佛教团体，采取现代化方式，集聚佛界力量，规范佛教管理，发展社会慈善事业；开办僧学校，吸收近现代科学知识，培养新式僧才；国难当头，毅然担当起国民义务，进行保国保教的努力。近代湖南居士和僧众们为佛教在近代社会的生存发展，开展各种活动、进行多方面的努力，使其成为既保留有传统佛教形式与内核，又与近现代社会相适应的文化。①

　　黄兴是民主革命先行者，其一生也与佛教有缘。圣辉认为：在人格精神上，"无我"精神是其做人做事的真境界，应该受到佛教思想的影响。"无我"源自佛教，是佛教三法印之一。三法印即"诸行无常印、诸法无我印、涅槃寂静印"，凡符合此三原则的，便是佛正法，有如世间印信，用为证明，故名法印。佛陀说"无我者非我、非我所，非我之我"，一般可理解为"忘我无私，天下为公"的精神境界。黄兴还与长沙麓山寺因缘深厚。麓山寺始建于晋代，是享誉海内外的湖南首刹、著名的佛教祖庭。青年时，黄兴曾在广西以张和尚为掩护革命者的身份，黄兴去世后，国葬于长沙岳麓山麓山寺后云麓峰下的小月亮坪，墓地也是由麓山寺捐赠的。②

　　谭嗣同是近代维新运动的代表人物，其思想具有革新性、广博性等特点。李丽雯认为谭嗣同的哲学著作《仁学》深受佛教思想影响。谭嗣同吸收了佛学中"业识""生灭""三界"思想，阐述"仁"不生不灭，"以太"

---

① 王娇：《近代湖南佛教文化复兴研究》，硕士学位论文，山东师范大学，2018。
② 圣辉：《黄兴先辈的"无我"精神源自佛教的影响》，《法音》2018 年第 10 期。

不生不灭。佛学思想中的慈悲救世情怀则是谭嗣同《仁学》心力说的重要来源。①

关于毛泽东的宗教观，2018年研究主要有《毛泽东宗教观研究》《毛泽东宗教思想及其当代启示》《毛泽东："佛教还真有些辩证法"》等文。《毛泽东宗教观研究》认为，毛泽东宗教观的形成有着丰富而科学的理论渊源，他站在马克思主义立场上坚持用唯物主义认识论对待宗教，主张遵循宗教消亡的规律，不能人为消灭宗教而应适应时代发展对其积极进行改革，宗教斗争要服从和服务于反对封建主义的政治经济斗争，对宗教要实行信仰自由政策，同宗教界建立长期的统一战线，在社会矛盾大讨论中指出宗教界同样存在两类性质不同的矛盾，对此应该区别对待，主张加强对宗教学和宗教文化的研究。同时，毛泽东辩证地分析了内忧外患、国难深重的历史时局，批判了宗教迷信思想束缚民众精神的实质，指出宗教解放助力革命任务胜利的可能性，在革命实践中积极团结宗教界爱国人士致力于革命工作的推进。②《毛泽东宗教思想及其当代启示》一文阐释了十分丰富的毛泽东宗教思想。毛泽东宗教思想形成过程贯穿于其早期求学时期、新民主主义革命时期以及新中国成立后三个历史发展阶段，这是一个从笃信宗教（佛教）到怀疑宗教、批判宗教，再到深入研究宗教并将宗教研究和中国革命、社会主义建设实践相结合的动态生成、发展过程。正确认识和把握毛泽东宗教思想的科学内涵，对坚持和发展马克思主义科学无神论，做好新时代党的民族宗教工作具有重要启示，即要严格区分科学信仰和宗教迷信，牢固树立马克思主义科学信仰，要结合少数民族的宗教问题制定完善宗教政策，要正确区分和处理宗教界两类不同性质的矛盾，要加强对宗教的系统研究，坚持宗教的中国化方向。③《毛泽东："佛教还真有些辩证法"》认为毛泽东的一生，与佛教有着不解之缘。小时候受到母亲影响虔诚信仰佛教，转变成马克思主义者后善于汲取佛教思想的有益成分，新中国成立后对佛教界合法权益和佛教徒信仰自由予以尊重和保护，同时关注佛学和宗教问题的研究。④

---

① 李丽雯：《谭嗣同〈仁学〉哲学思想研究》，硕士学位论文，黑龙江大学，2018。
② 齐婷婷：《毛泽东宗教观研究》，硕士学位论文，聊城大学，2018。
③ 王祥：《毛泽东宗教思想及其当代启示》，《科学与无神论》2018年第5期。
④ 毛胜：《毛泽东："佛教还真有些辩证法"》，《湘潮（上半月）》2018年第2期。

（三）当代佛教发展及其研究走向

党的十八大以来，湖南省佛教界持宗教中国化方向，以"去商业化"为重点，认真贯彻落实党中央关于宗教工作的重大决策部署。南岳佛教协会和佛教界在各级统战和民宗工作部门的领导和指导下，充分发挥宗教活动场所的主体作用，狠抓"四个强化"：一是强化宗教教职人员管理，夯实促教风转变的基础；二是强化宗教活动场所建设，敞亮促教风转变的窗口；三是强化教务管理制度建设，完善促教风转变的机制；四是强化各类活动平台搭建，提升促教风转变的形象。南岳佛教协会和佛教界的这些举措，凝聚了人心力量，在树立风清气正的教务新风上取得了明显成效，全面提升了南岳佛教界的形象，展示了南岳佛教的崭新风貌。[①]

三　在道教思想研究中见证玄与道

道教是中华传统文化的重要组成部分，湖南区域的道教文化是湘学的重要内容。玄道及其影响长期以来颇受有关学者关注。2018 年，关于湖南区域道教文化的研究主要集中在以下几个方面。

（一）先秦楚人信仰对道教的影响研究

周代尤其是东周以来，在不同族群间的相互碰撞与交流中，楚地宗教信仰既受到周边族群的濡染，同时又对周边族群的信仰产生了深刻的影响。刘玉堂、贾海燕认为，生活在楚国中部和南部腹心地带的江汉平原和洞庭湖平原的楚人视风为至上灵物，分明是楚公族信仰与当地楚人信仰相互浸淫的结果。湖南长沙子弹库战国楚帛书《四时》载："炎帝乃命祝融，以四神降，降（隆）奠三天。"《国语·郑语》亦云："祝融亦能昭显天地之光明，以生柔嘉材者也。"可知楚人将对日神炎帝的崇拜与对祖先祝融的崇拜融为一体，形成拜日文化。而日与凤密不可分，《白虎通·五行篇》记："祝融者，其精为鸟，离为鸾。"至汉代，人们对风的认知仍以火鸟居多。

[①]　南岳佛教协会：《南岳佛教"四个强化"促教风转变》，《中国宗教》2018 年第 8 期。

楚人崇凤，是拜日尚火习俗的延伸。楚人拜日尚火时，日中之金乌亦即火鸟，最早的凤为红色，正是日中火鸟形象。在楚地西部山区（今湖北的恩施、宜昌、襄阳、十堰，湖南的湘西，重庆的黔江等地），与巴人杂居的楚人有崇虎的习俗，延及后世，在楚地一些道教中也出现了尊黑虎、白虎为虎神等带有道教色彩的宗教信仰及其武术文化。①

（二）道教与理学、佛教的关系研究

宋明理学是中国哲学史和思想史上的集大成思想体系，与之前的儒学、佛学、道学有千丝万缕的联系。以周敦颐的《太极图说》为例，可知理学的创建者自觉吸纳佛老理论，使儒学在一个新的平台上得到了质的飞跃，从而使理学具有一种佛学和道学的渊源脉络。依据研究，《太极图说》的作者周敦颐与传《太极图》的道教人士陈抟有显然的师承谱系；周敦颐明知《太极图》为道教事物而吸纳之并不是为道教张目，而是为了从本体论层面论证儒学的观点，反过来达到排击佛老的目的。②

（三）道教科仪研究

湘西地区道教解冤释结科仪及其功能强大。湘西道教解冤释结科仪继承了中国道教度亡斋醮科仪的基本程序，随着社会历史变迁和道教与湘西民间信仰文化的融合，湘西道教科仪进行了适应社会需要的转变。湘西地区道教解冤释结科仪继承了以地域划分的龙虎山天师道正一派科仪程式，同时根据湘西地区社会需要，呈现地域特色，其仪程包括设坛、请师、唱赞、燃灯、焚香、五供养、上表、解结、施食、宣皈依、往生仙界。湘西道教科仪是道教与湘西民间本土信仰、巫傩信仰融合后形成的人们对超自然认识的一种表达方式，在某些程度上反映了道教大德对生命与生活的热爱和眷念。③

---

① 刘玉堂、贾海燕：《楚人的宗教信仰与四象空间观念——兼及对道教的影响》，《宗教学研究》2018 年第 4 期。
② 赵全：《理学与佛老渊源管窥——以〈太极图说〉为例》，《淮北职业技术学院学报》2018 年第 2 期。
③ 余志超：《湘西道教解冤释结科仪及其功能研究》，硕士学位论文，吉首大学，2018。

（四）地方道教研究

梅山教起源于古梅山地区（包括今天的安化县、新化县、冷水江市、涟源市和新邵的部分地区）。梅山教的形成时间为唐代后期，形成后开始向外地传播，向南传入江西、广西、广东等地，向西传入四川、云南。在传播过程中，受到了多种民族信仰的影响。各地梅山教的神谱中都有老君、雷王、婆王、盘古、土地、社王、土主、城隍、灶君、家先、山神、野鬼等，但各地各民族的民族神、地方神不同。各地梅山教的书籍、面具、传度仪式等大同小异，信仰性活动也主要是驱鬼、还傩愿等。就梅山教与道教关系的历史演变而言，唐代晚期之前，在古梅山地区流行的主要是略受道教、佛教和儒家影响的巫术。从唐代晚期开始，梅山地区巫术信仰受道教的影响加大，逐渐转变为民间宗教，作为法教的梅山教于是形成。北宋章惇"开梅山"之后，梅山文化与汉文化的接触和交流，规模扩大，程度加深，梅山教开始偏离自己的本来面目，逐渐变得道教化。在道教越来越深、越来越重的影响下，梅山教逐渐丧失了自己的独立性。在湖南、广东多地的地方志中，清初称瑶族梅山教为"猺巫"，道光年间则多有"猺道""猺道自为教"之说。也就是说，最晚在清代道光年间，梅山教已成为道教正一派的一个地方支派。①

位于湖南省岳阳市的岳阳楼，以它悠久的历史、丰富的文化积淀和独特的文化内涵，与黄鹤楼、滕王阁并称江南三大名楼。岳阳楼之所以能成为天下名楼，有多重因素，其中与植根于道教的吕仙传说、道教的推动存在密切关系。宋代岳州是祭祀吕洞宾的两个中心之一，也是吕洞宾仙传最早的产生地之一，在吕洞宾信仰史上有着重要地位。吕洞宾在岳阳楼上的题诗广为人知，后来演化为宋代流传极广的松树精故事。庆历年间岳阳楼开始刻其诗作、挂其画像，之后相继有塑像、木刻像、石刻像出现于楼内，明清时代又在岳阳楼修建了一系列与之相关的附属建筑，供奉其香火，岳阳楼俨然成为"孚佑帝君祠"。岳阳楼上之吕洞宾奉祀，得益于庆历、元丰年间两位岳州郡守滕子京、李观的推动，相信在此背后也有道教的努力。

① 孔令宏：《梅山教与道教的关系——兼论道教的扩展研究》，《广州大学学报》（社会科学版）2018年第6期。

道士因此进入岳阳楼，常住楼阁之中，负责楼阁日常管理，主要包括招佃收租，供奉吕仙香火，洒扫庭院，收取香火钱，兼接待游客，并在重修岳阳楼时筹措资金，有时主持或参与具体修复工程等。道家、道教与高楼从来都有不解之缘。吕祖的神仙文化是岳阳楼文化中的一朵奇葩，也是岳阳楼文化中不可或缺的重要组成部分。①

（五）瑶族道教研究

瑶传道教经籍《赦书本》是湘粤桂南岭走廊瑶族民间手抄文献的重要组成部分，在南岭走廊地区瑶族人民的日常生产生活、精神信仰中起着重要作用。作为盘瑶道教经籍之一，《赦书本》主要叙述赦官携佛祖赦书送抵法坛，法师检验赦官真伪的场景，主要以法师与赦官之间的问答展开，具有部分语言方言化、念诵场景拟构化、内容来源典故化、浓重的佛道色彩以及汉字借音等瑶传道教经籍文本特征。对具有浓郁民族特色的道教经籍《赦书本》做英译传播，文本的阐释与英译首先要在原本原则与当代原则中做抉择；其次要根据文本特征，在道教术语、戏剧文本风格、方言借音、典故及对句等方面做调适以体现原文本的风采。②

四 在民间地方信仰研究中守望遗风

民间宗教和地方信仰往往呈现弥散性特征，既是一代代传递的结果，是遗风，是守望；又呈现时代特征，世俗化、生活化特征也异常鲜明，可谓兼具神圣与世俗。2018年关于地方宗教与信仰的研究，主要集中在各族的宗教信仰、地方神祇信仰等方面。

（一）民族地方信仰研究

苗族民间信仰历史悠久，自然崇拜和祖先崇拜特征明显。湘西苗族留存至今的民间信仰中祖先崇拜大致可分为民族始祖、英雄祖先、家先三种

---

① 梅莉：《岳阳楼与道教之关系探研》，《道教学刊》第1辑，社会科学文献出版社，2018。
② 麦新转、范振辉：《论南岭走廊瑶传道教经籍英译——以〈赦书本〉为例》，《贺州学院学报》2018年第1期。

类型，分别在较为盛大的还傩愿、祭炯（祭祀蚩尤）、杀猪还愿等仪式中祭祀。霍晓丽的《传承与发展：湘西苗族祖先崇拜研究》认为：根据商代较为完备的祭祖仪式可推测出，祖先崇拜在夏代就已形成；到周代，祭祖礼制更为程式化，呈现世俗化的趋势。湘西苗族祖先崇拜承袭了先秦祭祖礼仪，各种仪式尚鬼巫、尊宗亲，并定期重复展演。湘西苗族地方小传统与国家主流意识形态结合，民间信仰承载的长幼有序、尊卑之别等儒家传统道德观念内在地规范着民众的日常言行。湘西苗族祭祖仪式通过融摄道教的科仪程式，规范着地方社会的运行秩序。由此可以看出，湘西苗族祖先崇拜是民间信仰的核心之一，既蕴含着远古的巫文化，也承袭了先秦的宗法制度，更与儒、道本土宗教相融合，具有巫、儒、道本土互补的特点。湘西苗族的祭祖仪式蕴含了民众关于人与自然、人与人、人与社会之间关系的原始认知方式，践行着因血缘、地缘关系而形成的区域运行规则，展演过程中实现了湘西苗族的国家认同。①

以酬神还愿为目的的杀猪相关法事是东部方言区苗族举办的最普遍的家庭祭祖仪式。谭志满、谭晓宇在对凤凰县山江镇毛都塘村田野调查基础上，研究了湘西苗族杀猪还愿仪式的宗教内涵与文化意义。杀猪仪式分为请神、酬神、送神三个阶段；整个仪式过程体现出苗族祭司巴岱雄的"中心"地位以及东部方言区苗族民间信仰的包容性，同时也反映了苗族成员追求社区和谐的愿景。对东部方言区苗族杀猪还愿仪式的研究有助于深入了解苗族传统社会及其生活方式，同时对于通过民俗促进民族地区社会和谐稳定有一定的作用。②

湘西北一直是土家族聚居地，土家族民间信仰在原始社会就已萌芽出现，主要表现为自然崇拜和巫鬼信仰。随着历史的发展，儒释道家文化传入湘西，形成了多种信仰并存的局面。中国已发现的古代土司遗址中，永顺老司城历史年代最久远、规模面积最大、保存完整度最高。永顺老司城区域流传至今的民间信仰是一种具有显著地域性特征的客观人文现象，蕴含着土家族丰富的精神崇拜和内心追求，也是研究土司统治时期社会风貌

---

① 霍晓丽：《传承与发展：湘西苗族祖先崇拜研究》，《宗教学研究》2018 年第 3 期。

② 谭志满、谭晓宇：《苗族杀猪还愿仪式的宗教内涵与文化意义——以湘西山江毛都塘村田野调查为例》，《宗教学研究》2018 年第 3 期。

和土家族文化的重要载体。调查发现，老司城民间信仰种类丰富，实行土司制度前的本土民间信仰主要有图腾崇拜、自然崇拜、祖先崇拜和生殖崇拜，实行土司制度后的外来民间信仰则融合了儒家文化和道教、释教神灵崇拜等因素。老司城民间信仰日常祭祀活动则包括祭祀八部大王、先祖、土王、玉皇大帝、土地菩萨、向王天子、五谷神、灶王等神祇的活动。老司城民间信仰法物有专属的服饰、经书、神图和法器，而且每一件法物都有专门的功能和作用。老司城的民间信仰传播广泛、生命力强，在当今依然真切地影响着群众生活。[①]

　　湘西梯玛文化作为土家族民间信仰的重要组成部分，是土家族历史、宗教、文学、音乐、舞蹈、医药等文化因子的集合体。在历史发展的过程中，梯玛文化成为土家族精神信仰、社会思想和生产生活方式等的积淀。向怀安以湘西西水流域土家族梯玛文化为研究对象，以土家族梯玛文化保存较为完好的双坪村为调查地点，运用文化空间理论对梯玛文化的保护和传承进行研究。梯玛是人神的中介；梯玛是大型仪式活动的主持者，主持大型的摆手舞活动、"玩菩萨"仪式以及近几年兴起的"舍巴节"民俗表演活动；梯玛是很有名的民间医师，一般农村中常见的跌打损伤、蛇虫伤毒、感冒发烧等梯玛都能处理，梯玛以植物的根、叶、花、果等做药，进行治疗，在治疗疾病时，先弄清病情，注重诊治，然后通过"神灵"之手，消除精神上的顾忌，最后辅以药物加以治疗；梯玛是土家族文化的传承者，他对土家族的历史传说和历史故事了解较多，在很多梯玛歌的唱词和记述中，存有当地的地名和历史片段；梯玛也是调解员，在传统社会中，梯玛是社会的平衡器，很多纠纷可通过声望较高的梯玛居中调解，因此梯玛深得土家族村寨成员的信任和拥护。因梯玛的复杂身份和活动形成了独具特色的梯玛文化。梯玛文化是一种原始宗教性质的巫术文化，是集土家族历史、宗教、文学、音乐、舞蹈、医药等文化因子于一体的集合体。湘西梯玛文化按地域分，分为龙山派、保靖派、永顺古丈派、秀山派。传统上，梯玛的法事活动主要分为"服司妥""杰洛方""宋姆妥"三大部分："服司妥"，土家语称"毕孽妥"（"玩菩萨"），是土家族聚居的村寨中以户为单位举办的较大规模活动；"杰洛方"，土家语称"翻手板"，是土家族地区

---

① 张琳：《老司城民间信仰表现形态及价值研究》，硕士学位论文，吉首大学，2018。

以户为单位的"解邪"法事活动，仪式一般比较简单，只需一位梯玛法师即可主持，法事不似"玩菩萨"般烦琐，所请之神也没有那么繁多，一般只要两个助手（陪神、香倌共两人）即可；"宋姆妥"是用于治丧吊唁的一种法事活动。在当下旅游产业发展的大背景下，梯玛文化开始进入民俗文化展演中，由此梯玛文化诞生了新的活动形式，除了传统意义上的"玩菩萨""做解""葬礼活动"等活动，还出现了一个周期性的活动——土家族的"舍巴节"祭祀表演，且已然成为一种民俗活动。梯玛文化目前的生存环境不容乐观，应用文化空间的整体性保护理念、运用新的技术手段对其进行保护势在必行。①

　　侗族民间信仰内容繁多，各有特色。怀化会同高椅村的侗族民间信仰极具典型性，主要有祖先神信仰、土地神信仰、五通神信仰、净行神信仰等。这些信仰大多数是在万物有灵观念的基础上产生的。其中，五通神信仰曾经长期作为高椅村居民的主要信仰之一。五通庙供奉的神灵是五通神。五通神又称"五圣""五郎神""五显大帝""五显灵官"，是我国南方各地普遍信仰的神灵。另外，净行神信仰曾经在高椅村也盛行。祭祀净行神的"净行庙"，也称为"猴王庙"，里面供奉三位猴王，负责维护社会秩序，保障地方安宁。可见，净行神信仰也是万物有灵观念的一种表现。高椅村的巫术活动也比较多，有小巫事、一般巫事、大巫事和傩戏四种形式。高椅村居民对信仰非常重视，信仰是他们精神生活的重要内容。高椅村是湘西地区一个普通的以侗族人口为主的多民族杂居村落，其村落信仰具有一定的代表性，我们从中可以看出湘西地区民间信仰的一般情况。②

　　江华瑶族十王信仰是瑶族重要的信仰。十殿图是瑶族神像画中的主神像画之一，通常每个江华过山瑶香火收藏的神像画中都会有一张十殿图，与瑶人供奉的其他神祇一起出现在度戒、还盘王愿等重要的宗教仪式中，以及度过戒的瑶人的丧葬仪式中。江华瑶族十殿图上描绘的内容与汉族十王图很相似，均呈现了冥府十王及他们所管辖的地狱空间与刑罚场景，并清晰地展示出人死后灵魂进入地狱—接受审判—进入轮回的整个过程。但

①　向怀安：《文化空间视阈下土家族梯玛文化传承研究——以湘西龙山县双坪村为个案》，硕士学位论文，湖北民族学院，2018。
②　吉成名：《论高椅村民间信仰》，《民族论坛》2018 年第 1 期。

在吸纳过程中因地制宜地做出了改变，呈现趋而不同的图像形式，形成独特的范式。从十殿图式的历史渊源看，十殿图的产生与道教和十王体系传入瑶族地区密切相关，是瑶人面对一个更完整而高级的丧葬礼仪体系时的现实选择。历史上，道教在隋唐和南宋时期出现过两次传入瑶族地区的高峰，至元明，当瑶族南迁已分布及两广时，道教正一派又传入瑶族地区。在这一过程中，正一派道士带着以十王为中心的民间丧葬仪式在瑶族聚集地带频繁活动，并将十王信仰通过神祇图像、仪轨和经典向瑶族传播。从瑶族对十王图的改造和传播来看，瑶族画师借鉴十王图的内容和画面，将瑶族的艺术特色融入其中，即将色彩大面积施以红色，辅以黑、白、蓝、绿四色，以符合瑶人"尚五色服"的传统审美特征，人物造型朴拙简练，构图巧妙，装饰感极强；在图像内容上则多大同小异，继承的核心则是灵魂不灭的思想。在教化民众上，功能亦很相似，都非常注重在画面上表现善与恶的对比。对十殿图范式产生影响的还有瑶人的梅山冥界信仰。事实上，江华瑶人的冥界不仅有十殿，还有其祖地梅山，最终形成了独特的梅山冥府信仰和十殿图绘制范式。因此清代江华瑶族十殿图蕴含着深厚的民族文化，足以展现瑶族先民在族群迁徙、鬼魂崇拜、祖先崇拜、圣地崇拜等方面的多重内涵和价值，是瑶人精神世界的真实反映。①

瑶族宗教信仰与仪式中的星斗崇拜，具有浓郁的道教星神信仰的色彩。从供奉星神看，湖南江华过山瑶经书《请星君词》所请星神共有 100 位左右，其中来自道教的星神足占所请星神的一半以上，且在请圣次序中多位于前列，足见道教影响之深。而非道教之星神者亦多用道教术语，似为瑶族受道教神名影响后自造之星神。从内容看，湖南江华瑶族抄本《科书》所载"皈依天（心）正法敬神通……天心正法得威容"的"天心正法"极具威力神通，有管理人民、消灭邪精的作用；与宋元妙宗《太上助国救民总真秘要》卷一记载天心正法祈求禳请、安定国家、除邪驱怪、遣治瘟疫、祈请嗣息、禳谢灾病、破除邪气的功能基本相似，可知瑶族经书中的天心正法与道教有密切关系。从仪式上看，湖南大瑶山坳瑶丧礼上，老人入棺前，要先放灶灰，再铺红纸，上以竹片七条曲折地架成"七星桥"，然后再放尸体，盖上红布。湖南蓝靛瑶老人去世时，要请道公举行送亡仪式，其

---

① 陈杉、伍妍、师宏艳：《清代江华瑶族神像画中十殿图图像研究》，《装饰》2018 年第 2 期。

中也有"架七星桥"仪式。这些仪式表明瑶族宗教仪式中，瑶人将星斗视为生命的象征，七星桥是过渡之桥，也是沟通世俗与神圣的桥梁，这是星神观念的表现形式之一。瑶族的星斗崇拜有着深厚的道教文化内涵，从侧面反映出道教对瑶族社会的影响。[①]

瑶族自古以来就有雷神崇拜的传统，随着历史的发展，在瑶族独特的居住环境和文化背景影响下，瑶族的雷神形象产生了很大变化。大体可以归纳为：第一，由抽象演变到具象；第二，由动物形态过渡到道教雷部诸神中的邓元帅形象。通过对瑶族雷神形象演变过程的梳理，可以进一步探寻瑶族独特的雷神信仰观念和文化内涵。[②]

（二）地方神祇和名人信仰研究

关于土地神信仰。生活在怀化靖州的三锹人，其土地神信仰的特点表现为土地庙的丰富性、信仰的杂糅性、神与物的伴生性以及神职范围的专一性。随着社会的变迁，三锹地区的土地神信仰形式也在不断变化，并呈现一种小规模、非专业性、自主性以及虔诚度下降的趋势。土地神信仰是保存和延续三锹人族群记忆的重要手段，是唤醒和凝聚族群认同的重要力量，是其社会结构与社会秩序的具体表征。[③]

城镇化背景下，民间对于名人的信仰如何传递？刘友富以湖南东镇和广东溪村为例进行了深入研究。关于环洞庭湖流域和长江流域的杨泗信仰，他以湘北东镇为例说明，杨泗信仰起源于杨幺崇拜，相传杨幺在兄弟中排行第四，亦称杨四。杨幺起义失败后，百姓感恩其生前护佑之功，为逃避官方对民间淫祀的打击，将"四"添加"氵"变成了"泗"。"氵"的添加，使杨幺具有了与洞庭龙王一样的施雨功能；与此同时，杨幺塑像由手持利斧、身披铠甲的将军形象变成了身穿龙王服饰的形象。从杨四到杨泗的变迁反映出民间信仰的生存性智慧。以前东镇各大杨泗庙均由民房改造而成，庙宇管理者为家庭户主，平时为信众提供私人信仰服务，如收惊、驱邪、画符、赐茶、瞧香等，具有典型的"家户服务型"民间信仰的特征；

① 张继驰：《瑶族星斗崇拜及其文化特质探析》，《世界宗教文化》2018 年第 3 期。
② 伍妍、陈杉：《瑶族雷神形象的演变及其文化意蕴》，《中华文化论坛》2018 年第 1 期。
③ 李纯、谭卫华：《民间土地神信仰的特点与意义表征——以靖州三锹地区为中心的考察》，《广西科技师范学院学报》2018 年第 6 期。

农业时代，中国民间信仰受血缘、地域关系影响显著，呈现明显的地域性特征，民间信仰多采用"世袭的方式传递"。随着城镇化进程加快，能否满足村民的生计和发展需求，则左右着民间信仰的代际传递。①

（三）祭祀、游乐及其他方面的研究

武陵山片区是我国成立的第十个文化生态保护实验区，在丰润的区域文化润染下，形成了特色鲜明的少数民族文化生态体系。在历史发展前行的长河中，武陵山片区的民族传统体育文化与民间信仰文化在丰沃的文化土壤中相辅相成、和谐共生。但勇研究了武陵山片区民族体育与民间信仰的关系后认为，武陵山片区民间信仰文化是民族传统体育文化形成和发展的基础文化，部分民间信仰祭祀仪式逐渐演变为具有体育特色的民族传统体育，在现代社会中民族传统体育活动伴随着民间信仰活动开展，并不断得到传承和发展。武陵山片区民族传统体育文化的兴盛发展推动着民间信仰文化的发展，民族民间习俗活动、民俗节日庆典如以"民间祭祀""游乐"等主题形式开展的民族传统体育活动和民间游乐活动，再如赶秋节活动的武术、龙狮、接龙舞、司刀绺巾舞、鼓舞、打八人秋、耍龙舞狮、苗族绝技、上刀梯、椎牛等苗族传统体育活动表达出对祖先神灵的酬谢和对现实生活的满足，也丰富了民间信仰形式。武陵山片区民间信仰文化润染着民族传统体育文化，民族传统体育文化营造了民间信仰文化发展的契机，二者以相辅相成之势，在新时代背景下，依托于非物质文化遗产政策，互相弥补、吸收外来文化精髓，拓展新生路径，实现文化共生。②

明清时期，随着"江西填湖广"和"改土归流"之后的大移民，江西移民大规模进入湖南沅水流域，将江西的许真君信仰传播到沅水流域。廖开顺研究了沅水流域的许真君民间信仰与商道文化。由祖籍河南的许逊而形成的许真君信仰，既是宗教性质的净明道教信仰，又是广泛性的民间信仰。江西是唐末五代两宋时期由中原汉人移民形成的人口大省，他们将这一民间信仰从祭祀水神许逊等开始，发展为对"江西福主"许真君的民间

① 刘友富：《城镇化背景中的民间信仰代际传递机制研究——基于溪村和东镇的个案比较》，《世界宗教文化》2018年第1期。
② 但勇：《武陵山片区民族传统体育与民间信仰研究》，硕士学位论文，湖南大学，2018。

信仰。随着商品经济的发展，沅水流域兴起一大批商镇。沅水商镇的会馆以江西会馆万寿宫规模最大，祭祀"江西福主"许真君，并且发展为以"净明道"精神为内容的沅水流域商道文化。其商道文化包括忠孝、修身、励志、诚信、品牌、实干、团结、济民、重教兴学等内容。[1]

《边城民族志——一个湘渝黔边界的集镇调查》一书是关于湘西茶峒镇和重庆洪安镇的调查与研究。两镇地处湖南、贵州、重庆三省（市）交界地带，主要生活着苗族、土家族和汉族三个民族。其中涉及婚姻家庭、宗教民俗等方面的调查研究。这种人类学田野调查民俗民风的方法，有着重要的理论和现实意义。[2]

孙振涛在《巫文化视角下的唐诗"竹"意象考》中认为，舜之二妃哭死湘江、泪洒竹成"斑"的凄恻传说除谱写了一曲荡气回肠的爱情悲歌外，湘江水滨的"斑竹"丛林寄托了当地人对湘妃怨女泣血沉江典故传说的无尽感伤，因而"斑竹"也是神话传说中的仙草圣物。[3]

五　在民俗文化研究中探究娱神娱人之道

民俗文化包括语言文学、民间艺术、吃穿住行、节庆喜丧、祭祀信仰等方面所特有的风尚、传统或禁忌，是人类宝贵的精神文化遗产。2018 年民俗文化的研究成果不少，概述如下。

（一）民族民俗研究

侗族是具有独特民族文化的中国少数民族，拥有久远而独特的非物质文化遗产。湖南省新晃县是全国五大侗族自治县之一，侗语、侗歌、傩戏、民俗节日和传统手工艺技能等侗族非物质文化遗产非常丰富。新晃侗语属侗语北部方言，由于新晃地处山区相对闭塞，受外界影响较小，新晃侗语保存相对完整，但因没有独立的文字系统，传承依靠口口相传，调查发现，到目前只剩部分中老年人能够熟练掌握，侗语在青年中的使用人数骤减。

---

① 廖开顺：《沅水流域许真君民间信仰与商道文化》，《黄河科技大学学报》2018 年第 6 期。

② 周大鸣、程瑜主编《边城民族志——一个湘渝黔边界的集镇调查》，中山大学出版社，2018。

③ 孙振涛：《巫文化视角下的唐诗"竹"意象考》，《世界竹藤通讯》2018 年第 2 期。

侗歌是侗族人民记录生活劳作的一种艺术形式，依据内容分为情歌、酒歌、嫁歌、盘歌、苦情歌、历史传说叙事歌、习俗歌、儿歌、祀典歌、劝世歌、丧堂歌等 11 个类别。其中又以酒歌最具代表性，新晃侗族喜好饮酒，在接人待客、婚庆嫁娶时常以酒歌助兴，侗族酒歌又可分为婚礼酒歌、三朝酒歌、祝寿酒歌等。近年来，在民族文化交流的影响下，新晃侗歌逐渐出现夹杂汉语的侗歌和纯汉语侗歌，表演环境和形式也出现不同变化。傩戏是一种从原始傩祭活动中衍生出来的戏剧形式，新晃傩戏以"咚咚推"最具代表性。新晃"咚咚推"与湘黔边境其他地区的傩戏有着显著区别：在表演语言上，不同于苗族、土家族等用汉语表演傩戏，新晃侗族完全使用侗语；在表演形式上，不同于其他民族的巫师表演，新晃侗族以全民参与为特征；在表演主题上，不同于其他地区以东山圣公和东山圣母为傩神，新晃侗族以盘古大王和飞山大王为傩神。由于极富地方特色，新晃侗族"咚咚推"于 2006 年入选国家首批非物质文化遗产。侗族的节日很多，其中又以"春社节"和"六月六"最具代表性。目前，新晃赶坳规模逐年缩小。侗族手工艺技能包括拼布、印染、雕刻、织锦和家机布制作等，新晃侗族最具代表性的手工艺技能是家机布制作。受现代工业冲击，曾经每个侗族女子必备的织布技艺正面临失传。面对这些问题，应该从构建认同、拓展宣传、加强教育等方面做好新晃非物质文化遗产的传承和保护工作。①

花瑶地处湖南雪峰山东北麓的隆回县与溆浦县交界处，海拔极高，地势险峻，人数不足两万人。花瑶作为瑶族的分支，虽然并不张灯结彩庆祝瑶族的重大节日——盘王节，但花瑶有自己独立的节日体系，如农历五月十五至十七的"讨念拜"，七月初二至初四、初八至初十举行的"讨僚皈"，是花瑶人最具纪念性的节日。在日常生活尤其是这些节日中，花瑶都会载歌载舞，显示出独特的民族魅力。通过花瑶的舞蹈艺术，如舞蹈服饰——挑花服饰，可以领略花瑶舞蹈民俗生态文化的真谛，可以领略民俗生态文化的风土人情。虽然花瑶舞蹈服饰——挑花服饰在 2006 年被确定为国家级非物质文化遗产，但是花瑶舞蹈艺术却呈现衰落状况，整个花瑶舞蹈民俗生态文化的发展空间也越来越狭窄。因此，必须花大力气传承和发展花瑶

---

① 陈晓红、于文龙：《湖南侗族非物质文化遗产的传承与保护——以湖南省新晃侗族自治县为例》，《湖南人文科技学院学报》2018 年第 2 期。

舞蹈艺术，也使保护花瑶民俗生态文化成为一种可能。[①]

湘西非物质文化遗产土家族摆手舞民俗在旅游产业中发生了异变。摆手舞作为演艺产品参与旅游发展后，实现了非物质文化遗产的旅游生产性传承，出现了原有民间信仰制度性功能淡出、经济功能凸显、艺术制度功能创新突出、文化整合功能强化等特征。同时，舞蹈本身有简化、艺术化倾向。在传承方面，传承对象范围扩大，摆手舞传承中的代表性传承人成为旅游演艺产品的创作者或主要表演者；传承时间以旅游节庆为主，传承地点多在旅游景区，传承的目的包括吸引游客；传承的过程就是旅游商品的生产和消费过程；传承对象也不局限于本村居民，扩展为本地区民众，甚至包括游客。摆手舞传承的主要要素与旅游要素相重合，充分体现了旅游生产性传承的特点。[②]

湘西地区集革命老区、民族地区和贫困地区于一体，是少数民族聚集多、贫困人口分布广的连片特困地区，也是重要的跨省经济协作区。在长期的社会发展和演进过程中，湘西地区各少数民族创造了具有丰富地域特征的民俗体育节事文化，为旅游业提供了多样的节事旅游环境和体育节事旅游活动内容。例如，张家界阳戏、土家族打镏子、土家族咚咚推、土家族"赶年"、龙山县三棒鼓、酉水船工号子、傩戏、苗族古歌、湘西苗族鼓舞、侗族芦笙节、辰溪县茶山号子和赛龙舟、湘西正月十五钢火烧龙、苗族"四月八"跳花节、"六月六"苗歌节、德夯的中国鼓文化节等。另外，湘西民俗体育节事活动的开展依托民族特色旅游村寨，如凤凰县山江镇冬就村、张家界市王家坪镇石堰坪村、桑植县利福塔乡苦竹寨村、花垣县边城镇隘门村、靖州苗族侗族自治县三锹乡地笋村和龙山县苗儿滩镇捞车河村等，这些特色村寨为民俗体育节事的发展提供了展示的舞台。[③]

（二）区域民俗研究

汨罗江流域存在打倡巫舞民俗。打倡巫舞产生于远古时期，集巫术、民俗、宗教、艺术于一体，以肢体动作、唱腔、音乐、表演服饰与道具等

① 周妙：《湖南花瑶舞蹈特征及其民俗生态文化研究》，《当代音乐》2018 年第 5 期。
② 马振：《旅游对舞蹈类非物质文化遗产传承的影响——以土家摆手舞为例》，《中南民族大学学报》（人文社会科学版）2018 年第 5 期。
③ 李政洪：《湘西地区民俗体育节事旅游研究》，《体育世界》（学术）2018 年第 10 期。

象征的手法在人们的生活与信仰之间搭建起一座沟通的桥梁，是地域民俗信仰文化的活化石，承载着深厚的文化与艺术价值。刘雅以田野调查、文献研究的方法，探寻汨罗江流域打倡巫舞的分布地域以及现阶段关于打倡的保护手段与措施。通过调查认为，活态打倡巫舞仅在汨罗市与平江县民间存在，尤其在汨罗红花乡、楚塘乡、范家园镇、古培镇、屈子镇等地保存较为完整，其他地域则由于打倡在历史演变过程中融入其他的祭祀仪式中而逐渐消亡。打倡巫舞的表演一般会在下午或晚间进行，其仪式形式分为"集体祭祀活动"与"家庭请愿"两类。集体祭祀活动一般由多位"坛师"或多名徒弟组成，场面较为壮观，而家庭请愿则由一位坛师和一名徒弟进行表演，也有多名坛师主持的情况，这取决于家庭的经济实力。家庭请愿的打倡祭祀表演时间主要依据祭祀的需求而定，其主要目的是祈求神灵驱邪除灾，保家庭平安、六畜兴旺等。集体祭祀活动的打倡表演则在地点与时间上有着明确的要求，地点主要集中在乡镇的寺庙，并以农作节令、神灵祭祀或人物与历史事件纪念，甚至包括寺庙竣工的庆典等为起因。打倡巫舞作为汨罗江流域民间信仰实践中所生发的请神、祈福、消灾的舞蹈，与人们的生活息息相关。随着非遗保护工作的推动，打倡巫舞的民俗价值与艺术价值逐渐引起政府与学者重视，相应的抢救与保护工作得以开展。①

湖南安仁"元宵米塑"的民俗文化极具特色。安仁"元宵米塑"是一种民俗手工艺品，每年仅在元宵节前后出现在民众的日常生活中，经过千百年的发展，仍然保持着较强的生命力。实地调研发现，"元宵米塑"制作工具和材料简单，具有独特的工艺特点，是稻作文明、民俗心理、女性智慧与动物崇拜的形象载体，其出现、演变、发展均具有深厚的历史与文化根源。"元宵米塑"表征着安仁民众的民俗信仰、审美意识和价值取向，从价值伦理来看，"元宵米塑"蕴含着绮丽多彩、内涵丰富的艺术价值，隐含着人类真、善、美情愫关怀的人文价值，凝聚着激励民众健康向上的教育价值。②

新媒体时代，民俗如何传播？对于这个问题，田瑶、曾满林以衡阳民

---

① 刘雅：《民俗·遗风——汨罗江流域打倡巫舞现状综述》，《艺术教育》2018 年第 4 期。
② 张红颖、张宗登：《年味中的女红艺术——湖南安仁"元宵米塑"的文化表征与价值诠释》，《南京艺术学院学报（美术与设计）》2018 年第 5 期。

俗文化为例进行了探讨。衡阳有着丰富的民俗文化，目前建档的非遗项目共有 2000 多项，要将这些民俗文化传承和传播下去，新媒体可以发挥非常重要的作用。利用数字新媒体，保存民俗文化；以数字新媒体等载体记录民俗文化，将文字、图片、声音、视频、动图融合在民俗数据库中，传播主体根据需求对数据库内容进行二次加工，制作出符合受众喜好的产品，打造民俗文化品牌，使民俗文化价值最大化；通过"人工智能 + 民俗"的方式，改变单向、强势传播模式，由人工智能机器人根据受众需求提供高效率信息，丰富民俗文化内容的表现形式，优化文化消费体验。[①]

益阳"虾子起拱"是一种在祈福祭祀时模仿虾之形态举而舞之的民俗体育活动，源于资水流域、南洞庭之滨的益阳市赫山区及资阳区。此一民俗活动最早可追溯至汉代，在清代中晚期已在益阳所辖资江两岸地域广为盛行。一般在重大传统节日以及大型活动庆典中表演，它不仅是一种独具洞庭湖水乡特色和益阳竹乡特色的民间杂耍形式，还是一种融健身、娱乐、祈福、观赏等功能为一体的民俗体育项目。现在"虾子起拱"表演中的虾子体型一般是长达几十米的大虾子。具备祭祀性、地域性、群体性、亲和性、传承性、娱乐性等文化特性；具有强身健体、休闲娱乐、旅游表演、教育教化、文化传承等方面的价值。[②]

（三）民俗文化与音乐、舞蹈、戏曲、美术和工艺的关系研究

生产劳动民俗、民俗巫术、节日风俗等湖湘民俗文化因素对花鼓戏演奏中的大筒艺术的发展大有影响。如众人插秧一人领唱打鼓伴奏插秧歌类花鼓戏、唱田歌中大筒乐器的使用、薅草锣鼓、采茶歌的锣鼓伴奏盛行等都是劳动民俗对大筒艺术的影响。民俗巫术如傩戏对大筒艺术影响较深，如大筒作品《斩三妖》《祭塔》《桃源洞神》中的腔调就来源于傩腔，而傩戏曲调抒情、刚柔并济，对大筒音调的发展产生一定影响，进而改变大筒原来那种混的音色，使音色变得更加润而富有情绪。民俗节日也影响着大筒艺术，如《扯笋》《卖杂货》《卖纱》《观花》《盘花》《蔡鸣凤辞店》

①　田瑶、曾满林：《新媒体时代衡阳民俗文化的传播策略》，《新闻研究导刊》2018 年第 18 期。

②　唐海欧、周争蔚、廖玉美：《益阳民俗体育"虾子起拱"的历史嬗变与价值》，《城市学刊》2018 年第 4 期。

《卖纱吊喉》《林英观花》《看牛对花》等大筒作品的出现就是受到灯节的影响。总体而言，湖湘民俗文化对大筒艺术的传承起着促进和创新作用。①

湖南民歌是湖南人民在长期的社会劳动生活中积淀而成的。风俗歌是在特定风俗活动中传唱，并且直接反映该风俗活动基本内容和特征的一类民间歌曲，是民歌种类中的一种。从某种程度上来说，风俗民俗决定了风俗民歌的产生，影响着民歌的内容和形式，而风俗民歌丰富了风俗的内容，是风俗的重要组成部分和重要表现形式。民俗需要民歌来完整它的内容，民歌需要民俗作为载体来传承。在湖南有关婚丧嫁娶的风俗歌中，可探知与婚丧嫁娶民歌有关的风俗的产生和形成渊源、风俗歌演唱的流程、婚丧嫁娶风俗歌曲的艺术特点。②

民歌民俗在洞庭湖区有着丰富的资源基础，多民族混居的洞庭湖人通过多样化的民歌民俗来表达对生活的热忱、对爱情的追求、对天地赋予一切的感激。洞庭湖区独具特色的湖乡渔业文化中的丫口腔民歌被渔民广为传唱，表达了渔业生产的民俗情感；鱼米之乡的饮茶、饮酒民歌民俗也极具特色，这些民歌民俗对洞庭湖区的旅游开发都有促进作用。③

纸马，是旧俗祭祀时民间用以祈福消灾所用的神像纸品。纸马图像以儒、释、道三教之神和民间俗神为表现对象，用木版雕刻印刷而成，属于民间版画的范畴。纸马集宗教、民俗、巫术、艺术于一体，以图像象征的方式在民众生活与信仰之间搭建起一座沟通的桥梁，产生时间长、流布地域广，至今仍在少数偏远的地域传承未绝。通过田野调查可知，湖南传统木刻印刷纸马的地区主要集中在邵阳的隆回、永州江永和江华、娄底涟源以及汨罗江流域等地。按纸马图式与民俗功用，湖南纸马分为神像类、神符类、吊卦类、民俗图符类、经版类、经咒类等。邵阳市隆回县是我国滩头年画的生产地，也是湖南木刻纸马保存最完整、使用最频繁、最具代表性特征之地。相对湖南其他地区，永州纸马图像的艺术表现手法最为精到。涟源纸马则深受梅山文化的影响，有其他地区不常见的神像图式，如"梅

---

① 颜春英：《湖湘民俗文化对大筒艺术的发展与创新研究》，《文学教育（上）》2018年第4期。

② 文巧凤：《论湖南风俗民歌——以婚丧嫁娶民歌为例》，硕士学位论文，湖南师范大学，2018年。

③ 王亮：《浅谈洞庭湖区民歌民俗旅游经济开发研究》，《黄河之声》2018年第2期。

山峒蛮""津济""八位"等，以及以农家田园为题材反映民风民俗并带有教化式的图式，如"司田""爱牛图""放生放灯"等。汨罗江流域（岳阳地区）的民间木刻纸马，相对于以上地区在数量上要少很多，画面的图式题材主要来源于当地祭祀的"功德画"与"水陆绘画"，纸马图式处理手法简练流畅，追求一种意象与神秘的表现方法。纸马作为信仰的一种图式载体，属于民俗宗教现象，其包罗万象的神祇体系以及通神的俗信观念具有浓郁的巫术与宗教气息。纸马在当代生活中的日益消亡，是社会、科技发展所造成人们意识形态变化的结果。[①]

从比较的角度而言，重庆梁平年画和湖南滩头年画中蕴藏的民俗信仰各有特色又相互联系。梁平与滩头年画艺人都有祀奉"梅葛仙师"的习俗，称其为"染料"之神，并组建"梅葛会"定期祭拜，每年六月十六日办会，至今从事年画生意的传承人仍然延续这项祖上"规矩"；滩头与梁平的手工抄纸、蓝印花布、草把龙、山歌、竹编以及木雕等艺术类型也显现出极大的形式关联与文化关联。从两地年画的历史演变来看，20世纪50年代前，渝湘木版年画的生存土壤是原生性的，品类分为门神画和戏曲年画、神话年画等，主要包含两个特征。其一，共同的民俗信仰（巴楚巫风）符号与老门神年画的趋同；其二，艺术风格尽显不同地域的精神内涵。20世纪80年代以后，渝湘木版年画走上"改良"之路，梁平一带出现木雕菩萨，其实这些木雕和年画雕刻借鉴湘楚木雕艺术造型。此时期的滩头年画与梁平年画"路径"相同，多层民间信仰的重叠交错渗透在"改良"年画的艺术特征中。本土民间信仰文化的神灵结构在市场经济的作用力下形态不断革新，生发出更多的创造性和审美意识。木版年画的文化表征更加多元和丰富，可视为"改良"年画的重要特征，多重文化符号交织使新的滩头年画得到更多人的接纳和喜爱，打破了封建社会年画制版的神秘感，多重神灵信仰杂糅在一起，既是菩萨也是门神，既能求子也可辟邪。2006年，渝湘木版年画列入首批国家级非物质文化遗产名录，渝湘木版年画进入"后非遗时代"，作为民族身份认同的主要特征之一，传承延续的历史重任毋庸置疑落在了当代艺术的研究者手中。渝湘木版年画此时期的发展时空平行共

---

① 王平：《民俗信仰中的图式遗存——湖南民间木刻纸马现状评析》，《艺术教育》2018年第1期。

进，都衍化为当代艺术的"文化符号"，民间信仰的文化内涵与当代艺术视觉化表达和现代性阐释大力结合，后非遗时代的渝湘木版年画获得新的艺术生命。①

皮影戏是一种集美术、音乐、戏曲、文学等为一体的综合性艺术表演形式。湖南皮影在民间又被称为影子戏、灯影戏，属于民间道具戏的一个种类，主要流行于湖南的长沙和衡阳以及常德、益阳、湘潭等地。湖南皮影戏的童话剧和寓言剧，在皮影界独树一帜，更是蜚声国内外，曾被法国《费加罗报》赞为"比金子还要贵重的皮影戏"。2006 年，皮影戏已被评定为湖南省首批非物质文化遗产保护名录项目，2008 年，被确定为第一批国家保护名录扩展项目。随着非遗热度的升温，湖南皮影民俗文化及其开发等相关问题的研究日益受到学术界的关注。有关湖南皮影戏的研究主要集中在皮影戏起源时代方面，有唐、宋起源说之争。在皮影造型特征研究方面，有学者研究了皮影造型的身份，认为皮影造型都能通过头茬和身段等了解其身份、性格和地位，大多数可以遵循程式化的规定通用；有学者研究了湖南皮影造型的表现手法，认为民间美术因为其代表的符号意象具有相通性，因此湖南皮影的造型语言具有一定的共性，这就是所谓的程式化和套路化。有学者研究了皮影戏的流派，认为皮影戏有南派、北派之分，南、北皮影的操纵方法、风格、步态和手势各有不同。关于皮影戏民俗文化特征，均认为皮影戏的诞生与宗教有着千丝万缕的联系，皮影戏的人物造型与佛教的变相也有着极为深刻的关系。有学者归纳了湖南皮影造型的表现题材，主要有吉祥兆瑞题材、平安康宁题材、福寿延绵题材、神仙奇侠题材、童话语言题材，显然民俗题材最多，可知皮影主要是作为酬神还愿的工具而存在。②

当然，对于宗教文化和地方信仰的总体研究成果还不多，细分研究也不多，无论是总体研究还是细分研究，研究的深度和广度还很不够。应根据现实变化和时代趋向，将宗教研究和地方信仰研究植根湖南的历史和现

---

① 傅姗姗：《艺术人类学视阈下民俗信仰的时空交错——渝湘木版年画比较研究》，《四川戏剧》2018 年第 7 期。
② 李晓晓：《有关湖南皮影民俗文化特征研究综述》，《品牌研究》2018 年第 4 期。

实融通中，在历史、现实与未来的联系中，借鉴社会学、历史学、人类学的研究成果，通过文献研究和田野调查，对湖南社会宗教问题和地方信仰问题开展脚踏实地的研究，建构起湖南宗教研究和地方信仰研究的理论，对湖南几千年来的宗教与信仰问题做出符合历史和现实的解释，总结国家与地区管理宗教和地方信仰的经验。

第七章　湘学价值：湖湘文化
自信的时代追问

我国素来有以地域划分学术流派的传统。经过长时间的发展，近年来，我国地方学研究明显出现了研究重点的转移。具体来说，就是以往主要以思想史、学术史领域的问题作为讨论对象，落实在"学"字上，近年则更加关注本地区经济社会发展中的实际问题，更看重"地方"二字。[①] 在湖南，学界一直沿袭南宋以来的传统观点，将"湘学"视为历史上湖南地区学术思想的代名词。2012 年 6 月，以湖南省湘学研究院的成立为契机，学术界掀起了一场关于"什么是湘学"的大讨论。从讨论的结果看，学者们虽仍肯定以往学术思想史意义上的湘学观，但已将其看作一种狭义的湘学，提出"不仅要研究文化和学术意义上的'狭义'湘学，更要研究湖南当下经济社会发展中的人、事、物的'广义湘学'"。

2018 年，学术界深入发掘湘学文化传统中的有益成分，就推动湘学研究与促进当代湖南社会经济发展进行了许多具体研究，形成了一批成果。与此同时，学者们还将视野从湖南拓展到全国，围绕湘学研究如何促进当代中国发展这一问题，进行了有意义的探索。

一　服务当代湖南发展的资源宝库

作为湖南地域学术思想、地域文化的集合体，湘学植根于湖湘地域几千年传承演进所形成的悠远文明，是当代湖南走向未来所不可忽视的历史基础。对湘学进行深入研究，有助于整合优秀传统文化资源为地方社会发展服务，实现中华优秀传统文化的创造性转化和创新性发展。这既是湘学研究本身的题中应有之义，也是所有地方学研究的时代使命。

---

① 马延炜：《当前我国地方学研究特点与问题》，《中国社会科学报》2016 年 9 月 14 日。

事实上，我们回顾历史可以发现，通过研究湘学为湖湘地方社会发展寻求答案，一直是湖南本省学者关心的话题。19 世纪末 20 世纪初，随着清政府先后在甲午战争和八国联军侵华战争中惨败，中国日益陷入半殖民地半封建社会的泥沼。在严重的民族危机的刺激下，一大批优秀的湖南人士大声疾呼。1897 年 4 月 22 日，以唐才常、谭嗣同等为首的一批湘籍青年学子在长沙创办了《湘学新报》（后更名为《湘学报》），在这份以"湘学"命名的报纸的办刊宗旨中，他们写道："讲求中西有用诸学，争自濯磨，以明教养，以图富强，以存遗种，以维宙合。"（《湘学新报例言》）显然是试图通过传播于救亡图存有实际作用的知识，来更替湘中的思想文化，改变湘人的精神面貌，进而在湖南这个当时全国较为落后的省份，营造出一种改革的风气，促成维新变法的实施。可以说，注重学术研究与地方社会发展的联系是湘学研究的优良传统。2018 年，学者围绕经济、教育、文化三个方面，充分发掘湘学中的传统文化资源，促使地域文化服务于社会经济文化发展，在一定程度上接续了这一优良传统。

（一）湘学与当代湖南经济发展研究

湘学作为一种独具特色的地方文化符号，浓缩着湖湘地域文化的精华，合理发掘并利用这一文化符号，能够使产品具有独一无二的特点，并能产生出更多的增加值和附加值，从而在激烈的市场竞争中脱颖而出。2018 年，学者们对于如何发掘利用传统湘学以促进当代湖南经济繁荣发展，进行了具体而微的研究，提出了一些具有可操作性的见解。

出产于湖南省益阳市安化县的安化黑茶是我国古代的名茶之一，也是湖南重要的地方特色产品。如何凸显黑茶的湖南特色，提升其附加值，一直是学术界关心的话题。2018 年，湖南工业大学的三位研究生将湘学文化与黑茶包装设计联系起来，就如何创新黑茶包装设计形成了三篇硕士学位论文。一是田翔翔的《黑茶伴手礼的包装设计研究——以安化"高甲溪"为例》，文章通过挖掘湖南安化地域文化、黑茶文化等，对如何创新黑茶伴手礼包装材料、包装结构和装潢设计等进行了思考和设计；二是王佳玉的《基于马帮文化的安化"高甲溪"袋泡黑茶包装设计》，文章认为，要打造忠实可靠的黑茶品牌形象，在注重茶品牌销售的同时，也要注重茶的本土文化的融入；三是张艾琪的《漆器工艺在"御品梅山"黑茶包装设计中的应用研究》，文章对湘学元素在黑茶包装设计中的应用进行了分析，该研究以湖南长沙马王堆汉墓出土的漆器为参考基础，将传统文化与现代元素相结合，探寻符号、造型、技法在湖南安化黑茶包装设计中的应用。[①]

湖南师范大学的研究生黄益研究了黑茶包装中湖湘视觉文化元素的运用，认为文化是一个民族的识别基因，湖湘文化从中国传统文化中发展而来，带着独特的文化基因，在文创产业蓬勃发展的时代背景下，应该立足湖湘本土文化，充分挖掘提炼湖湘视觉文化元素，并将其运用于本土黑茶产品的包装设计实践。文章分析了湖湘视觉文化元素与本土黑茶包装设计相结合的可行性，并对本土语境下主要黑茶产区的地域文化特征、产销历史、黑茶包装设计的形态流变及存在的主要问题进行了详细分析。认为透过黑茶产品的包装创意设计，可以传达独具湖湘文化特色的视觉识别，形成"可视"的文化精神与美学形式，介入黑茶产业链和消费链，于日常消费中精妙演绎中国传统文化和湖湘文化。[②]

与黑茶类似，陶瓷也是湖南具有地域特色的产品之一。夏金凤以醴陵陶瓷为例，分析了当前湖湘文化在陶瓷产品设计中的运用及存在的问题。她认为，目前湖南的陶瓷产品中，传统陶瓷产品较多，而一些符合现代社会需求的创新产品较少，其釉下五彩瓷停留在传统绘画的装饰层面，没有创新和突破。主要原因是在湖南陶瓷产业发展的装饰设计中创作人才和工艺研究人员较少，他们的研究面窄、研究水平低，各大陶瓷公司、瓷厂皆积聚了大量文化层次较低的技术工人，缺乏陶瓷艺术装饰设计的高级人才。不管是造型还是装饰都比较单一，传统的彩绘装饰缺少对当下消费大众的吸引力，很难适应市场对产业发展的要求。她指出，目前仅醴陵从事日用细瓷、日用炻瓷、电瓷、特种工业陶瓷等生产的从业人员约10万人，学历低、技能差、年龄大等结构不合理的矛盾日益突出，严重制约了陶瓷产业的发展和壮大。因此，湖湘陶瓷产品设计必须以文化为核心。要以湖湘文化为核心，并结合湖湘地区的文化背景以及陶瓷资源，对陶瓷文化进行深入的调查、分析、对比、研究，使其文化内涵能够更加突出，并能同其历

---

① 张艾琪：《漆器工艺在"御品梅山"黑茶包装设计中的应用研究》，硕士学位论文，湖南工业大学，2018。

② 黄益：《湖湘视觉文化元素美学精神的彰显——黑茶包装本土语境研究与实践》，硕士学位论文，湖南师范大学，2018。

史价值相结合，突出湖湘陶瓷产品设计中的地域特色，并使湖湘文化得到传承和发展。她进一步指出，湖湘文化极具特色，应提炼湖湘特色元素，并运用到陶瓷产品创新设计中去。其元素可以是自然风景、建筑雕塑、民风民俗、地域性材料元素以及少数民族素材等，对这些元素进行归纳、提取、变换、组合等，并应用到陶瓷产品设计当中，有助于表达区域特色文化内涵，打造特色陶瓷文化产品。①

2018 年，学术界还对如何发挥湘学元素在家具设计、现代广告设计、室内空间设计、城市广场景观设计等方面的应用进行了具体探索。

彭莉研究了基于湖湘文化背景的文化创意产品设计。文章阐述了文创产品的概念和意义，在湖湘文化的基础上，从地域文化元素提取、湖湘文化的形意再现和地域内涵的提炼三个角度探讨了湖湘文化背景下文创产品设计的方法。②

王薇、谢一槐认为："创新产品的设计方法是家具品牌在激烈的市场竞争中脱颖而出的关键因素，在设计的过程中还要为产品注入文化内涵。"并提出，浓郁的地域文化特征使得湖湘文化能够成为现代家具中设计灵感的重要来源，研究湖湘文化与现代新潮文化的融合，能够丰富我国家具设计市场的多样性，有利于弘扬我国的传统文化特色。"在创新设计家具产品时，要牢牢把握住湖湘文化元素的精髓，增添现代化流行元素，从而丰富家具产品的多样性。"③ 江丽提出："湖湘文化作为我国文化中的重要组成部分，有着鲜明的特色，将湖湘文化中蕴含的文化元素融入广告创意，能在一定程度起到文化推广与传承的作用。"她从湖湘文化在当代广告设计中的应用价值、应用原则、应用策略三方面进行分析研究，探寻湖湘文化与现代广告设计进行对接的方法与策略，从而为广告设计人员提供了一定的参考。④ 郭金平对如何将铜官陶釉色应用于室内空间设计进行了分析，认为"荆楚文化有着高度发达的文化风格特征，在整个中华文化中独具风采，也

① 夏金凤：《湖湘文化在陶瓷产品设计中的运用及其存在的问题与对策探析》，《美与时代（上）》2018 年第 2 期。
② 彭莉：《基于湖湘文化背景的文化创意产品设计研究》，《湖南包装》2018 年第 6 期。
③ 王薇、谢一槐：《家具创新设计中湖湘文化元素的融入研究》，《大众文艺》2018 年第 4 期。
④ 江丽：《湖湘文化元素在现代广告设计中的应用分析》，《当代教育实践与教学研究》2018 年第 22 期。

在湖南这片土地上也孕育发源了灿烂的湖湘文化，有着鲜明的文化特征和历史形态。长沙铜官窑是从民间名窑画风洒脱、俊逸、空灵的釉下彩装饰艺术中感受到湖湘文化精神气质，这种影响从唐代长沙铜官窑陶器的造型及釉色、装饰艺术就体现出来了，从它的美学特征中认识其装饰造型的独特风格，也为后人研究中国陶瓷史以及现代陶瓷装饰留下丰富而详实的考证和借鉴"。[①]

广西师范大学的研究生罗倩兰在《基于湖湘文化视角下的城市广场景观设计研究与应用——以邵阳人民广场为例》一文中，分析了湘学元素在城市广场景观设计中的运用。她以邵阳市人民广场景观的设计为例，分析了将湖湘地域文化运用于地方广场景观，突出其地域性特色的方法。她认为，从设计学、美学、民俗学、社会学等角度出发，挖掘湖湘文化中的特色元素并将其提炼、重组和创新，结合场地基址现状，营造富有地域特色的广场景观，可以塑造城市独特的地域文化魅力，推动湖湘文化景观的发展。[②]

任阳以中南大学为例，分析了湖南本土元素在校园景观建设中的运用。他认为，校园文化对于推进高等教育改革发展、陶冶学生情操、启迪学生心智、全面提高大学生综合素质具有十分重要的意义。加强校园文化建设不能忽视中国传统文化的作用，尤其是有地域特色的传统文化，提出"湖湘文化对湖南高校的校园文化建设具有导向作用，把湖湘文化的精髓渗透到湖南高校校园文化建设的每一个角落，为广大师生员工营造良好的人文环境。通过对湖湘文化的凝练以具体的实景形态展现在大家的眼前，把校园的精神文化与湖湘文化相融合，把时代的发展联系与湖湘文化相融合，增强师生员工的湖湘文化自豪感，将湖湘文化融入师生的奋发求学、刻苦钻研、报效国家的人生追求之中"。[③] 文章在中南大学与湖南省 14 个地州市合作以湖湘文化为主线共建的 14 个地州市湖湘文化景观园中，选取了"岳阳园""益阳园""湘潭园"3 个园林景观，介绍了湖湘文化在中南大学校

---

① 郭金平：《探索铜官陶釉色应用于室内空间设计》，《东方教育》2018 年第 10 期。

② 罗倩兰：《基于湖湘文化视角下的城市广场景观设计研究与应用——以邵阳人民广场为例》，硕士学位论文，广西师范大学，2018。

③ 任阳：《基于地域文化视角的校园文化探析——湖湘文化景观建设在中南大学的运用》，《高校后勤研究》2018 年第 3 期。

园环境建设中的运用，对于将地域特色传统文化融入校园环境景观建设中、提升校园文化氛围、实现校园文化育人的发展目标具有启发意义。

此外，孟亚萍等对湖湘文化在湖南休闲观光农业中的应用进行了分析。文章立足湖湘地域文化，以休闲观光农业为研究对象，探讨湖南休闲观光农业中湖湘文化的应用。认为通过对湖湘文化的设计元素进行提炼，可以提出以湖湘地域文化为特色的休闲观光农业设计理念和经营模式。[①]

（二）湘学与当代湖南教育发展研究

千年湘学历史悠久，具有十分厚重的教育传统，特别是岳麓书院名满天下，至今仍在发挥其陶铸人才的教育功能。2018 年，学术界就如何充分利用丰富的湘学文化资源促进当代湖南教育发展进行了许多研究，既有总体上的研究，也有针对语文、历史、美术等各学科门类的专门研究。

湘学与当代湖南高等教育研究。如何接续湖湘文明，传承湖湘悠久教育传统，以文化人，促进湖南地方高等教育发展，是 2018 年湖南地方学者十分关心的话题。

田光辉所著的《湖湘文化融入湖南高校文化建设的实践研究：以怀化学院为例》一书，从湖湘文化的历史与现实出发，以怀化学院为个案，研究湖湘文化融入湖南高校文化建设在大学生素质培养中的重要作用，对湖湘文化融入湖南高校文化建设问题进行解析。该书不仅仅是湖湘文化的展示，更展现了湖南高校文化所体现出来的生命力、创造力和凝聚力。[②] 魏饴认为，地方院校要实现"以文化人"的教育目的，必须重视研究所在区域的优秀历史文化。他通过对洞庭湖区史前考古遗址的分析，发现洞庭湖区很早就是一个独立的文化区系，形成了灿烂辉煌的"人文洞庭"，为中华文明史的书写做出了重要贡献，于是指出："正确认识'人文洞庭'形成的文化基因，走出高校'以文化人'教育中的种种误区，实现以地方传统文化精髓服务于人本发展的目的，是'以文化人'理念带给湖湘高等教育的启示。"[③]

---

① 孟亚萍等：《湖湘文化在湖南休闲观光农业中的应用》，《安徽农业科学》2018 年第 11 期。

② 田光辉：《湖湘文化融入湖南高校文化建设的实践研究：以怀化学院为例》，中国社会出版社，2018。

③ 魏饴：《史前"人文洞庭"与地方院校"以文化人"新探》，《武陵学刊》2018 年第 4 期。

庾伟研究了基于湖湘文化背景的湖南高职院校教育教学，认为湖南高职院校的教育教学工作离不开深厚的湖湘文化的影响。他对湖南高职院校中湖湘文化的教育现状进行了探讨，认为当前湖南高职院校教育对湖湘文化的重视程度不够，"高职院校为了求生存，一般重专业、重就业、轻文化，即学生在校期间主要以学习专业知识和提高实际操作技能为主，而不注重传统文化课程的开设，因此课程的设置也都与专业或岗位有关"。"由于高职院校起步晚，大多数是从中专学校合并或单独升格而成，很难承担传统文化教学的任务。即使部分开设了传统文化课程的高职院校，传统文化课程的授课教师一般为毕业于汉语言文学专业或思想政治专业的教师担任，甚至由其他专业课程的教师或辅导员来担任传统文化课程的教学，这样教师的专业水平良莠不齐，不能做到专职专任，很难胜任教学工作。"他认为，湖南高职院校的人文素质课程建设必须从思想上引起高度重视，从转变观念入手。对于湖南的高职院校学生来说，应当充分认识到职业人素质与湖湘人的品质，都是他们以后职业生涯中不可或缺的重要因素。[①]

吴武英发现，"忠诚、担当、求是、图强"的湖南精神与高等职业院校学生职业道德的培养目标高度一致，认为"湖湘文化融入高职思政课教学，有利于增强思想政治理论课的针对性和时效性，帮助学生树立正确的'三观'，培养学生强烈的社会责任感和担当意识，提升学生的思想道德、政治素质和职业素养"。她进一步提出，高等职业院校要想实现湖湘文化与思政课教学的有机结合，需要从丰富教育内容、创新教育方法、拓展教学载体等方面努力。[②] 晏诗洁、张微认为，湖湘文化是湖湘地区人民群众在悠久的历史中创造的文化财富、风俗信仰等，具有明显的地域性特点，在湖湘文化软实力提升过程中发挥了重要的作用。高等职业教育是为湖湘地区培养专业人才服务的，在英语教学过程中应该将传统的湖湘文化优秀成果融入高职英语教学当中，以湖湘地方特色为依托，不断创新教育教学的方法，不断提升湖南文化软实力。[③] 代芳丽对湖湘文化融入高职英语教学的路径进

---

① 庾伟：《基于湖湘文化背景的湖南高职院校教育教学研究》，《大众文艺》2018 年第 10 期。

② 吴武英：《湖湘文化融入高职思政课教学探析》，《当代教育实践与教学研究》2018 年第5 期。

③ 晏诗洁、张微：《湖湘文化融入英语教学提升湖南文化软实力》，《文化创新比较研究》2018 年第 21 期。

行了分析，认为把优秀的湖湘文化融入高职英语教育中，充分体现了地方教育特色，是一种创新性的英语教育改革，其教学效果一定能提升湖南地区的英语教学水平。①

湘学与当代湖南语文教育研究。湘学历史悠久，底蕴深厚，具有丰富的语文教育资源。2008 年，继"苏派语文""浙派语文""闽派语文"等具有全国影响的地方语文教育品牌后，湖南也提出了"湖湘语文"（又称"湘派语文"）的概念。"湖湘语文"是指以湖湘文化为根基和底蕴的语文教育，其显著特征为典雅厚重、经世致用、朴质无华。② 2018 年，学者们就如何开发湖湘语文教育资源，打造"湘派语文"进行了分析。

湖南湘潭人，现代著名汉语言文字学家、教育家黎锦熙先生在语文教育的实践和理论方面做出了巨大的贡献，被誉为现代语文教育学的奠基人。谢奇勇研究了黎锦熙语文教育思想与"湘派语文"的打造，认为黎锦熙作为生长于湖南、从湖南走向全国且毕生从事语文教育的教育家，其语文教育实践和思想成了湖湘文化的一部分，更是湖南语文教育事业中的优秀资源。文章提出，在致力于打造具有湖湘文化特色的"湘派语文"的今天，湖南语文教育界应该从中汲取养分、加以提炼，使这一优秀传统得到进一步的继承和发扬。③

2018 年正值改革开放 40 周年，《湖南教育》杂志策划了"四十年，语文这样走过"专栏。其中一期名为"湖南：那些成绩和反思"，就秉承湖湘风范，打造"湘派语文"，采访了湖南省中学语文教学研究专业委员会理事长张良田。④

纪玉翠分析了《曾国藩家书》对现代中学写作教学的启示。她在对《曾国藩家书》进行阅读研究中，结合现代中学写作教学的现状，从《曾国藩家书》的主要原始材料入手，辅之家训、文集、诗卷和其他相关著作，对《曾国藩家书》的写作教育思想进行了系统的整理归纳和剖析研究，探

---

① 代芳丽：《"湖湘文化"融入高职英语教学的路径研究》，《校园英语》2018 年第 29 期。
② 华婷：《论湖湘语文教育资源的开发与研究》，《教学与管理》2014 年第 36 期。
③ 谢奇勇：《黎锦熙语文教育思想与"湘派语文"的打造》，《湖南第一师范学院学报》2018 年第 2 期。
④ 张良田、陈敏华：《秉承湖湘风范，打造"湘派语文"——访湖南省中语会理事长张良田》，《湖南教育》2018 年第 12 期。

寻其当代价值并进行当代解读，对现代中学写作教学具有参考价值。①

湘学与当代湖南历史教育研究。湖南历史悠久，文化底蕴深厚，特别是近代以来，人才辈出，先后产生了四大人才群体，② 具有非常丰富的历史教学的乡土资源。霍珍珍分析了长沙乡土资源在高中历史教学中的运用，认为"乡土资源在中学历史教学中的运用具有重要意义，它不仅能丰富中学历史素材，弥补现有统编高中历史教材的缺陷，还能引起学生心灵和情感的共鸣，在弘扬地方文化的同时，激发学生的学习兴趣，培养学生爱国爱家的情怀"。文章结合高中历史必修教科书，对课本中所涉及的长沙乡土资源进行了整理与归纳，并结合具体的教学案例来探讨乡土资源在高中历史课堂教学、课后作业与实践中的运用，分析了在不同环节运用乡土资源的途径和方法，指出了目前高中历史教学在开发和利用乡土资源方面存在的问题，并提出了相关的建议。③

湘学与当代湖南美术教育研究。2017 年 1 月，中共中央办公厅、国务院办公厅印发了《关于实施中华优秀传统文化传承发展工程的意见》，指出要保护传承中华优秀传统文化，并滋养文艺创作，要善于从中华文化资源宝库中提炼题材、获取灵感、汲取养分，把中华优秀传统文化的有益思想、艺术价值与时代特点和要求相结合，运用丰富多样的艺术形式进行当代表达。

湖南是一个多民族聚居的省份，除了汉族，还有苗族、土家族、侗族、瑶族、回族等多个少数民族，他们主要居住在湘西、湘南和湘东的山区。比如湘西，就是一个少数民族聚居的地方，少数民族文化氛围特别浓厚。湘西民间美术资源是湖湘文化的重要组成部分。张晓宇、李小毛探索了湘西民间美术与师范专业美术课程结合的方式，认为可以利用师范院校的美术教学传承湘西民间优秀美术工艺，同时也可以构建极具乡情的美术课堂，扩展师范院校的美术教育范畴，让学生感受当地文化艺术的特色，激发学

---

① 纪玉翠：《〈曾国藩家书〉对现代中学写作教学的启示》，硕士学位论文，青海师范大学，2018。

② 分别是以曾国藩、左宗棠等为代表的湘军人才群体，以谭嗣同、唐才常等为代表的资产阶级维新派人才群体，以黄兴、宋教仁等为代表的资产阶级革命派人才群体和以毛泽东、刘少奇等为代表的无产阶级革命家人才群体。

③ 霍珍珍：《长沙乡土资源在高中历史教学中的运用》，硕士学位论文，湖南师范大学，2018。

生的学习热情。①

李麟对湖湘传统审美精神与艺术设计教育的文化对接进行了研究，指出在当今的艺术教学中，挖掘地方文化中的特色，培养有特色的设计人才，充分地满足社会对人才的需要，是目前艺术设计教育中的重点内容。湖南高等院校中的艺术专业，能够从传统的审美要求中挖掘出积极的因素，实现艺术设计与传统审美的文化对接。② 湖湘文化作为中华传统文化的重要组成部分，可以为当代艺术设计教育提供许多有益的资源。

（三）湘学与当代湖南文化自信塑造的研究

习近平总书记指出："我们要坚持道路自信、理论自信、制度自信，最根本的还有一个文化自信。"党的十九大报告中提出："文化自信是一个国家、一个民族发展中更基本、更深沉、更持久的力量。"2018 年，湖南省学者就如何充分利用乡土资源、增强乡土凝聚力、提升文化自信，进行了一些分析。

陆亚林从推动湖湘文化的创造性转化与创新性发展的角度论述了湘学与当代湖南文化自信的关系，他认为："要在历史与现实、内部与外在、理论与实践、研究与应用相结合的基础上，着眼于湖湘文化的价值与精神，把握好继承与创新、本来与外来、传统与未来的辩证关系，弘扬传播湖湘文化的精华，挖掘适应时代要求的新内涵，使之在新的时代焕发生机活力，构筑湖南人民乃至海外湘人的精神力量，并成为中华民族伟大复兴的持久动力。"③

蔡镇楚所著的《湖南人的精神》一书，分"神农故里"、"屈贾文脉"、"吾道南来"、"奕代风流"和"三湘四水"五个部分，以诗化之笔，传承神话传说，描述历史风云，讲述湖南故事，评骘风流人物，描绘三湘四水，张扬湖南人的精神气质，文字优美，图文并茂。该书全面审视湖南几千年的文化历程，纵览湖南人精神与文化性格赖以形成的地域文化基因与历史

---

① 张晓宇、李小毛：《浅谈利用湘西民间美术资源构建师范专业美术特色课堂》，《美术教育研究》2018 年第 18 期。

② 李麟：《湖湘传统审美精神与艺术设计教育的文化对接》，《知识文库》2018 年第 21 期。

③ 陆亚林：《论湖湘文化的创造性转化与创新性发展》，《湖南省社会主义学院学报》2018 年第 6 期。

积淀，实事求是地展示具有湖南人精神的历史事件、风云人物，评述近代湖南人才。①

胡馨月从湖湘女性文化角度分析文化强省建设，视角独特。她认为湖湘女性文化繁衍于"文源深、文脉广、文气足"的湖湘大地，具有鲜明的地域文化和性别文化特色，"湖湘女性文化是湖湘文化的重要一脉。传承和弘扬湖湘女性文化，是湖湘儿女的重要使命。加强湖湘女性文化研究，开展湖湘女性文化教育，打造湖湘女性文化品牌，传承和弘扬湖湘女性文化，对于推进湖南文化强省建设，奋力建设富饶美丽幸福新湖南，具有重要意义"。②

2018 年 6 月 30 日，由湖南省湘学研究院主办的"2018 湘学论坛：湖湘文化的传承与创新"学术研讨会在长沙召开，百余位来自全国各地和省内社科理论界的领导与专家学者参会。研讨会上，刘建武、郑佳明、吴厚庆、龚政文、刘学、王继平、左双文、高长武、邓洪波、李斌等先后发言，就深入研究湖湘文化的传承与创新，推动湖湘文化创造性转化、创新性发展发表了一批成果。

湖南省社会科学院历史文化研究所所长李斌对湘学精神中的抗战精神进行了分析，她认为，湖南抗战精神是中国人民伟大抗战精神的重要组成部分，也是对湖湘文化、对中国优秀传统文化的弘扬光大。深厚的湖湘文化沃土孕育了湖南抗战精神。广大军民在顽强抗击日军的过程中，诠释了深厚的爱国主义情感和攻坚克难、血战到底、精诚合作、坚韧不拔的抗战精神，她指出："传承湖南抗战精神，有助于我们进一步激发爱国主义精神、增强湖南人民文化自信、凝聚湖南现代化建设力量。"③ 2018 年，她还发表了《湖南抗战精神的建构与诠释》一文，文章指出，九一八事变后，湖南社会各界抗日团体纷纷成立，开展了各种形式的抗日救亡活动，湖南人民在政治、经济、军事、文化各方面积极支援抗战，做出了巨大的贡献和牺牲，构建和诠释了"天下兴亡，匹夫有责"的爱国情怀和攻坚克难、血战到底、精诚合作、坚韧不拔的湖南抗战精神。"湖南抗战精神是中国人

---

① 蔡镇楚：《湖南人的精神》，岳麓书社，2018。
② 胡馨月：《弘扬湖湘女性文化推进文化强省建设》，《世界家苑》2018 年第 5 期。
③ 李斌：《传承湖南抗战精神　增强文化自信与凝聚力》，《湖南日报》2018 年 7 月 7 日。

民伟大抗战精神的重要组成部分，体现了以爱国主义为核心的伟大民族精神。在新的历史条件下进一步弘扬伟大的抗战精神，对激发人民爱国热情、增强民族自信、凝聚民族力量具有重要的时代意义。"①

二　助推当代中国发展的湖南力量

作为湖湘传统学术、地域文化的集合体，湘学不仅是中华传统文化百花园中一朵美丽的奇葩，也与中国发展有着紧密的联系。北宋年间，道州人周敦颐撰著《太极图说》，开创了理学，经过几代学者的阐发和传承，宋明理学发展演变为中国封建社会后期的正统思想，给中华文化带来十分深远的影响。鸦片战争以降，当中华民族面临日益深重的民族危机之时，一批批杰出的湖南人先后走上历史前台，成为影响中国前途命运的关键人物。人民革命时期，以毛泽东同志为代表的湘籍无产阶级革命家，经过浴血奋战、艰苦奋斗，最终缔造了中华人民共和国，这些生于湖南、长于湖南的伟大革命家，以自己的实际行动诠释了"心忧天下，敢为人先"的湘学精神，也将这一精神熔铸为全体中国人民的宝贵遗产。

2018 年，学术界围绕湘学与当代中国社会主义核心价值观的培育、湘籍无产阶级革命家群体与当代中国共产党的建设、湘籍历史人物思想的现代意义，就如何发挥湘学对当代中国的影响进行了深入分析。

（一）湘学与当代中国社会主义核心价值观的培育研究

核心价值观是最持久的力量，承载着一个民族、国家的精神追求、价值取向。社会主义核心价值观是社会主义核心价值体系的内核，反映了社会主义核心价值体系的丰富内涵和实践要求，是社会主义核心价值体系的高度凝练和集中表达。党的十八大以来，中央高度重视培育和践行社会主义核心价值观。党的十九大报告指出，要培育和践行社会主义核心价值观。要以培养担当民族复兴大任的时代新人为着眼点，强化教育引导、实践养成、制度保障，发挥社会主义核心价值观对国民教育、精神文明创建、精神文化产品创作生产传播的引领作用，把社会主义核心价值观融入社会发

---

① 李斌：《湖南抗战精神的建构与诠释》，《求索》2018 年第 4 期。

展各方面，转化为人们的情感认同和行为习惯。

湘学有悠久的历史传统，能够成为社会主义核心价值观的宝贵资源库。2018 年，学者们深入发掘湘学优秀传统，探索湘学在涵养社会主义核心价值观中的作用。

邬移生对湖湘文化蕴含的社会主义核心价值观教育的当代价值进行了分析，认为湖湘文化蕴含着丰富的社会主义核心价值观教育内容，可以充分发掘，用来拓展社会主义核心价值观教育的手段和路径，有效提高社会主义核心价值观教育的效果。[①] 周玮对湖湘文化融入高校社会主义核心价值观教育的方法与路径进行了分析，指出，我国目前正处于社会经济发展和教育机制改革的关键时期，在这种背景下高校文化建设也面临着重要的选择，高校文化建设具有自己的特点，也具有一定的特殊性。湖湘文化是从古至今湖湘人民创建的知识、文化、信仰、艺术、道德、法律的综合体，在高校社会主义核心价值观教育工作中可以借鉴湖湘文化，让高校社会主义核心价值观教育工作体现出地方特色。此种方法不仅能显示湖湘本地的文化特色，还能够提高高校教育教学质量。"湖湘文化在高校社会主义核心价值观教育工作中能起到导向作用，规范和约束高校学生的行为，高校教师应该充分发挥湖湘文化的重要作用，在高校教育工作的方方面面都应重视湖湘文化。"[②]

陈弘认为，湖南是中华优秀传统文化高度凝聚与集中的省份，湖湘文化是五千年中华文明史的重要组成部分。在建设富饶美丽幸福新湖南的壮丽征程中，继承和保护湖湘文化，对湖湘文化进行创造性转化、创新性发展，在广大青年学子中传播先进文化，是湖南本地高校义不容辞的责任和使命。他还以自己所在的湖南科技学院为例，说明了如何将湖湘优秀传统文化融入教育教学全过程。文章指出："深入挖掘湖湘优秀传统文化蕴含的思想观念、人文精神、道德规范，结合时代要求继承创新，让湖湘文化展现出独特魅力和时代风采，进而融入到青年学生的精神世界，是我省高等

---

① 邬移生：《湖湘文化蕴含的社会主义核心价值观教育的当代价值》，《科教导刊（下旬）》2018 年第 11 期。

② 周玮：《湖湘文化融入高校社会主义核心价值观教育的方法与路径研究》，《改革与开放》2018 年第 6 期。

教育发展的重要途径。"①

　　除了整体上的研究，也有学者将视角向下，研究湘学传统中的一些具体元素对涵养社会主义核心价值观的作用。比如朱与墨就将视角集中于城南书院，研究城南书院对涵养社会主义核心价值观的作用，他认为："积淀着中华民族最深层精神追求的中华传统文化，是涵养社会主义核心价值观的重要源泉。城南书院作为湖湘文化渊薮，对社会主义核心价值观有着丰厚的滋养。践行和弘扬社会主义核心价值观可对城南书院积淀的优秀传统文化进行创造性转化、创新发展两个维度展开，促使其从政治、军事领域转向服务工商经济领域，创造性转化为企业家精神，形成湘商精神。"②

（二）湘籍无产阶级革命家群体与当代中国共产党的建设研究

　　"湖南是中国新民主主义革命的一片沃土，这片沃土养育了一大批无产阶级革命家。他们为中国共产党和中国人民解放军的创建，为中华民族独立、人民解放和人民共和国的创建作出了重要贡献。"③ 湘籍无产阶级革命家是一个人数众多的革命家群体，代表人物主要有毛泽东、刘少奇、任弼时、彭德怀、贺龙、蔡和森、徐特立、谢觉哉等，分析这些老一辈无产阶级革命家的光辉业绩和重要思想，对于当代中国共产党的建设具有重要参考价值。2018 年，学术界从多个角度出发，对这一问题进行了分析。

　　秦位强所著的《延安时期党的纯洁性建设研究——以湘籍无产阶级革命家的思想和实践为视角》一书，作为他主持的 2014 年度湖南省哲学社会科学基金项目"延安时期湘籍无产阶级革命家加强党的纯洁性建设的理论与实践研究"的最终成果，探讨了湘籍无产阶级革命家与湖湘文化之间的关系，全面梳理了延安时期湘籍无产阶级革命家加强党的纯洁性建设的思想，分析了延安时期湘籍无产阶级革命家加强党的纯洁性建设的伟大实践，总结了延安时期党加强纯洁性建设的主要历史经验。④

　　刘亚松对湘籍无产阶级革命家的党性修养进行了研究，指出"惟楚有

---

① 陈弘：《用湖湘优秀传统文化哺育青年学子成长》，《湖南日报》2018 年 2 月 3 日。
② 朱与墨：《城南书院涵养的社会主义核心价值观论略》，《城市学刊》2018 年第 3 期。
③ 秦位强等：《湘籍无产阶级革命家与马克思主义大众化》，中央编译出版社，2015，第 1 页。
④ 秦位强：《延安时期党的纯洁性建设研究——以湘籍无产阶级革命家的思想和实践为视角》，红旗出版社，2018。

材，于斯为盛"，近代以来湖南人才辈出，尤其五四运动之后，众多仁人志士奔走于探索救国救民的道路上，在与现实的抗争中逐步由民主主义转向马克思主义，并坚定地选择在马克思主义革命道路上贡献智慧和力量。在这个艰辛的探索过程中，以毛泽东为代表的一批无产阶级革命家逐步涌现，并渐渐形成一个特殊的群体——湘籍无产阶级革命家。湘籍无产阶级革命家在为革命事业艰辛付出的过程中，以马克思主义思想为指引，以革命实践为依托，逐步形成了阶级性、人民性、纪律性三大共同党性特征。湘籍无产阶级革命家坚持不懈地进行党性锤炼，对当今全面从严治党背景下加强党性修养有三大重要启示：一是强化党性学习教育思想，二是净化党内政治生态环境，三是固化党性修养制度基础。传承湘籍无产阶级革命家留下的优良作风传统，补足精神上的"钙"，是新时代全面从严治党的必由之路。湘籍无产阶级革命家"作为同时代中国共产党的杰出代表，在革命与建设时期的实践中锤炼出高度自觉的党性，引领着革命不断走向胜利，在新的时代下背景，研究学习湘籍无产阶级革命家群体中蕴含的党性，对于当今全面从严治党、加强党的全面领导、推进社会主义精神文明建设、加快实现民族复兴梦想等有着重要启示"。①

除了整体上的研究，2018年，学者们也将视角集中在具体的人物身上。通过分析湘籍无产阶级革命家代表人物的党建思想，从中汲取营养，为当前正在进行的全面从严治党工作提供借鉴。

2018年关于毛泽东与当代中国共产党的建设研究成果较为突出。贾岚在《毛泽东的政党治理思想》一文中指出，马克思列宁主义是毛泽东政党治理思想形成的理论基础和渊源。这一思想主要包括：政党治理的唯一宗旨是向人民负责；政党治理的目标是造就一大批会治党治国的有力骨干；政党治理的要义是集体领导和个人负责相结合；"整风"是政党治理的必要形式；党的纪律是政党治理的基本保障。她认为毛泽东的政党治理思想对当代具有重要启示，并提出，习近平新时代中国特色社会主义思想中的全面从严治党和社会治理思想是对毛泽东政党治理思想的继承和发展。② 黄河研究了毛泽东以德治党的思想及其当代价值。他认为，毛泽东以德治党思

---

① 刘亚松：《论湘籍无产阶级革命家的党性修养》，《清江论坛》2018年第3期。
② 贾岚：《毛泽东的政党治理思想》，《湖南师范大学社会科学学报》2018年第4期。

想以马克思主义政党伦理思想为主要理论来源，在坚持唯物史观基础上引导广大党员树立全心全意为人民服务的核心道德理念，并以此为出发点和立足点，坚持"任人唯贤"的干部任用路线和"才德兼备"的干部方针，以思想整风运动、道德教育活动、道德典型示范为基本措施全面贯彻核心道德理念。他还提出，习近平从严治党思想继承和发扬了毛泽东的党建思想，毛泽东以德治党思想为新形势下党的治理提供了理论借鉴：加强党性修养是共产党员的终身使命；以德治党是以德治国的前提和关键；将依规治党与以德治党统一于党建工作全过程。① 朱继东研究了 1939 年 10 月 4 日毛泽东为中共中央刊物——《共产党人》撰写的发刊词，认为《〈共产党人〉发刊词》系统阐述了毛泽东建党思想，提出了党的建设这一伟大工程，解答了建设一个什么样的党、怎样建设党这个重大问题，提出了中国革命胜利的"三大法宝"。今天重温这些重要论述，对一以贯之推进党的建设这一新的伟大工程具有重要意义。② 史海燕对毛泽东调查研究思想的形成、内涵及启示进行了分析，她认为，毛泽东调查思想受到湖湘文化的熏陶，也得益于实践经验的积累，还源于马克思主义经典理论的启示。毛泽东调查研究思想内涵十分丰富，具体包括调查研究是认识客观事物的正确方式，调查研究要以解决问题为明确目的、要全面细致、要保持谦虚好学的态度、要确定调查方法和技术等。毛泽东调查研究思想对当代领导干部提升领导能力、破解发展中的难题具有较强的启示意义。③

刘少奇与当代中国共产党的建设研究是 2018 年刘少奇研究的一大热点。2018 年是刘少奇同志诞辰 120 周年，11 月 23 日，中共中央在人民大会堂举行座谈会，纪念刘少奇同志诞辰 120 周年。中共中央总书记、国家主席、中央军委主席习近平发表重要讲话，指出刘少奇同志是坚持真理、实事求是的光辉榜样。坚持解放思想、实事求是，坚持真理、修正错误，是党和人民事业从胜利走向胜利的重要保证。要求全党学习刘少奇同志，"始终实事求是，勇于直面问题，随时准备坚持真理，随时准备修正错误。只有做到了这一点，才能把党建设成为始终走在时代前列、人民衷心拥护、勇于自

---

① 黄河：《毛泽东以德治党思想及其当代价值》，《佳木斯大学社会科学学报》2018 年第 4 期。
② 朱继东：《〈共产党人〉发刊词：毛泽东党建思想的经典文献》，《党建》2018 年第 2 期。
③ 史海燕：《毛泽东调查研究思想的形成、内涵及启示》，《贵阳市委党校学报》2018 年第 5 期。

我革命、经得起各种风浪考验、朝气蓬勃的马克思主义执政党，让 21 世纪中国的马克思主义展现出更强大、更有说服力的真理力量"。①

　　湖南宁乡人，中国共产党和中华人民共和国的主要领导人之一，无产阶级革命家、政治家和理论家刘少奇同志十分重视党的建设，是党内公认的党建理论家。他的《论共产党员的修养》《论党》《论党内斗争》等都是党建理论的重要著作。长期以来，刘少奇同志的党建思想一直是学术界较为重视的研究领域。李磊梳理了近 20 年国内学者对刘少奇执政党建设思想研究的成果，认为刘少奇执政党建设思想是刘少奇党建思想中极具特色和时代价值的重要内容。近 20 年来，学术界从多个维度研究了刘少奇执政党建设思想：一是关于刘少奇执政党建设思想的形成和发展；二是关于刘少奇执政党建设思想的具体内容；三是关于刘少奇执政党建设思想的基本特征；四是关于刘少奇执政党建设思想的历史贡献、局限性及时代价值；五是关于刘少奇执政党建设思想的比较研究。他指出，近 20 年来国内学界在刘少奇执政党建设思想研究上取得了丰硕成果，为进一步深化该课题研究打下了良好基础。但是，研究中也有一些不容忽视的问题：一是重复考察居多而创新研究较少，二是理论阐释居多而实证研究较少，三是泛泛而谈居多而深入研究较少。针对上述研究中存在的问题，他认为，未来的研究应该从以下三个方面着力：第一，开阔研究视野，进行横跨多个学科的综合性研究；第二，优化研究方法，坚持理论阐释与实证研究相结合；第三，改进研究思路，进一步加大研究的力度。他提出在未来的刘少奇执政党建设思想研究中，研究者不应固步于"蜻蜓点水"，泛泛而谈的研究思路，而应有选择地抓住刘少奇执政党建设思想中的某一方面或某几点内容深入研究。②

　　张超分析了刘少奇对马克思主义党建理论中国化的贡献，认为在推进马克思主义党建理论中国化的过程中，刘少奇为中国化的马克思主义党建理论体系宝库增添了重要的理论要素。主要包括几种类型：一是丰富完善型，即将马克思主义党建理论中的某些观点结合中国革命斗争的实际进行丰富和发展所形成的理论成果；二是总结概括型，即总结中国共产党建党

① 《中共中央举行纪念刘少奇同志诞辰120周年座谈会》，《人民日报》2018年11月24日。
② 李磊：《近二十年来刘少奇执政党建设思想研究述评》，《党史研究与教学》2018年第3期。

过程中正反两方面的经验教训并做出理论概括，用以指导中国共产党的实际工作，刘少奇《论党内斗争》一文即是这方面的代表作；三是独创型，即立足中国共产党的党情，通过研究党的建设规律所提出的具有首创性的新原理和新论断；四是探索型，即基于对某些在实践中新出现的、马克思主义经典作家未曾充分论及的新课题、新问题进行探索所形成的理论观点。在执政条件下如何建设党？在领导社会主义事业中如何建设党？这些问题在传统马克思主义经典作家那里并未做出系统阐述，刘少奇在中国共产党成为全国的执政党不久后就开始了对这些问题的探索。长期从事党的领导工作并在党建理论上卓有建树的刘少奇，是将马克思主义党建理论运用发展于中国的先驱和典范，在推进马克思主义党建理论中国化的过程中做出了巨大贡献。研究刘少奇的这一贡献，对今天构建中国化的马克思主义党建理论体系仍有重要的启示意义。① 2018 年，贵州大学的研究生文静以《刘少奇党建思想研究》为题完成了硕士学位论文，文章认为，在中国共产党的领导下，我国实现了由新民主主义社会向社会主义社会的转变。党是国家的领航者和建设者，在中国特色社会主义建设中的作用不可替代，由此，党的建设问题就显得尤为重要。党的十九大报告指出，我们正处于中国特色社会主义进入新时代的关键时期，在这一新形势下，如何加强和改进党的建设问题已经成为党面临的重要课题。刘少奇作为中国共产党杰出的马克思主义理论家，在我国历史革命的长期斗争中，对于党的建设问题有着重要建树。该文主要对刘少奇党建思想进行了分析，立足于其思想所包含的主要内容，研究其中所蕴含的价值。② 2018 年 12 月 1 日，中共中央纪念刘少奇同志诞辰 120 周年座谈会结束后几天，《湖南日报》刊发了《刘少奇对党建理论的丰富》一文，文章认为："作为中国共产党人的杰出代表，刘少奇始终注重运用马克思主义理论对传统文化进行批判继承，在革命和建设的实践中吸收借鉴中华优秀传统文化的养分，并结合时代条件和实际需要进行创造性转化和创新性发展，为中华优秀传统文化的传承和发展作出了重要贡献。"③

---

① 张超：《刘少奇对马克思主义党建理论中国化的贡献》，《学习时报》2018 年 8 月 27 日。
② 文静：《刘少奇党建思想研究》，硕士学位论文，贵州大学，2018。
③ 王锡财：《刘少奇对党建理论的丰富》，《湖南日报》2018 年 12 月 1 日。

党员领导干部的家风建设，是党的建设的一项重要内容。党的十八大以来，习近平总书记多次谈家风。2015 年的春节团拜会上，他曾说："家庭是社会的基本细胞，是人生的第一所学校。不论时代发生多大变化，不论生活格局发生多大变化，我们都要重视家庭建设，注重家庭、注重家教、注重家风。"2017 年 12 月 25 日至 26 日，习近平总书记在中共中央政治局民主生活会上强调，"要勤于检视心灵、洗涤灵魂，校准价值坐标，坚守理想信念。要增强政治定力、道德定力，构筑起不想腐的思想堤坝，清清白白做人、干干净净做事。要管好家属子女和身边工作人员，坚决反对特权现象，树立好的家风家规"。

胡爱明、刘茹对湘籍无产阶级革命家群体廉洁家风的当代价值及应用进行了研究。认为湘籍无产阶级革命家群体的以遵德守法、清廉正直、铁面无私、诚实守信、克己奉公为特征的廉洁家风，为领导干部的家风建设提供了一个范本，也为当代家庭教育树立了榜样。湘籍无产阶级革命家群体的廉洁家风为社区文化建设提供了新的载体，也丰富了高校思想政治理论课的教育内容，中华民族伟大复兴中国梦的实现需要廉洁家风代代相传。①

戴安林对毛泽东家教家风思想及其现实意义进行了研究。他认为，毛泽东家教家风思想的形成源自中国传统文化、湖湘文化、毛氏家族优良家教家风和共产主义理想信念四个方面，并指出毛泽东家教家风思想的基本内容：一是重视加强理想信念教育，培养共产主义事业接班人；二是重视亲情教育，制定严明家规；三是重视言传身教，树立廉洁家风；四是关心亲朋好友，但是不搞特权；五是传授正确的学习方法，倡导理论联系实际的家风。在他看来，毛泽东家教家风思想的现实意义有三个方面：一是良好的家教家风是个人立德成才的源头，二是良好的家教家风是从严治党的关键环节，三是良好的家教家风是民族复兴的重要基础。②

洪梅分析了青年毛泽东的家国情怀及其时代价值。认为青年时期的毛泽东具有强烈的责任感、使命感和忧患意识，他对故土的深厚感情，是其

① 胡爱明、刘茹：《湘籍无产阶级革命家群体廉洁家风的当代价值及应用研究》，《河南教育（高校）》2018 年第 1 期。
② 戴安林：《论毛泽东家教家风思想及现实意义》，《毛泽东研究》2018 年第 3 期。

家国情怀的根基；对湘学的继承弘扬，是其家国情怀的发展；对国民的忧患意识，是其家国情怀的主线。毛泽东家国情怀的时代价值主要表现在：有利于培养心怀故土的家园情感，有利于弘扬传统文化的爱国精髓，有利于加强心忧天下的全民意识。①

2018 年，扬州大学的研究生陈倩以《刘少奇家风思想研究》为题完成了学位论文。她认为刘少奇无论是担任党和人民政府、人民军队的高级领导职务，还是就职于地方工作，抑或是在个人的家庭生活中，都始终坚持党性，永葆共产党人的政治本色，为中国共产党的作风建设留下了许多极为宝贵的思想财富。经过分析，她认为刘少奇的家风思想是刘少奇在齐家实践中，受到传统文化的滋养和湖湘地域文化的影响，吸收借鉴刘氏祖辈世代相传的耕读传家的家庭美德，并将马克思主义家庭观与中华民族传统文化相结合，在社会实践和革命活动中自觉践行的基础上逐渐形成和发展起来的。她指出，刘少奇关于家风的思想理论蕴含着丰富的内涵。从政治道德层面来讲，他的家风思想的主要内容为：坚定不移、持之以恒的理想信念；谦虚谨慎、不搞特殊的政治品格；慎用职权、不谋私利的廉洁风范；实事求是、紧张有序的工作作风。从治家管理层面来看，刘少奇的家庭生活是其家风思想最真实的写照，关系融洽的夫妻关系是家庭和睦的坚实基础；艰苦朴素、严于律己的生活作风是其真实世界观的反映；勤俭为本、管放结合的家庭教育是培育优良家风的有效行动。从人际交往层面来说，身体力行的做人哲学是其为人处世的准则；与家人朋友的交往中，建立了公私分明、合情合理的亲属关系。该文认为，刘少奇家风思想展现了一定历史时期形成的革命精神，虽然刘少奇离开我们已经有 40 多年了，但他的家风思想仍然具有很强的现实意义。学习刘少奇家风思想，对优化当代中国领导干部家风建设具有重要作用。在全面从严治党的今天，刘少奇的家风思想是教育人的鲜活教材，更是新时期开展思想道德教育的有效载体。②

（三）湘籍历史人物思想的现代意义研究

湖南历史悠久，英才辈出，分析其中著名人物的思想，从中汲取对现

---

① 洪梅：《青年毛泽东的家国情怀及其时代价值》，《城市学刊》2018 年第 6 期。
② 陈倩：《刘少奇家风思想研究》，硕士学位论文，扬州大学，2018。

代社会有益的养分，也是这项研究的题中应有之义。

比如周敦颐，以往学术界在其"诚"的思想及其现代意义①、人格心理思想及其现代启示②、道德教育思想及现代价值③等方面做了很多研究。2018 年，学术界继续了这一研究。杨英伟研究了周敦颐生态伦理思想的现代意义，认为周敦颐生态伦理思想主要包括和谐统一的宇宙观和立诚至善的人生观，是对传统文化中天人合一思想的传承，突出了人的作用与人格修养，对湖湘文化有重大影响，是湖湘文化重要的思想渊源。周敦颐生态伦理思想对现代生态文明建设有重大启示，对于建立和谐共生的生态观、坚持以人的发展为核心等有积极意义。④

冯文全、高攀研究了曾国藩家训的德育思想及其对当代家庭教育的启示。认为曾国藩十分重视家庭教育，将调和家庭关系、整饬家庭生活等作为家庭教育的主要内容，并通过家书形式将其家训思想予以呈现。曾国藩家训因受到中国传统文化和先辈传世家训的影响，达到了中国传统仕宦家训的巅峰，蕴含着十分深刻的哲理，被后世文人贤士奉为教子圭臬。曾国藩以训诫族中子弟为己任，要求子弟遵行以"孝悌"为本的传家之道、以"勤俭"为基的兴家之本和以"谦敬"为要的待人之道，以达到家族长存、国家兴盛的目的。他们认为，将曾国藩家训中的德育思想合理运用于当代家庭教育中，不仅能够培养孩子正确的伦理观和道德观，而且能促使孩子构建起合理的劳动观和消费观。⑤

白杰峰对曾国藩官德思想的合理内核及现代价值进行了分析。他认为，曾国藩一生清正廉洁、谦虚谨慎、勤政为民、严于律己，在官德思想方面的成就和实践更是独具特色。以清为先、以慎治骄、以勤为本是曾国藩官德思想的合理内核。他指出，立足全面从严治党对党员干部官德修养的现实要求，曾国藩官德思想的合理内核在建设公务员队伍、提升拒腐防变能

---

① 高硕：《周敦颐"诚"体探微及其现代意义》，《宁夏社会科学》2014 年第 5 期。
② 肖莉：《周敦颐的人格心理思想及其现代启示》，《江西社会科学》2012 年第 8 期。
③ 周昕、陈安民：《周敦颐道德教育思想及现代价值》，《中南林业科技大学学报》（社会科学版）2010 年第 3 期。
④ 杨英伟：《论周敦颐生态伦理思想的现代意义》，《中南林业科技大学学报》（社会科学版）2018 年第 3 期。
⑤ 冯文全、高攀：《曾国藩家训的德育思想及其对当代家庭教育的启示》，《教育与教学研究》2018 年第 8 期。

力、纯净党风政风以及强化反腐倡廉等方面具有重要的借鉴价值。以史为鉴，去粗取精，科学借鉴曾国藩官德思想的合理内核对党员干部加强自身官德修养意义重大。[①]

王泓对左宗棠家风的内容、体系与价值进行了研究。认为晚清"中兴名臣"左宗棠非常重视对子女后代的教育问题，他置身军旅，驰驱戎马，仍不忘远方教子，家书不断，实属难能可贵。总体来看，左宗棠家风在本质上是其报国观的代际投射，体现了他"轻科名，重实学"的人才选任理念和"重义轻利"的朴素道德哲学观点。从内容体系上看，左宗棠家风可以归结为五个要点，即志存高远、崇俭广惠、经世致用、谨慎自抑与知恩图报。左宗棠家风所体现出的德育、伦理思想在当时产生了深远影响，这些影响主要体现在晚清器物革新的救亡实践中。这些思想对当下的社会德育涵化和家庭教养方式同样具有示范和借鉴意义。但是，我们也应当认识到左宗棠家风、家训的历史局限性，甄别其中具有时空跨域性的思想资源，摈除其中带有封建保守性和落后性的思想因素，使其发挥应有的当代价值。[②]

---

① 白杰峰：《曾国藩官德思想的合理内核及现代价值初论》，《湖南人文科技学院学报》2018年第3期。

② 王泓：《左宗棠家风：内容、体系与价值》，《学术交流》2018年第4期。

附　录

一　湘学研究基地及成果

（一）湖南理工学院湘学研究基地

湖南理工学院湘学研究基地成立于 2013 年 11 月，负责人为湖南理工学院原校长、二级教授余三定，首席专家为历史学二级教授钟兴永。

湖南理工学院湘学研究基地由学院各院部共同建设，旨在举全院湘学研究之力，结合岳阳地域特色，研究岳阳在湘学中的母源地位和历史流变。2018 年，基地团队在屈学研究、岳州窑文化研究、岳阳文化旅游研究等领域取得了突破性的成就。

1. 新增项目情况

2018 年，国家项目主要有：校长卢先明主持的国家社科规划项目"习近平新时代中国特色社会主义政治伦理思想研究"；期刊社社长彭柏林主持的国家社科规划项目"新时代中国特色社会主义志愿服务伦理研究"。教育部青年项目有 3 项：石丹丹"《楚辞》服饰文化及其现代价值研究"；蓝于兰"屈原作品中的舞蹈研究"；刘雅"文化传承视野下的洞庭湖区打倡巫舞研究"。新增湖南省社会科学成果评审委员会课题有：蓝于兰主持的"《九歌》中的舞蹈研究"；张丽莉"明清《楚辞》插图研究"；陈艳华"洞庭湖区农业湿地景观设计语言研究"；段勇义"《楚辞补注》音注研究"；龚红林"屈原接受美学学术史的梳理及其知识图谱分析"；贺志韧"屈原宗教改革思想研究——以《离骚》、《九歌》为中心"；胡睿臻"汨罗屈原文化的旅游审美传承研究"；邢涛"岳州窑古青瓷形式基因的当代传承与创新研究"；周力"巴陵戏音乐资源数据库建设研究"等。湖南省社科规划项目有：高其荣"湘北抗战史料收集与整理研究"；李强"巴陵戏音乐与湘鄂戏曲关系之研究";万长林"汉唐时期岳州窑陶瓷中外交流研究";黄亚鹰"'复遗兴湘'策略下的岳州窑信息化传承研究";李佳川"一带一路背景下龙舟文化传承与创新发展研究";周怀球"民俗文化传播视域下洞庭湖地区运动休闲特色小镇建设研究";何丹"基于概念整合理论的《楚辞》英译研究";李思"湘楚文化在巴陵戏舞美设计中的传承与应用研究";贺志韧"湘北庙会文化之社会功能研究";段勇义"汨罗江流域方言与《楚辞》'楚语'比较研究"等。这些项目集中在屈学跨学科研究、岳州窑文化研究等领域,有明显的湘学研究因子,弥足珍贵。

2. 发表论著情况

2018年,基地成员出版著作10部,如龚红林博士的《行吟中的屈原》为岳阳市委托项目,由中国文史出版社出版;庞毅的《民族声乐演唱与教学研究》在吉林美术出版社出版。发表论文27篇,如石丹丹老师的《别开生面的一本楚辞译注书籍——评〈楚辞译注〉》发表于《中国教育学刊》2018年第1期;钟兴永教授的《岳州窑发生史略》发表于《长沙大学学报》2018年第1期;张勇博士的《原始思维与韩少功的寻根小说创作》发表于《湘潭大学学报》。

3. 湘学文化产业情况

2018年,湖南理工学院在湘学文化产业方面迈出了可喜的步伐。

4月,湖南省社科联、湖南省社科普及宣传活动组委会办公室在全省开展了第六批湖南省社科普及基地评审工作。通过自主申报、主管单位推荐、专家评审,并报省社科联党组研究决定,湖南理工学院申报的"岳州窑陶瓷文化研究中心"获批。"岳州窑陶瓷文化研究中心"旨在充分发挥高校教学科研优势与经济实体的技术人才优势,通过产学研深度合作,推动岳州窑复兴工作的有序开展,打造岳阳新兴文化产业创新品牌。

6月21日,湖南省文化厅党组书记、厅长禹新荣一行考察了湖南理工学院历史建筑保护云监测平台、岳州窑协同创新中心等。禹新荣一行考察了岳州窑的整个生产研发流程,对用传统工艺开展制瓷工作予以肯定,并对中心研发的青瓷产品表示赞赏。

7月,湖南理工学院"岳州窑文化研究基地"被确定为湖南省社科研究基地。基地负责人为钟华教授,首席专家为万长林教授。基地确立了岳州窑文化发展史研究、岳州窑文化传播研究、岳州窑产业发展研究三大方向,并与区域文化、国际文化交流接轨，以期传承发展好这一湖湘文化的老品牌。

为探索岳州窑文化的复兴及发展前景，传承优秀传统文化，12 月 15 日，首届全国岳州窑文化论坛在湖南理工学院举行。中共湖南省委宣传部副部长肖君华、湖南理工学院党委书记李明出席论坛。来自清华大学、中国人民大学、上海视觉艺术学院、美国纽约州立大学、景德镇陶瓷大学等高校的 50 余名专家学者共同探讨了新时代岳州窑传统产业发展大计。李明指出，在 2016 年 5 月湖南理工学院联合岳州宋瓷文化艺术发展有限公司成立了岳州窑文化传承与发展协同创新中心，以此实现岳州窑文化发展的资源共享、优势互补。通过深入合作，湖南理工学院正稳步推动岳州窑文化大放异彩，加快岳州窑文化复兴，并取得了丰硕成果。校长卢先明指出，湖南理工学院将发挥高校教学科研优势与经济实体的技术人才优势，通过产学研深度合作，推动岳州窑复兴工作的有序开展，打造岳阳新兴文化产业创新品牌。肖君华为"岳州窑文化研究"湖南省社科研究基地和湖南省社科普及基地揭牌。

屈原文化是中国传统文化中浓墨重彩的一笔，同样，它也在无形中浸润着湖湘每一寸土地。随着全国屈原学发展创新论坛暨湖南省屈原学会第四届年会在湖南理工学院召开和第一套《屈原文化研究丛书》入驻汨罗市屈子文化园，"湖南省屈原文化研究基地"吸引了更多人的注意。第一，湖南理工学院申报的"湖南省屈原文化研究基地"获中共湖南省委宣传部批准，成为湖南省社科研究基地。第二，学校与汨罗市人民政府签订了校地共建"湖南省屈原文化研究基地"合作协议，汨罗市人民政府提供了 50 万元科研启动经费。第三，基地团队成员坚持"经义"和"达用"的宗旨，潜心于屈原文化的研究。由龚红林教授主持的《"中国岳阳·诗祖屈原·国际诗歌之旅"品牌打造策略》科研成果，获得由中共湖南省委宣传部颁发的优秀成果奖，入选"湖湘智库研究 25 项优秀成果"。音乐学院参与湖南省第五届大学生艺术展演的三个节目《南国嘉树》、《楚风锣鼓》以及《香草美人吟》，均获得省级一等奖，而这三个节目，灵感全部来自屈原。蓝于兰老师指导学生的舞蹈《楚风》参演中央文明办在汨罗市主办的"我们的节日"；颜文洪教授主持的"汨罗屈原文化旅游资源规划与产业链整合实施方案"、周次保教授主持的"汨罗龙舟文化产业研究与助推方案"等一系列项目，推进了地方文化创意产业的发展，促进了区域经济的稳步提升。5月，学校创编的舞剧《屈原》是湖南理工学院产教融合发展的缩影。创作原型为伟大的爱国诗人屈原，创作者用舞蹈这一艺术形式表现了屈原跌宕起伏的人生，讲述了一个关于爱国、救赎和死亡的故事，体现了屈原伟大的爱国主义精神。总导演蓝予兰与舞蹈演员们将传统文化与现代艺术相结合，淋漓尽致地表现了屈原悲怆的人生境遇与强烈的爱国情怀，赢得了观众一次又一次的掌声。第四，10月举办了"楚辞文化传承"系列讲座。第一堂请中国屈原学会副会长周秉高教授主讲了《学习屈原作品　弘扬爱国精神》。会后，周教授将自己的学术著作《新编楚辞索引》、《楚辞解析》、《楚辞原物》和《全先秦两汉诗》（100万字）四种，捐赠给湖南理工学院图书馆屈学文献特藏室收藏。

9月27日，岳阳市委、市政府和湖南理工学院联合成立的湖南岳阳乡村发展研究中心正式揭牌成立。研究中心将围绕岳阳市乡村发展实践，汇聚岳阳市产学研创新资源与创新要素，校地协同合作共推岳阳乡村振兴战略。市委书记、市人大常委会主任刘和生，市委常委、市委秘书长谈正红，党委书记李明和校长卢先明等出席。刘和生指出，成立岳阳乡村发展研究中心，是落实党的十九大重大决策部署，全面建设社会主义现代化国家的具体举措。研究中心将整合全市涉农资源，联合国内高校和研究单位，从理论和实践方面研究乡村发展的系列前沿问题，提出一批岳阳在未来实施乡村振兴战略计划中的重大研究项目和课题，指导岳阳在实施乡村振兴方面的建设和发展，并力求在理论研究、模式创新、实践成效等方面获得一些省内领先、国内一流的成果。研究中心由理论研究基地和实践基地两部分组成，岳阳市政府先期拨付200万元。在理论研究方面，确定了"用习近平乡村振兴战略思想引领岳阳农业农村现代化实践的路径研究""环洞庭湖地区农产品区域品牌的树立与推广策略分析""岳阳农业产业化特色小镇产业聚集发展的扩散效应研究"等26项极具地方特色的研究项目。在实践基地方面，确定了平江县安定镇湖南文学创作示范基地为综合实践基地，并结合岳阳实际，确定乡村振兴战略中现代农业产业、乡风文明、城乡融合、基层党建、美丽乡村等5类专项工作突出的乡镇（村场）为专项调研基地。

（二）湖南文理学院湘学研究基地

湖南文理学院湘学研究基地成立于 2013 年，是湖南省湘学研究院批准成立的第二批研究基地。基地负责人是学校纪委书记曾言教授，首席专家为周星林教授。基地成员基本与历史学科教研室成员重叠。2018 年，该基地在湖南省湘学研究院指导、湖南文理学院校党委校行政领导下，完成了以下工作任务。

1. 课题立项

（1）罗运胜副教授申报的"明清时期沅水流域民众生计与地方社会研究"（18BZS136）获国家社科基金立项。

（2）周星林教授积极参与地方经济文化建设活动，申报的"沅澧楚文化在新时代的传承与开发"（18ZD022）获常德市社科联重点课题立项，并于 2018 年底完成研究任务，结题。

2. 著作出版

（1）积极配合省湘学研究院整理出版《湘学研究报告（2017）》的资料收集工作。目前，该书已由湖南人民出版社出版。

（2）2018 年 3 月，由湖南省社科联、湘学研究院、湖南文理学院联合主办，常德市社科联、湖南文理学院湘学研究基地联合承办的"《孙开华评传》首发暨海峡两岸孙开华研究学术交流会"在长沙市湖南宾馆举行。该会议有来自海峡两岸 70 位专家学者及孙开华亲属参加，《湖南日报》、湖南卫视、人民网、新华网等主流媒体予以报道。

（3）2018 年 4—6 月，基地首席专家周星林教授参与湖南省委宣传部主办、省湘学研究院与各市州宣传部承办的《湖湘文化区域精粹·常德篇》撰写工作。目前，该书已经进入编辑出版程序。

（4）常德市是湖南省戏曲进校园活动的两个试点城市之一，该活动组织开展以来，各中小学师生反映需要一本戏曲知识普及读本，研究基地于 2018 年 7 月承接了组织撰写《常德市戏曲曲艺普及读本》的工作。目前，撰稿任务基本完成，该书将由中国戏剧出版社正式出版。

（5）协助陈致远教授主持的国家重大委托课题"中国南方侵华日军细菌战研究"，积极推动已经列入国家"十三五"规划重点图书出版项目的七本细菌战研究专著出版发行。2018 年由中国社会科学出版社完成以下四本专著的出版：《侵华日军在中国实施的鼠疫细菌战研究》（陈致远教授）、《侵华日军广州 8604 细菌部队研究》（曹卫平教授）、《侵华日军第 9420 部队及云南细菌战研究》（张华副教授）、《侵华日军细菌战重要外文资料译介》（李海军教授）。

3. 其他工作

（1）积极支持熊英教授领衔的"常德市常德名人研究会"成立大会（5月 28 日）及其相关历史人物研究立项。

（2）组织力量开展沅澧楚文化研究。一方面该研究成为常德市社科联重点项目，论文《沅澧大地楚城文化遗址新探》和《沅澧大地有哪些先贤堪称楚国菁英》先后发表；另一方面积极开展校企合作，寻求文化旅游开发企业的支持，引进湖南鼎沣集团横向合作项目，进账资金 5 万元。

（3）积极引进常德市文化馆主编的《常德丝弦论集》，引进横向科研经费 20 万元，周星林教授参与了部分章节的撰写。

（4）积极参与中国早期传播马克思主义人物赵必振研究，撰写专题宣传片《赵必振》脚本，并承担了该片拍摄任务。

（5）积极参与常德地名的历史缘由考证任务，拍摄系列专题片《常德地名》，在政府网站、广播电视台发布。

（6）完成了湖南文理学院校党委、校行政下达的其他任务。

（三）湖南省湘学研究院湖南城市学院研究基地

湖南省湘学研究院湖南城市学院研究基地成立于 2013 年 7 月，李建华教授担任基地负责人。基地设益阳历史文化与湘学、益阳语言文学与湘学两个研究方向，聘请易永卿教授、袁志成博士担任基地首席专家。

2018 年，基地湘学研究取得了一系列研究成果，主要有：陶用舒的《陶澍传——从山乡农民后代到大清干国良臣》（湖南人民出版社，2018）、《陶澍师友录》（岳麓书社，2018），易永卿、陶用舒的《陶澍生平相关事项的几点歧义与辩证》（《湖南大学学报》2018 年第 4 期）。其他相关成果有：周晋的《湖南农村普通学校音乐教育研究》（吉林出版集团有限责任公司，2018），汤放华、古杰、吕贤军、周素红的《新区域主义视角下长株潭城市群区域一体化过程与影响因素》（《人文地理》2018 年第 4 期），汤放华、吴平、周亮的《长株潭城市群一体化程度测度与评价》（《经济地理》2018

年第 2 期）。

（四）湖南省湘学研究院湘南学院研究基地

湖南省湘学研究院湘南学院研究基地成立于 2013 年 7 月。湘南学院郴州地域文化研究所所长李国春教授为现任基地负责人。基地的研究团队有教授 4 人，副教授 10 人，博士 4 人。另外，研究基地还聘请校外研究人员对具体项目开展专项研究。近些年，基地团队在课题立项以及论著发表等方面都取得了相当的成就。

1. 课题立项成果

国家社科基金项目 1 项：范大明"基督教与近代中国墨学复兴思潮研究"（2017）。教育部项目 1 项：龙井仁"坚持以人民为中心基本方略的理论特色与实践要义研究"（2018）。湖南省哲学社会科学规划办基金项目 3 项：龙井仁"着力坚持以人民为中心的发展思想"（2016），邓红华"语言资源保护视野下的湖南俗语多维度研究"（2017），向贵云"湖南少数民族文学制度研究"（2018）。

2. 论文成果

曾天雄、范大明《中国近代史上的基督教与帝国主义——以张亦镜为考察中心》，《哲学研究》2016 年第 1 期；曾鹰、袁秀贞《从知识取向到价值取向——论"红色资源"教育价值在高校思想政治课的主体性回归》，《湘南学院学报》2016 年第 4 期；曾鹰《从文化自省、文化自觉到文化自信》，《湖南日报》2017 年 4 月 22 日；雷徽《秦观〈满庭芳〉（雅燕飞觞）写作时间考辨》，《湘南学院学报》（社会科学版）2017 年第 4 期；李晓明、王喜伶《杜甫湘行诗探析》，《湘南学院学报》2018 年第 1 期；雷徽《论秦观的表、启》，《扬州文化研究论丛》2018 年第 1 期；雷徽《黄庭坚涉茶诗中的生活雅趣》，《中国韵文学刊》2018 年第 2 期；范大明《反对国教：基督教在尊孔运动中的回应——以张亦镜为考察中心》，《宗教学研究》2018 年第 1 期；丁健纯、李佳果《汨罗方言谚语的修辞艺术》，《牡丹江大学学报》2018 年第 4 期；范大明《近代中国基督教文字布道观研究》，《怀化学院学报》2018 年第 7 期；邓慧爱《汉字与周边民族文字形态之间的偶然及必然相似性分析》，《贵州民族研究》2018 年第 10 期。

（五）桂阳历史文化研究中心

桂阳历史文化研究中心多年来致力于本地文化历史的挖掘与研究，在湖南省湘学研究院的指引下，着力深化对桂阳最核心、最具特色的矿冶文化的研究，实地考察桂阳矿冶遗址，收集有关桂阳的矿冶史料，出版桂阳矿冶方面的相关著作，于 2018 年取得了一系列的研究成果，实现了重大突破。

1. 在研、结项课题情况

2018 年，桂阳历史文化研究中心在研课题一项，即桂阳矿冶遗址调查，具体情况如下：桂阳矿冶遗址调查为与中国科学院自然科学史研究所合作项目，由北京大学考古文博学院陈建立教授指导，旨在对桂阳矿冶遗址做一个全面的调查研究。自 2016 年以来，该中心人员对桂阳西水河片区、雷坪片区、桥市片区、方元仁义浩塘片区等 34 个矿冶遗址做了全面的调查，确定了它们的经纬度坐标位置，考察了它们的地理地貌，详细考察、记录了它们的历史遗迹。在调查过程中，该中心人员还深入当地群众，深入挖掘各矿冶遗址的传说故事、家谱中有关矿冶事件的记载等，掌握了各矿冶遗址的第一手资料，计划把桂阳矿冶遗址调查资料整理成册，为中国科学院自然科学史研究所开展桂阳矿冶研究打下良好基础。

2018 年，桂阳历史文化研究中心结项课题两项。一是推进桐木岭遗址"市保""省保""国保"申报工作。2017 年桂阳"四创"工作全面铺开，该中心配合完成了"湖南省历史文化名城"申报文本撰写工作，历史文化名城申报一举成功。2018 年桐木岭遗址获批"市保""省保"单位。2018年底第八批"国保"申报工作启动后，桂阳县文物管理所、桂阳历史文化研究中心统筹安排部署，积极组织人员，在北京大学考古文博学院陈建立教授，省文物考古研究所郭伟民所长、莫林恒老师，市文物管理处罗盛强主任的帮助下，克服重重困难，高质量完成了桐木岭遗址第八批"国保"申报文本的撰写工作，得到了省文物局的好评。二是开展桂阳"四个千年"的研究。在县委和宣传部的部署下，该中心开展了桂阳"四个千年"的研究。桂阳历史悠久、文化深厚，有"千年古郡""千年矿都""千年戏曲""千年民居"之称，为配合桂阳县提升文化软实力、坚定桂阳文化自信、推进桂阳"文化强县"目标，该中心多方搜集资料，深入开展"四个千年"

文化研究，梳理了桂阳郡县文化历史、矿冶历史文化发展脉络、湘昆历史文化发展、桂阳古村落民居特色，并形成相关文字，为县委和宣传部提供了一份合格的答卷。

2. 发表论文情况

为深入挖掘桂阳历史文化，该中心人员积极开展本土文化研究，特别是矿冶方面的文化研究。2018 年先后发表了 10 多篇论文共 8 万多字。尹友波《唐宋桂阳监考释》、廖小敏《我对桂阳矿冶考古的认识》发表于《湖南桂阳冶金史资料汇编》，雷昌仁、张日生《桂阳：千年矿冶币材之都》发表于《郴州日报》"文化"专栏。其他还有在本土文化期刊《蓉城》发表的《永不逝落的文明——桂阳文物全记录》（廖小敏）、《桂阳现存最早古碑——朱文叔开山碑探秘》（尹友波）、《清朝桂阳团练公平团纪事》（张日生）、《桂阳籍地质学家刘基磐和他的〈虎形岭地质报告〉》（廖小敏）等。

3. 出版著作情况

2018 年，关于桂阳冶金史的首部学术著作《湖南桂阳冶金史资料汇编》由湖南人民出版社公开出版。该书由桂阳历史文化研究中心统筹组织编纂，由中国科学院自然科学史研究所博士周文丽、桂阳历史文化研究中心主任雷昌仁主编，编委还包括北京大学博导陈建立教授，中国科学院自然科学史研究所图书馆馆员高峰，省文物考古研究所研究员莫林恒，市文物管理处助理研究员罗胜强，桂阳历史文化研究中心叶淑平、欧阳志君、廖小敏、尹友波、张日生等，是冶金考古专家与该中心在合作开展桐木岭多金属冶炼遗址考古发掘，并获得"2016 年度全国十大考古新发现"后，为挖掘桂阳深厚的矿冶文化特色，联手打造的结晶。该书历时三年多，分为上下两篇，上篇收录了二十四史及其他史籍中有关桂阳矿冶方面的史料，下篇收录了国内专家研究桂阳矿冶的部分学术论文。全书共 422 页，68 万字，内容丰富、史料翔实，是不可多得的地方专门史料。北京大学博导陈建立教授称："这是从史料的角度对区域矿冶文化遗产进行整体调查研究的一次有益探索，奠定桂阳有效保护和合理利用矿冶文化遗产的文献基础，其工作过程及收获具有重要的示范意义。"该书的出版向世人揭开了桂阳作为"千年矿冶币材之都"的神秘面纱，为桐木岭矿冶遗址申报全国重点文物保护单位和桂阳申报国家级历史文化名城打下了坚实的基础。

二　湘学研究纪事

湖南省博物馆举办"春秋战国历史文化学术研讨会"

1月27—28日，为推动春秋战国时期历史文化的研究，更深层次地解读"东方既白——春秋战国文物大联展"，在湖南省博物馆学术报告厅召开了"春秋战国历史文化学术研讨会"。来自北京大学、中国科学院、上海博物馆、南京博物院、台北"故宫博物院"、香港中文大学等境内外40家博物馆、研究机构近80位专家、学者齐聚长沙。研讨会共收到来自境内外40余家文博机构和科研院所、高校的论文或摘要60多篇。

湖南文学研究中心揭牌仪式在长沙举行

1月31日，湖南文学研究中心揭牌仪式在湖南省社会科学院举行。湖南文学研究中心由湖南省作家协会与湖南省社会科学院合作共建，挂靠湖南省社会科学院文学研究所。湖南省社会科学院党组书记刘建武院长、省作协党组书记兼常务副主席龚爱林、湖南省社会科学院党组成员贺培育副院长等领导出席会议。省社会科学院及省作协等50余位专家、学者参加会议。揭牌仪式由贺培育副院长主持。湖南省社会科学院文学研究所所长、研究员卓今任中心主任。湖南文学研究中心将贯彻落实党的十九大精神，加快实现科研机构为地方文化建设服务的职能，进一步推进湖南文学创作和文学评论的繁荣发展。

湖南省湖湘文化研究会举办2017年会暨2018新春联谊会

2月7日，湖南省湖湘文化研究会2017年会暨2018新春联谊会在长沙市望城区大汉汉园汉学院召开。湖南省政协文史学习委员会原主任田伏隆，长沙市政协原主席董学生，湖南省贸促会原党组书记、会长李沛，湖南省社会科学院哲学研究所原所长、研究员、船山学社社长王兴国，南华大学副校长何旭娟，湖南图书馆副馆长邹序明等领导应邀参会。湖南图书馆、省旅游学会、省湖湘文化交流协会、省企业文化促进会等众多兄弟单位应邀出席会议。会议期间举行了湖湘文化研究会入驻汉园启动揭牌仪式。

"2018雷锋精神论坛"在长沙召开

2月28日下午，为深入贯彻落实党的十九大精神，纪念毛主席"向雷锋同志学习"题词55周年，推进学雷锋活动常态化，由中共湖南省委宣传部、湖南省文明办等共同主办的"纪念毛泽东等老一辈无产阶级革命家为雷锋同志题词发表55周年座谈会"暨"2018雷锋精神论坛"在雷锋故里长沙望城举行。湖南省委常委、省委宣传部部长蔡振红，省军区原政委、省雷锋精神研究会会长杨忠民等参加论坛。100余位领导、专家学者、雷锋生前战友以及全国学雷锋活动先进代表出席会议，共同探讨研究雷锋精神的时代价值。

"艺术、物质文化与交流——13—16世纪欧亚大陆文明"学术研讨会在长沙召开

3月24—25日，为提升"在最遥远的地方寻找故乡——13—16世纪中国与意大利的跨文化交流展"的影响力，推动学界对文艺复兴时期东西方世界跨文化交流的研究，湖南省博物馆举办了"艺术、物质文化与交流——13—16世纪欧亚大陆文明"学术研讨会。来自国内外近40所知名大学、文博机构的百位专家学者齐聚长沙，基于中意展的内容与框架，从文化传播与交流、器物研究、文物技术保护与研究、展览策划等方面进行了深入探讨与成果分享。

湖南省湘学研究院工作座谈会召开

3月25日，湖南省湘学研究院工作座谈会在长沙举行。会议主要内容为审议湖南省湘学研究院工作报告，讨论《湘学研究报告（2017）》编纂方案、湖南省湘学研究院基地工作，介绍《湖湘文化名言100句》编纂情况、"湘学论坛（2018）"筹备情况等。会议由湖南省社会科学院副院长、湘学研究院常务副院长贺培育主持，湖南省社会科学院院长、湘学研究院院长刘建武致辞，湘学研究院副院长、湖南省社会科学院历史文化研究所所长李斌做工作报告，湖南省参事室（文史馆）副主任（副院长）李跃龙、湖南省社会科学院历史所副所长郭钦、副研究员马延炜分别就《湖湘文化名言100句》、《湘学研究报告（2017）》和2018年湘学论坛等工作进行了说明。湖南省湘学研究院副院长唐浩明、朱汉民、王继平、王兴国，以及来自全省各地的湘学研究基地负责人或首席专家相继发言，积极为湘学研究工作献计献策。《湖湘论坛》杂志主编王习贤、《求索》杂志副主编王国宇应邀参加了会议。会议确定了2018年湘学研究院的主要工作任务。

郭嵩焘学术思想研讨座谈会在汨罗举行

4月7日，由湖南大学法学院、岳麓书院与汨罗市郭嵩焘学术思想研究会联合举办的纪念郭嵩焘诞辰200周年暨郭嵩焘学术思想研讨座谈会在汨罗市举行。汨罗市政协主席彭千红，市委常委、宣传部部长王敏求，市人大常委会副主任易红，副市长仇正勇参加座谈会。座谈会上，北京印刷学院新闻出版学院教授叶新、郭嵩焘学术思想研究会副会长胡启良、曾国藩与湘军文化研究会研究员李超平等五位著有与郭嵩焘有关的论文作者代表现场宣读论文，来自全国各地的专家学者对郭嵩焘思想政治理念的时代内涵、背景和价值，郭嵩焘政治思想与洋务运动思想的异同，郭嵩焘政治远见等进行了热烈探讨。

湖南省炎黄文化研究会王氏专业委员会成立大会在长沙成功举行

4月26日，湖南省炎黄文化研究会王氏专业委员会成立大会在长沙市湖南省司法厅培训中心会议室举行。来自海南、福建、江西、贵州和法国等地的王氏文化研究会会长、优秀宗亲代表以及湖南各地市的宗亲代表200多人出席了此次会议。

"首届张枣诗歌学术研讨会"在长沙召开

4月28日，由湖南省社会科学院、中国诗歌网、《南方文坛》杂志社、湖南省诗歌学会联合主办的"首届张枣诗歌学术研讨会"在长沙召开。湖南省社会科学院副院长贺培育、《诗刊》副主编李少君、《南方文坛》杂志主编张燕玲、湖南省诗歌学会会长梁尔源、首都师范大学教授王光明、中央民族大学教授敬文东、浙江大学教授江若水等来自省内外的50多名学者和诗人出席会议。张枣父亲张式德特地赶来参加会议。

"女书文化研究的多元视角"学术研讨会在湖南女子学院成功召开

5月17日，"女书文化研究的多元视角"学术研讨会在湖南女子学院成功召开。会议由湖南省江永县委、县政府指导，湖南女子学院科研处主办，院女书文化研究所承办，湘女楚韵女书艺术馆和天下女书协办。来自国内外的女书学者、女书传人和女书宣传大使以及女书爱好者等40余人参加了会议。湖南省文化厅非遗处处长陈友材和学院副院长周松涛、科研处处长向前出席了此次会议。与会学者围绕女书文化研究领域的相关进展进行了热烈讨论。

纪念刘崐诞辰 210 周年学术研讨会在长沙隆重举行

5 月 22 日，由湖南省湖湘文化研究会和清风杂志社联合发起，大汉汉学院、麓山求是讲堂、河南三门峡甘棠书院、湖南浦琨文化发展有限公司、湖南省高校国学联合会共同协办的纪念晚清时期湖南地区具有重大影响的官员刘崐诞辰 210 周年学术研讨会在长沙隆重举行。省军区原副政委、少将黄祖示，长沙市政协原主席董学生，省政协文史学习委员会原主任田伏隆，湖南省审计厅原巡视员刘林玉，省政府经济研究信息中心原巡视员、省人民政府参事郭辉东，省湖湘文化研究会会长、省人民政府参事、湖师大慈善公益研究院院长周秋光，湘潭大学原副校长、湖南省社科联副主席王继平，湖南省参事室（文史馆）副主任（副馆长）李跃龙，湖南省社会科学院哲学研究所原所长王兴国，岳麓书院教授、中国书院研究中心主任邓洪波，文史专家王盾、陈先枢、汪太理等领导及嘉宾出席会议并做了主题研讨。

郭嵩焘诞辰 200 周年研讨会在长沙举行

5 月 27 日，继郭嵩焘君子书院揭牌之后，纪念湖湘先儒、中国第一位驻外大使郭嵩焘诞辰 200 周年学术研讨会暨湖南民间儒学传承人联席会议在岳麓区大茶网直营店举行。国际儒联学会顾问、中国实学研究会顾问、船山学社社长、《郭嵩焘评传》作者王兴国和法国、英国、德国、美国友人发来了贺信。来自湖南、北京、上海、深圳等地的儒学传承人和湖湘文化研究者 30 余人出席了会议。

"湖湘地名研究学术研讨会"在湖南工业大学召开

5 月 30 日，由湖南工业大学社会科学处、马克思主义学院、湘东历史文化研究所、期刊社主办，湖南工业大学社会科学处承办的"湖湘地名研究学术研讨会"在湖南工业大学科技楼举行，来自省内外的十几位专家学者围绕"加强湖湘地名研究，建设高校特色学科"这一主题，就湖湘地名研究相关论题，进行了深入的交流和讨论。民政部地名研究所所长、中国地名学会会长王胜三以及王殿彬、任国瑞、陈湘文、周文杰、朱建军、李文峰、田定湘、陈益元、陈若松、甘智钢、向华政、黄声波、肖又铮等专家学者应邀参会。

"2018'湘学论坛：湖湘文化的传承与创新"学术研讨会在长沙召开

6 月 30 日，由湖南省社会科学院、湖南省湘学研究院主办，中共湖南省委党校《湖湘论坛》杂志社、江永县人民政府协办的"2018'湘学论坛：湖湘文化的传承与创新"学术研讨会在长沙召开。中共湖南省委宣传部副巡视员刘学，湖南省社会科学院党组书记、院长、湖南省湘学研究院院长刘建武，湖南日报社总编辑龚政文，湖南省委宣传部原副部长、湖南省社科联原主席郑佳明，湖南省参事室（文史馆）副主任（副馆长）李跃龙，中共湖南省委党校教育长吴厚庆，湘潭大学原副校长王继平，江永县县长唐德荣等人出席会议。

"2018 年湘学·蜀学·徽学高层论坛"在岳麓书院举办

7 月 15—16 日，由湖南大学岳麓书院、四川大学古籍整理研究所、安徽大学徽学研究中心联合主办的"2018 年湘学·蜀学·徽学高层论坛"在长沙举办。国内近 40 位知名学者齐聚岳麓书院，共同探讨湘学、蜀学、徽学等地域学术文化的互补与交融，为进一步加强地域文化与中华文化的融合与发展建言献策。

纪念孔子诞辰 2569 周年岳麓书院举行戊戌年祭孔大典

9 月 28 日，湖南大学岳麓书院在文庙大成殿前隆重举行祭孔大典，纪念至圣先师孔子诞辰 2569 周年。在悠扬的古乐声中，来自岳麓书院历史系、哲学系（宗教学系）、考古学系的师生，湖南大学附属中小学师生以及湖南社会各界人士代表 500 余人面向大成殿，集体向孔子行三鞠躬礼。

纪念毛泽东诞辰 125 周年座谈会在北京举行

9 月 29 日，纪念毛泽东诞辰 125 周年暨《毛泽东：忧患百姓忧患党》《毛泽东读书生活十二讲》《毛泽东晚年读书研究札记》出版座谈会在北京举行。座谈会由中国社会科学院当代中国研究所和中国社会科学院世界社会主义研究中心、人民出版社、社会科学文献出版社、当代中国出版社、江苏中远助学帮老基金会等单位共同主办。全国人大常委会原副委员长顾秀莲、宁夏回族自治区党委原书记黄璜、湖南省委原书记王茂林、国家安全部原部长许永跃、中央党校原常务副校长虞云耀、原中央党史研究室副主任张启华、中央档案馆原馆长杨冬权等领导同志和从事毛泽东生平思想研究的专家学者、毛泽东原身边工作人员等，共约 60 人出席。

"深化新时代毛泽东研究的前瞻性思考"学术研讨会在湖南社会科学院召开

11 月 3 日，为了全面深入学习贯彻党的十九大精神，积极探索毛泽东研究中的重点、热点、难点问题和新动态，促进毛泽东研究在新时代的深入拓展，由湖南省社会科学院、湖南省毛泽东研究中心、湖南省马克思主义理论研究会主办，湖南省社会科学院马克思主义研究所承办的"深化新时代毛泽东研究的前瞻性思考"学术研讨会在湖南省社会科学院多功能学术会议厅举行。南京大学马克思主义学院副教授、院长助理张明，中山大学马克思主义学院副教授、院长助理罗嗣亮，湖南科技大学马克思主义学院副院长、副教授刘正妙，湘潭大学马克思主义学院院长助理、副教授陈龙，北京理工大学马克思主义学院讲师李永进，南京市委党校哲学教研部副主任、副教授王兵等青年学者及马克思主义研究所成员共20余人出席研讨会，围绕"深化新时代毛泽东研究的前瞻性思考"展开热烈研讨。

湖南文理学院召开第二届抗战区域研究暨湖南抗战研究学术讨论会

11月3—4日，第二届抗战区域研究暨湖南抗战研究学术讨论会在湖南文理学院召开。研讨会由中国社会科学院近代史研究所《抗日战争研究》编辑部、湖南省社会科学院历史文化研究所、湖南省文理学院、抗战纪念网主办。湖南省政协原副主席刘晓、湖南省社会科学院副院长贺培育、中国社会科学院近代史研究所《抗日战争研究》主编高士华、湖南文理学院副院长李红革、长沙市抗战文化研究会会长何誉军等人出席会议。会议期间共举办了六场抗日战争研究专题报告会。来自中国社会科学院、湖南省社会科学院以及北京大学、武汉大学等20所高等院校、研究机构的抗战研究专家、学者，分别从军事、政治、外交、经济、医疗卫生、教育、文化、社会生活等不同领域和视角对抗日战争进行了深入研究和广泛讨论。

"李续宾与晚清湘军"全国学术研讨会在涟源市召开

11月16—18日，"李续宾与晚清湘军"全国学术研讨会在娄底涟源市成功举办。此次学术研讨会由湖南人文科技学院、湖南省湘学研究院、中国社会科学院中国近代思想研究中心联合举办，涟源市地域文化研究会和涟源市地域文化研究室承办，来自全国各地高校、科研机构和地方文史研究会的学者及李续宾后裔共100余人参加了此次学术研讨会。

纪念刘少奇同志诞辰120周年学术座谈会在京举行

11月17日，中华人民共和国国史学会在京举行纪念刘少奇同志诞辰120周年学术座谈会。第十二届全国政协副主席、陈云之子陈元，全国人大财经委副主任委员、刘少奇之子刘源，国史学会会长、中国社会科学院原副院长朱佳木，国史学会副会长、原中央文献研究室常务副主任杨胜群，国防大学原副政委李殿仁，国家档案局局长李明华，军事科学院副院长曲爱国出席会议。毛泽东主席的女儿李敏、外孙王效芝，周恩来总理的侄女周秉德，朱德同志的外孙刘建，任弼时同志的女儿任远征，陈云同志的女儿陈伟华等老一辈党和国家领导人的后人，也应邀出席了会议。出席会议的还有军事科学院原军事历史研究部副部长齐德学，北京新四军研究会及其五师分会负责人，中央国家机关、部队和地方高等院校的学者和研究生，以及刘少奇家乡有关部门代表，媒体记者等共 60 余人。

胡耀邦同志塑像揭幕仪式在浏阳举行

11 月 19 日，胡耀邦同志塑像揭幕仪式在浏阳市举行。省委副书记乌兰，胡耀邦同志长子、中央统战部原副部长、十一届全国政协常委胡德平为塑像揭幕，省委常委、长沙市委书记胡衡华，胡耀邦同志亲属和生前身边工作人员代表出席。胡耀邦同志塑像经党中央、国务院批准兴建，由中央美术学院原党委书记盛杨教授设计。塑像以胡耀邦同志中青年时期照片为原型，总高 6 米、肩宽 7.4 米，底部以山石为衬托，依山而塑、位中而居，生动再现了伟人风采。乌兰代表省委、省人大常委会、省政府、省政协，向胡耀邦同志表示深切怀念和崇高敬意。

湖湘智库论坛（2018）暨省专业特色智库建设会议召开

11 月 20 日，湖湘智库论坛（2018）暨省专业特色智库建设会议在湖南宾馆举行，论坛以"三大攻坚战与湖南高质量发展"为主题。省委常委、省委宣传部部长蔡振红出席开幕式并讲话。省委宣传部副部长肖君华，省委宣传部副巡视员刘学，省社会科学院党组书记、院长刘建武以及各市州委宣传部分管社科理论工作的领导，省直有关单位负责人，省内本科院校分管科研工作（智库建设）负责人，省级重点智库、省专业特色智库负责人、首席专家，第二届湖湘智库研究"十大金策"及优秀成果获奖者，省内外相关专家学者，湖湘智库论坛入选优秀论文作者，新闻媒体共 400 余人与会。

中共中央举行纪念刘少奇同志诞辰 120 周年座谈会

11 月 23 日，中共中央在人民大会堂举行座谈会，纪念刘少奇同志诞辰 120 周年。中共中央总书记、国家主席、中央军委主席习近平发表重要讲话并强调，为共产主义奋斗终身的坚定信念，激励着一代又一代共产党人风雨无阻、砥砺前行。历史的接力棒已经交到了我们手中。我们在新的历史起点上进行伟大斗争、建设伟大工程、推进伟大事业、实现伟大梦想，就是刘少奇同志等老一辈革命家一生奋斗的伟大事业的继承和发展。

湖南举行纪念刘少奇同志诞辰 120 周年座谈会

11 月 24 日，湖南省纪念刘少奇同志诞辰 120 周年座谈会在长沙举行，深切缅怀刘少奇同志为党和人民建立的不朽功勋，追忆学习刘少奇同志的崇高风范和革命精神。省委书记杜家毫出席座谈会并发表讲话，省委副书记、省长许达哲主持座谈会，刘少奇同志亲属代表、全国人大财经委副主任委员刘源出席座谈会。全体省委常委，省人大常委会、省政府、省政协有关负责同志，刘少奇同志主要亲属代表及部分革命元勋后代，省直有关单位、长沙市、宁乡市主要负责同志及社会各界代表出席座谈会。

湖南省孔子学会 2018 年年会暨"船山思想与湖湘文化"学术研讨会在衡阳师范学院隆重召开

11 月 23—25 日，湖南省孔子学会 2018 年年会暨"船山思想与湖湘文化"学术研讨会在衡阳师范学院隆重召开，来自全省各高校、学术机构的 50 余名湖南省孔子学会会员、专家学者参加了会议。会议由湖南省孔子学会、衡阳师范学院船山国学院、衡阳师范学院文学院共同举办。衡阳师范学院党委副书记刘福江教授，衡阳市委宣传部副部长谭崇恩，湖南省孔子学会会长、湖南师范大学张怀承教授，湖南省孔子学会副会长、衡阳师范学院朱迪光教授，湖南省孔子学会副会长、省社会科学院徐孙铭教授，湘潭大学陈代湘教授，岳麓书院李清良教授，衡阳师范学院文学院院长任美衡教授等专家学者出席会议。

第五届中国（湘潭）齐白石国际文化艺术节开幕

11 月 26 日，第五届中国（湘潭）齐白石国际文化艺术节在湘潭开幕。全国政协副主席、台盟中央主席苏辉宣布艺术节开幕，省委副书记、省长许达哲向与会嘉宾介绍湖南文化事业发展情况，中国文联副主席赵实、中组部原常务副部长赵宗鼐出席开幕式。

河北、湖南举办纪念毛泽东同志诞辰 125 周年书法联展

12 月 4 日，纪念毛泽东同志诞辰 125 周年河北湖南毛体书法联展在湖南省文化馆举行。此次展览旨在发挥优秀传统文化在社会主义核心价值观中的引领作用，展现毛体书法的独特魅力，传承红色文化。此次书法展汇

聚了上百件来自全国各地书法名家的优秀作品，展出作品以毛体书法为主，兼具楷、行、草、隶、篆等书体，作品气韵浑然天成，匠心独运，通过多元的审美视觉充分展现书法艺术的博大精深。作品创作以颂扬毛泽东思想和中国梦的思想内涵和精神实质为主题，展示了中华民族伟大复兴的美好愿景，表达了人民群众对毛泽东等老一辈无产阶级革命家的深切缅怀和永远跟党走的坚定信念，同时也展现了在党中央的领导下，勿忘昨天的革命艰辛，无愧今天的担当使命和奋发向上的风采。

纪念毛泽东同志诞辰 125 周年学术报告会在京举行

12 月 14 日，为纪念毛泽东同志诞辰 125 周年，中华人民共和国国史学会和中国延安精神研究会在北京举行学术报告会，邀请北京大学习近平新时代中国特色社会主义思想研究院副院长韩毓海教授和国防大学戴旭教授分别做题为《懿维我祖——毛泽东在中华民族历史上的地位》和《一个普通人眼里的毛泽东》的报告。国史学会会长、中国社会科学院原副院长朱佳木，国史学会副会长、原中央文献研究室常务副主任杨胜群和原中央党史研究室副主任张启华，国史学会两弹一星历史研究分会会长、原第二炮兵副司令张翔，周恩来总理侄女周秉德、陈云同志女儿陈伟华等老一辈革命家的后人等近 300 人出席了报告会。

湖南省礼仪文化研究会 2018 年成果分享会在长沙召开

12 月 16 日，湖南省首个群众性礼仪教育研究学术性团体——湖南省礼仪文化研究会在长沙市图书馆召开了 2018 年成果分享会。湖南省社会科学界联合会、湖南省民政厅、湖南省直机关工委、湖南省直妇工委、湖南省语言文字培训测试中心、益阳市妇联、中南大学、湖南大学等相关领导以及社会各界嘉宾等近 300 人参加了此次盛会。

郭嵩焘诞辰 200 周年纪念活动暨全国学术研讨会举行

12 月 16 日，郭嵩焘诞辰 200 周年纪念大会、郭嵩焘纪念馆开馆仪式、郭嵩焘学术研讨会在湖南省湘阴县郭嵩焘纪念园举行。此次活动由中国人文外交促进会、湖南省社会科学院、湖南省文史研究馆主办，湘阴县委、县政府承办。外交部前副部长吉佩定、中国人文外交促进会会长徐田辉、省委外办主任徐正宪、省社会科学院院长刘建武、省文史研究馆副馆长陈伏球、岳阳市委统战部部长熊炜、宣传部部长马娜等领导，省文史研究馆馆员王兴国、梁小进，来自全国各地的专家学者、特邀嘉宾、郭氏后裔、近代湘军名将后裔等 200 余人出席纪念大会。吉佩定、马振岗、徐田辉、徐正宪、熊炜、余良勇等为郭嵩焘雕像揭幕，刘建武、刘禹同、王玉清、陈伏球等为郭嵩焘纪念馆揭牌。

岳麓书院举行纪念张栻诞辰 885 周年活动

12 月 16 日上午，纪念张栻诞辰 885 周年活动在湖南大学岳麓书院开幕。此次纪念活动由湖南大学岳麓书院、张浚张栻思想研究会主办，岳麓书院张栻思想研究中心承办，活动内容包括学术研讨会、座谈会、学术讲座三大板块，旨在传承和弘扬张栻"传道而济斯民"的精神。来自中国人民大学、南开大学、武汉大学、四川大学、西安交通大学、湖南大学、湘潭大学、浙江省社会科学院等 16 所高校和科研机构的 30 余名专家、学者，及张浚张栻思想研究会成员、张栻后裔代表 20 余人参会。

韶山举行第十一届全国毛泽东论坛

12 月 23 日，第十一届全国毛泽东论坛在毛泽东主席故乡韶山市举行。论坛主题为"新时代视野中的毛泽东研究"，来自国内各高校、研究机构的近 140 名专家学者从多个视角和维度，就进一步推进和深化毛泽东思想研究及其当代意义进行了深入探讨。论坛由全国毛泽东哲学思想研究会、湘潭大学毛泽东思想研究中心、湖南省韶山管理局韶山毛泽东同志纪念馆、深圳民族精神与中国发展研究中心联合主办，湖南第一师范学院马克思主义学院协办。会上，近 20 名专家学者围绕会议主题，就"开创毛泽东思想研究新境界新局面""毛泽东研究中的时代方位和时代视野""毛泽东思想的时代意义和现实启示""毛泽东与中国共产党革命精神"等议题进行了交流发言。

"永远的怀念——纪念毛泽东同志诞辰 125 周年"大型系列活动在京举行

12 月 26 日，中华人民共和国国史学会、中宣部学习出版社和新华社中国图片集团在北京联合举办了"永远的怀念——纪念毛泽东同志诞辰 125 周年"大型系列活动。活动主要通过书画美术作品，展现毛泽东同志对中国革命和社会主义建设的特殊历史功绩和深远历史影响，以及以习近平同志为核心的党中央带领全国人民为实现中华民族伟大复兴的中国梦，开创新时代中国特色社会主义事业所取得的巨大成就。毛泽东同志的女儿李讷、女婿王景清和其他亲属，老一辈无产阶级革命家的亲属和身边工作人员，书画界代表，企业家及各界代表 500 多人参加了此次活动。

三　论著目录索引

（一）湘学研究著作目录索引

蔡镇楚：《湖南人的精神》，岳麓书社，2018。

曾国藩著，李瀚章编撰，李鸿章校勘《曾国藩家书》，北京日报出版社，2018。

陈渠珍撰，任乃强注《艽野尘梦》，北方文艺出版社，2018。

陈士杰：《蕉云山馆诗文集》，民主与建设出版社，2018。

邓湘子：《阳光瀑布》，希望出版社，2018。

胡文会：《湘西宗教文化源流研究》，中央民族大学出版社，2018。

金冲及：《联合与斗争——毛泽东、蒋介石与抗战中的国共关系》，生活·读书·新知三联书店，2018。

皮锡瑞：《皮锡瑞经学讲义两种》，湖南大学出版社，2018。

秦位强：《延安时期党的纯洁性建设研究——以湘籍无产阶级革命家的思想和实践为视角》，红旗出版社，2018。

秋瑾撰，郭长海、郭君分校注《秋瑾诗文集》，浙江古籍出版社，2018。

汤素兰：《南村传奇》，湖南少年儿童出版社，2018。

田光辉：《湖湘文化融入湖南高校文化建设的实践研究：以怀化学院为例》，中国社会出版社，2018。

王闿运：《湘绮楼诗文集》，朝华出版社，2018。

吴昕孺：《旋转的陀螺》，湖南少年儿童出版社，2018。

谢乐军：《森林国幽默童话系列》（4 册），湖南少年儿童出版社，2018。

徐中远：《毛泽东读书生活十二讲》，人民出版社，2018。

张京华、侯永慧、汤军：《湖南朝阳岩石刻考释》，中国社会科学出版社，2018。

张京华主编《周敦颐研究：周敦颐诞辰 1000 周年庆典国际学术研讨会论文集》，中国社会科学出版社，2018。

周大鸣、程瑜主编《边城民族志——一个湘渝黔边界的集镇调查》，中山大学出版社，2018。

周伟：《看见的日子》，浙江大学出版社，2018。

（二）湘学研究论文目录索引

《中共中央举行纪念刘少奇同志诞辰 120 周年座谈会》，《人民日报》2018 年 11 月 24 日。

安凤：《"我有我法"白石山翁人物画浅析——从清华大学艺术博物馆齐白石人物画谈起》，《东方艺术》2018 年第 21 期。

白杰峰：《曾国藩官德思想的合理内核及现代价值初论》，《湖南人文科技学院学报》2018 年第 3 期。

白若林：《杨昌济生活伦理思想研究》，硕士学位论文，河北师范大学，2018。

白莹、马启民：《李达对瞿秋白马克思主义哲学体系的继承和发展》，《重庆社会科学》2018 年第 8 期。

柏婷：《浅谈任弼时的"骆驼精神"及其现实启示》，《湖南行政学院学报》2018 年第 2 期。

蔡雅雯、刘建强：《谭延闿与胡汉民关系述论》，《湖南工程学院学报》（社会科学版）2018 年第 1 期。

蔡雅雯：《论谭延闿与鲍罗廷关系——基于〈谭延闿日记〉的研究》，硕士学位论文，湘潭大学，2018。

蔡志妮：《新音乐萌芽时期湖南音乐家的音乐活动分析》，《北方音乐》2018 年第 13 期。

曹典球著，秦仪整理《我所知道的湘学及其将来》，《湖南科技学院学报》2018 年第 8 期。

曹旅宁：《岳麓秦简所见秦始皇南征史事考释》，《秦汉研究》2018 年第 7 辑。

曹万青：《长沙走马楼三国吴简研究二十年》，《社会科学动态》2018 年第 5 期。

曹耀湘著，王珏玲、周建刚整理《读骚论世（上）》，《湘学研究》2018 年下辑（总第 12 辑），湖南人民出版社，2018。

曾国藩著，王晓天整理《曾国藩佚文五篇》，《湘学研究》2018 年上辑

（总第 11 辑），湖南人民出版社，2018。

陈德正、胡其柱：《郭嵩焘出使西洋与其对世界古典文明的初步引介——以〈郭嵩焘日记〉为中心》，《外国问题研究》2018 年第 1 期。

陈飞虹：《浏阳金刚头〈老案堂班〉——也谈湘剧之源与流》，《艺海》2018 年第 2 期。

陈弘：《用湖湘优秀传统文化哺育青年学子成长》，《湖南日报》2018 年 2 月 3 日。

陈瑾：《王夫之先生琴学修养探究》，《戏剧之家》2018 年第 36 期。

陈侃理：《里耶秦简牍所见的时刻记录与记时法》，《简帛》第 16 辑，上海古籍出版社，2018。

陈力祥、颜小梅：《王兴国先生对船山学研究之贡献》，《衡阳师范学院学报》2018 年第 5 期。

陈力祥、杨超：《船山宗朱、反朱抑或超朱之争讼与辨正》，《船山学刊》2018 年第 2 期。

陈龙涛等：《曾国藩的教育思想及其当代价值》，《集美大学学报》2018 年第 1 期。

陈鹭：《进步的回退：归乡潜逸与劳动美学——韩少功文学创作的文化视野》，《福建论坛》（人文社会科学版）2018 年第 6 期。

陈明：《"四端"与"思诚"——王船山对孟子性善说与为学工夫的重释》，《哲学动态》2018 年第 11 期。

陈倩：《刘少奇家风思想研究》，硕士学位论文，扬州大学，2018。

陈荣杰：《论走马楼吴简词语的时代性和地域性》，《出土文献》第 12 辑，中西书局，2018。

陈荣杰：《论走马楼吴简中的亲属称谓"侄"》，《简帛》第 16 辑，上海古籍出版社，2018。

陈茹：《彭德怀对长征起因、过程与价值的解读》，《毛泽东思想研究》2018 年第 4 期。

陈杉、伍妍、师宏艳：《清代江华瑶族神像画中十殿图图像研究》，《装饰》2018 年第 2 期。

陈涛：《晚清时期曾国藩教育理念的启示》，《黑河学院学报》2018 年第 6 期。

陈伟：《〈岳麓书院藏秦简〔伍〕〉残字试释》，《江汉考古》2018 年第 4 期。

陈晓红、于文龙：《湖南侗族非物质文化遗产的传承与保护——以湖南省新晃侗族自治县为例》，《湖南人文科技学院学报》2018 年第 2 期。

陈屹：《再论王船山的继善成性说》，《道德与文明》2018 年第 6 期。

陈韵：《残雪现象对湖湘文化"走出去"的启示》，《湖湘论坛》2018 年第 1 期。

晨风：《湖湘文化发展必须推陈出新——三论进一步做强做优广电和出版湘军》，《湖南日报》2018 年 8 月 15 日，第 1 版。

崔明浩：《毛泽东关于社会主义经济建设的若干策略思想》，《毛泽东思想研究》2018 年第 4 期。

代芳丽：《"湖湘文化"融入高职英语教学的路径研究》，《校园英语》2018 年第 29 期。

戴安林：《论毛泽东家教家风思想及现实意义》，《毛泽东研究》2018 年第 3 期。

但勇：《武陵山片区民族传统体育与民间信仰研究》，硕士学位论文，湖南大学，2018。

邓江祁：《谭人凤年谱简编》，《邵阳学院学报》（社会科学版）2018 年第 1 期。

丁海玲、陈杨：《王船山屈原论之寄托》，《衡阳师范学院学报》2018 年第 2 期。

董鹏飞：《同治年间福建匪患及左宗棠治理探究》，《宁德师范学院学报》（哲学社会科学版）2018 年第 3 期。

杜万岭、孟庆圆：《维新运动与湖南的思想变革》，《新乡学院学报》2018 年第 10 期。

段成贵：《明初文人对怀素"狂草"的接受研究》，《鞍山师范学院学报》2018 年第 6 期。

段千千、唐正芒：《徐特立的兵役主张及其对抗战初期湖南兵役的影响》，《湖南工业大学学报》（社会科学版）2018 年第 6 期。

二月河、张鑫洁：《曾国藩何绍基交游考论》，《烟台大学学报》（哲学社会科学版）2018 年第 2 期。

范丽娜、李金姝：《英语世界对曾纪泽经世外交思想和实践的研究》，《艺术科技》2018 年第 9 期。

范正明：《张庚与湖南戏剧——读〈张庚日记〉笔记之一》，《艺海》2018 年第 10 期。

方功惠著，刘雪平整理《碧琳琅馆藏书记》，《湘学研究》2018 年上辑（总第 11 辑），湖南人民出版社，2018。

方红姣、王方媛：《朱伯崑的船山易学论》，《船山学刊》2018 年第 4 期。

冯琳：《"一本万殊，而万殊不可复归于一"——王船山的人性论及其形上基础研究》，《文史哲》2018 年第 5 期。

冯琳：《再论王阳明的知行学说及王船山的批评》，《孔学堂》2018 年第 1 期。

冯文全、高攀：《曾国藩家训的德育思想及其对当代家庭教育的启示》，《教育与教学研究》2018 年第 8 期。

奉清清：《毛泽东：立起湖湘文化的丰碑——访湘潭大学毛泽东思想研究中心主任、教育部"长江学者"特聘教授李佑新》，《湖南日报》2018 年 12 月 22 日，第 5 版。

奉清清：《推动湖湘文化向工业文明转型——郑佳明谈湖南近现代工商业之路及其启示》，《湖南日报》2018 年 9 月 4 日，第 7 版。

傅姗姗：《艺术人类学视阈下民俗信仰的时空交错——渝湘木版年画比较研究》，《四川戏剧》2018 年第 7 期。

盖军静：《〈实践论〉对湖湘学派知行观的继承与发展》，《宁德师范学院学报》（哲学社会科学版）2018 年第 4 期。

甘林全：《农夫山泉有点甜——论韩少功〈山南水北〉中的乡土书写》，《沿海企业与科技》2018 年第 4 期。

甘润芳：《王超尘书法艺术赏析》，《艺海》2018 年第 8 期。

高荣国：《加强对外文化交流　提升湖南文化发展的开放性与多元化》，《湖南日报》2018 年 9 月 10 日，第 8 版。

高淑君：《随心所欲，境由心生——品读段辉先生水彩画艺术》，《美术大观》2018 年第 10 期。

高硕：《周敦颐"诚"体探微及其现代意义》，《宁夏社会科学》2014

年第 5 期。

　　高翔宇：《民元黄兴进京与民族问题之应对》，《历史教学问题》2018年第 6 期。

　　葛豆豆：《简述民初袁世凯统治时期的财政改革思想——以熊希龄、周学熙、周自齐财政改革思想为核心》，《经济研究导刊》2018 年第 24 期。

　　龚妮丽：《周敦颐礼乐思想探析》，《南京艺术学院学报》（音乐与表演）2018 年第 4 期。

　　顾春：《"中本西末"乎？"政教为本"乎？——论郭嵩焘的西方政治观》，《北京科技大学学报》（社会科学版）2018 年第 3 期。

　　顾亚欣：《"驱张运动"前后毛泽东与谭延闿的交往》，《炎黄春秋》2018 年第 10 期。

　　管桂翠：《文化自信视野中湖湘文化的创造性转化与创新性发展》，《克拉玛依学刊》2018 年第 2 期。

　　郭金平：《探索铜官陶釉色应用于室内空间设计》，《东方教育》2018年第 10 期。

　　郭乐乐：《从〈山鬼〉看新艺术音乐》，《黄河之声》2018 年第 14 期。

　　郭祥：《刘少奇与"向北发展，向南防御"战略方针》，《牡丹江师范学院学报》（哲学社会科学版）2018 年第 6 期。

　　郭亚东：《纸色迷香，画意氤氲——滩头年画艺术风格考察探究》，《苏州工艺美术职业技术学院学报》2018 年第 2 期。

　　郭玉华：《晚清时期曾国藩教育思想及其现代启示》，《黑河学院学报》2018 年第 7 期。

　　郭志勇：《列宁与毛泽东经济建设思想比较研究》，硕士学位论文，太原科技大学，2018。

　　韩燕：《建国初期毛泽东外交思想研究》，硕士学位论文，牡丹江师范学院，2018。

　　韩燕：《近二十年曾纪泽研究综述》，《赤峰学院学报》（汉文哲学社会科学版）2019 年第 7 期。

　　郝佳婧：《曾国藩治家思想的来源、内在逻辑与当代诠释》，《湖南行政学院学报》2018 年第 4 期。

　　郝蒲珍：《走马楼吴简"许迪割米案"研究综述》，《重庆科技学院学报》（社会科学版）2018 年第 3 期。

郝蒲珍：《走马楼吴简许迪割米案整理与研究》，硕士学位论文，西南大学，2018。

何雷：《刘少奇不朽的军事功勋——读〈漫忆父亲刘少奇与国防、军事、军队〉》，《军事历史》2018 年第 6 期。

何绍基著，毛健整理《何绍基使黔日记》，《湘学研究》2018 年上辑（总第 11 辑），湖南人民出版社，2018。

贺全胜：《刘少奇民本经济思想探微》，《长沙大学学报》2018 年第 6 期。

洪晨娜：《左宗棠佚札六通考释》，《文献》2018 年第 3 期。

洪均：《论胡林翼重铸湘军——以武昌攻防战（1855—1856）为中心》，《江汉论坛》2018 年第 10 期。

洪梅：《青年毛泽东的家国情怀及其时代价值》，《城市学刊》2018 年第 6 期。

洪梦：《刘少奇家风》，《党史文汇》2018 年第 11 期。

洪涛：《从里耶简看秦代紧急公文种类与递送方式——兼谈秦汉〈行书律〉相关问题》，《档案学通讯》2018 年第 6 期。

胡爱明、刘茹：《湘籍无产阶级革命家群体廉洁家风的当代价值及应用研究》，《河南教育（高校）》2018 年第 1 期。

胡森森：《船山哲学的近世精神——晚明的文化守夜人王夫之（下）》，《学习时报》2018 年 7 月 23 日，第 7 版。

胡为雄：《建国后毛泽东教育思想的发展与演化》，《毛泽东邓小平理论研究》2018 年第 3 期。

胡为雄：《杨昌济的教育思想再审视》，《湖南第一师范学院学报》2018 年第 6 期。

胡馨月：《弘扬湖湘女性文化推进文化强省建设》，《世界家苑》2018 年第 5 期。

华婷：《论湖湘语文教育资源的开发与研究》，《教学与管理》2014 年第 36 期。

黄丹銮：《"我在霞村的时候"的复调性及其局限》，《广东开放大学学报》2018 年第 6 期。

黄河：《毛泽东以德治党思想及其当代价值》，《佳木斯大学社会科学学报》2018 年第 4 期。

黄润：《刘少奇社会主义经济体制改革思想研究》，硕士学位论文，安庆师范大学，2018。

黄益：《湖湘视觉文化元素美学精神的彰显——黑茶包装本土语境研究与实践》，硕士学位论文，湖南师范大学，2018。

霍晓丽：《传承与发展：湘西苗族祖先崇拜研究》，《宗教学研究》2018 年第 3 期。

霍珍珍：《长沙乡土资源在高中历史教学中的运用》，硕士学位论文，湖南师范大学，2018。

吉成名：《论高椅村民间信仰》，《民族论坛》2018 年第 1 期。

纪玉翠：《〈曾国藩家书〉对现代中学写作教学的启示》，硕士学位论文，青海师范大学，2018。

贾岚：《毛泽东的政党治理思想》，《湖南师范大学社会科学学报》2018 年第 4 期。

贾旭：《"瓦尔堡思想"对齐白石"衰年变法"再研究之启发》，《美与时代（下）》2018 年第 10 期。

江晖：《民族歌剧〈英·雄〉音乐的民族性》，《艺海》2018 年第 3 期。

江丽：《湖湘文化元素在现代广告设计中的应用分析》，《当代教育实践与教学研究》2018 年第 22 期。

江涛：《"倾斜"的空间与矛盾的启蒙——再论新时期初期的湖南乡土文学创作》，《浙江师范大学学报》（社会科学版）2018 年第 4 期。

江永龙：《繁华落尽见真醇——怀素草书心迹墨痕发展嬗变》，《文艺生活（艺术中国）》2018 年第 12 期。

蒋波：《从地方宗藩问题看贾谊的忧患精神》，《湘学研究》2018 年第 2 期。

蒋建国：《论毛泽东在民主革命时期的农民思政教育思想及启示》，《文学教育》2018 年第 9 期。

金春峰：《周敦颐是道学当之无愧的首创者和奠基者》，《湖南科技学院学报》2018 年第 4 期。

金立昕、关泠：《军事家彭德怀》，《百年潮》2018 年第 10 期。

金民卿：《毛泽东的主要矛盾学说及其在国情分析中的运用和发展》，《毛泽东研究》2018 年第 1 期。

晋文：《里耶秦简中的积户与见户——兼论秦代基层官吏的量化考核》，《中国经济史研究》2018 年第 1 期。

康模生：《刘少奇在福建长汀的峥嵘岁月》，《福建党史月刊》2018 年第 12 期。

孔令宏：《梅山教与道教的关系——兼论道教的扩展研究》，《广州大学学报》（社会科学版）2018 年第 6 期。

孔培培：《"省花路子"与戏曲喜剧创作——写在湖南花鼓戏〈打铜锣〉〈补锅〉晋京演出后》，《艺术评论》2018 年第 6 期。

孔祥军：《试析里耶古城 1 号井第五、六、八层的年代分布——以〈里耶秦简（壹）〉所见朔日简为中心》，《考古与文物》2018 年第 4 期。

雷鸣强：《"一带一路"背景下湖湘文化"走出去"的路径探讨》，《湖南省社会主义学院学报》2018 年第 3 期。

雷树德：《为了家的记忆——湖南图书馆家谱文献收集、研究、保存与服务概略》，《数字与缩微影像》2018 年第 3 期。

李纯、谭卫华：《民间土地神信仰的特点与意义表征——以靖州三锹地区为中心的考察》，《广西科技师范学院学报》2018 年第 6 期。

李柏山、田晓武：《丹山摩崖石刻文化遗存及其价值研究》，《怀化学院学报》2018 年第 8 期。

李斌：《传承湖南抗战精神 增强文化自信与凝聚力》，《湖南日报》2018 年 7 月 7 日，第 5 版。

李斌：《湖南抗战精神的建构与诠释》，《求索》2018 年第 4 期。

李斌：《讲好区域文化故事 助推湖南高质量发展》，《湖南日报》2018 年 6 月 7 日，第 5 版。

李丹蕾：《〈曾国藩家书〉家庭道德教育思想研究》，硕士学位论文，中共山东省委党校，2018。

李东旭：《刘少奇与中央苏区的工人运动》，《世纪桥》2018 年第 11 期。

李合敏：《毛泽东的"新经济政策"思想》，《中共南京市委党校学报》2018 年第 4 期。

李洪杨：《谭嗣同"仁为天地万物之源"的多维阐释》，《燕山大学学报》（哲学社会科学版）2018年第4期。

李会军、刘克兵：《郭嵩焘政教相维下的教育改革思想》，《怀化学院学报》2019年第1期。

李建琼：《毛泽东大课程观的文化内涵、实践内容及基本特征》，硕士学位论文，山西师范大学，2018。

李健宁、张因：《毛泽东的乐观与红军长征的胜利》，《学理论》2018年11期。

李侃：《试论湖湘文化中的性别平等因子》，《岳阳职业技术学院学报》2018年第6期。

李兰芳：《长沙五一广场出土J1③：285号简牍再释》，《简牍学研究》2018年。

李磊：《近二十年来刘少奇执政党建设思想研究述评》，《党史研究与教学》2018年第3期。

李丽：《建党前毛泽东的领导行为研究》，《世纪桥》2018年第11期。

李丽雯：《谭嗣同〈仁学〉哲学思想研究》，硕士学位论文，黑龙江大学，2018。

李麟：《湖湘传统审美精神与艺术设计教育的文化对接》，《知识文库》2018年第21期。

李鹏连：《郭嵩焘未刊题跋四种辑释》，《文献》2018年第2期。

李清良、张洪志：《"朱张会讲"的缘起、过程、特征及意义》，《湖南大学学报》（社会科学版）2018年第1期。

李三万、孙港：《蔡锷将军与"游击战"思想》，《中国国防报》2018年11月8日。

李少华：《古拙浑厚开生面——与王超尘先生关于隶书传统与创新的对话》，《文艺生活（艺术中国）》2018年第9期。

李松楠：《毛泽东农村教育思想研究》，硕士学位论文，东北师范大学，2018。

李文才：《评长沙走马楼吴简"吏民"问题研究及其学术乱象——兼论大陆史学界"吏户"问题研究60年》，《陕西师范大学学报》（哲学社会科学版）2018年第2期。

李祥：《任弼时是如何做好思想政治工作的》，《党的文献》2018 年第 2 期。

李肖聃著，尧育飞整理《最近湘学小史》，《湘学研究》2018 年下辑（总第 12 辑），湖南人民出版社，2018。

李晓晓：《有关湖南皮影民俗文化特征研究综述》，《品牌研究》2018 年第 4 期。

李欣：《建国后毛泽东经济思想研究》，硕士学位论文，牡丹江师范学院，2018。

李欣然：《道器与文明：郭嵩焘和晚清"趋西"风潮的形成》，《探索与争鸣》2018 年第 8 期。

李恂：《以出土秦简看秦代"为吏之道"》，硕士学位论文，渤海大学，2018。

李亚光、赵宏坤：《秦对"徒隶"的管理——以里耶秦简等简牍为中心》，《渤海大学学报》2012 年第 1 期。

李永芳：《新民主主义革命时期毛泽东利用外资思想刍探》，《学术论坛》2018 年第 2 期。

李玉姣：《毛泽东的教学改革思想》，《毛泽东研究》2018 年第 1 期。

李园：《试论成仿吾的高校思想政治教育理论与实践》，《广西科技师范学院学报》2018 年第 1 期。

李云麟著，杨锡贵整理《西陲事略》，《湘学研究》2018 年下辑（总第 12 辑），湖南人民出版社，2018。

李长泰：《张栻君子范畴内涵的理学体系解析》，《中原文化研究》2018 年第 6 期。

李政洪：《湘西地区民俗体育节事旅游研究》，《体育世界》（学术）2018 年第 10 期。

李志茗：《戎幕坐啸八年——左宗棠幕僚生涯再研究》，《史林》2018 年第 4 期。

连凡：《宋代湖湘学派的发展脉络及思想阐释——以〈宋元学案〉为中心的考察》，《天中学刊》2018 年第 2 期。

梁斌：《让世界更好领略湖湘文化独特魅力》，《湖南日报》2018 年 6 月 23 日，第 6 版。

梁丛丛：《毛泽东农民教育思想与实践经验及其当代价值研究》，硕士学位论文，山东大学，2018。

梁堂华：《徐特立教育思想的形成与发展》，《湖南第一师范学院学报》2018年第4期。

梁宇：《宋教仁遇刺案凶手再讨论》，《六盘水师范学院学报》2018年第4期。

廖开顺：《沅水流域许真君民间信仰与商道文化》，《黄河科技大学学报》2018年第6期。

林粤湘：《从民俗事象的视角探究滩头年画的叙事性造型》，《书画世界》2018年第12期。

刘灿姣、杨刚：《发挥湖湘村落文化在乡村振兴中的铸魂作用》，《湖南日报》2018年12月21日，第21版。

刘锋、黄丹：《论魏源的慈善活动及其思想基础》，《邵阳学院学报》2018年第6期。

刘红、张勇：《湘籍早期马克思主义者妇女解放思想及实践的湖湘文化特征》，《遵义师范学院学报》2018年第4期。

刘华清：《刘少奇与中华民族伟大复兴》，《中国浦东干部学院学报》2018年第6期。

刘建民：《何为与为何：重温毛泽东新民主主义经济思想》，《山西师大学报》（社会科学版）2018年第4期。

刘剑桦：《呈现物体的原态美感与精神刻度——读姜向东的静物油画》，《文艺生活（艺术中国）》2018年第6期。

刘洁：《高屋建瓴　势如破竹——学习毛泽东外交战略思想》，《中国工程咨询》2018年第12期。

刘金鑫：《论井冈山斗争时期毛泽东经济思想及现实意义》，《湖南行政学院学报》（双月刊）2018年第4期。

刘立夫、黄小荣：《周敦颐何以被尊为"道学宗主"?》，《船山学刊》2018年第5期。

刘梁剑：《有"思"有"想"的语言——金岳霖的语言哲学及其当代意义》，《哲学动态》2018年第4期。

刘明哲：《〈岳麓书院藏秦简（肆）〉集释》，硕士学位论文，吉林大学，2018。

刘鹏：《里耶秦简所见居役的几个问题》，《河南工业大学学报》（社会科学版）2018 年第 5 期。

刘平：《郭嵩焘出使英国述评》，《湖南工程学院学报》（社会科学版）2018 年第 3 期。

刘平：《义本春秋，崇礼自治：王闿运〈论语训〉兼采古今之释经特色探析》，《湖南大学学报》（社会科学版）2018 年第 1 期。

刘秋阳、张伟杰：《宋教仁民主共和思想的历史逻辑及其制度设计》，《福建江夏学院学报》2018 年第 1 期。

刘蓉蓉、陈美君：《大学生对湘潭湘剧的调查与思考》，《艺海》2018 年第 10 期。

刘少阳：《毛泽东对社会主义经济建设道路的思考和探索——基于〈读苏联《政治经济学教科书》的谈话〉为中心的考察》，《兵团党校学报》2018 年第 6 期。

刘伟：《王夫之〈张子正蒙注〉中的生死观钩玄》，《船山学刊》2018 年。

刘文佳：《蔡和森对社会主义价值观的认同与践行》，《大连干部学刊》2018 年第 10 期。

刘小毓：《论髡残山水画的意境与特征》，硕士学位论文，沈阳大学，2018。

刘雪平：《文化视野下的湖南文献史研究》，《滁州学院学报》2018 年第 1 期。

刘雅：《民俗·遗风——汨罗江流域打倡巫舞现状综述》，《艺术教育》2018 年第 4 期。

刘亚松：《论湘籍无产阶级革命家的党性修养》，《清江论坛》2018 年第 3 期。

刘彦：《表演视阈下摆手舞的文化元素演变分析》，《长江师范学院学报》2018 年第 3 期。

刘艳娟：《〈岳麓书院藏秦简（肆）〉研究综述》，《简牍学研究》2018 年。

刘焱：《王闿运"礼学经世"思想析略》，《湖南大学学报》（社会科学版）2018 年第 2 期。

刘友富：《城镇化背景中的民间信仰代际传递机制研究——基于溪村和东镇的个案比较》，《世界宗教文化》2018 年第 1 期。

刘玉琼：《长沙窑莲花纹饰的艺术审美特征》，《艺海》2018 年第 11 期。

刘玉堂、贾海燕：《楚人的宗教信仰与四象空间观念——兼及对道教的影响》，《宗教学研究》2018 年第 4 期。

刘云波：《陈天华留日期间的思想走向辨析》，《史学月刊》2018 年第 12 期。

刘长林：《曾国藩与清廷之间矛盾分析——以咸丰三年到咸丰七年为例》，《淮北职业技术学院学报》2018 年第 1 期。

刘振飞：《从苏中战役看粟裕指挥谋略》，《学习时报》2018 年 5 月 23 日。

刘自稳：《里耶秦简牍所见"作徒簿"呈送方式考察》，《中国人民大学学报》2018 年第 3 期。

龙佳解：《论近代湖湘文化的"卫道"与"变道"》，《文化软实力》2018 年第 3 期。

鲁家亮：《秦简所见秦迁陵县的令史》，《简牍学研究》2018 年。

陆小燕：《湖南民歌与湖南花鼓戏的演唱特色对比》，《湖北函授大学学报》2018 年第 7 期。

陆亚林：《论湖湘文化的创造性转化与创新性发展》，《湖南省社会主义学院学报》2018 年第 6 期。

罗来玮：《谭嗣同对"三纲""五伦"的批判》，《燕山大学学报》（哲学社会科学版）2018 年第 4 期。

罗倩兰：《基于湖湘文化视角下的城市广场景观设计研究与应用——以邵阳人民广场为例》，硕士学位论文，广西师范大学，2018。

罗忍章：《浅论曾纪泽的外交思想》，《现代交际》2018 年第 11 期。

罗馨：《邓中夏平民教育运动对当代教育的启迪》，《新西部》2018 年第 32 期。

罗玉明、薛涵：《论粟裕对新中国交通运输事业的贡献》，《怀化学院学报》2018 年第 12 期。

吕建凤：《谭延闿书法观研究》，《书法赏评》2018 年第 5 期。

吕建凤：《谭延闿书法艺术研究》，硕士学位论文，曲阜师范大学，2018。

吕玲娜：《明胡文衢永州石刻考述》，《湖南科技学院学报》2018 年第 3 期。

吕松涛：《毛泽东经济建设思想及其当代启示》，《理论学刊》2018 年第 1 期。

吕翔：《谢觉哉的家风》，《中国档案》2018 年第 10 期。

马旭垚：《论郭嵩焘哲学思想及其影响》，《内蒙古财经大学学报》2018 年第 4 期。

马延炜：《当前我国地方学研究特点与问题》，《中国社会科学报》2016 年 9 月 14 日。

马延炜：《晚清湖湘汉学的经世品格》，《湖湘论坛》2018 年第 4 期。

马振：《旅游对舞蹈类非物质文化遗产传承的影响——以土家摆手舞为例》，《中南民族大学学报》（人文社会科学版）2018 年第 5 期。

麦新转、范振辉：《论南岭走廊瑶传道教经籍英译——以〈赦书本〉为例》，《贺州学院学报》2018 年第 1 期。

梅莉：《岳阳楼与道教之关系探研》，《道教学刊》2018 年第 1 辑，社会科学文献出版社，2018。

孟祥菊：《谭钟麟致刘锦棠未刊三函考释》，《文献》2018 年第 3 期。

孟亚萍等：《湖湘文化在湖南休闲观光农业中的应用》，《安徽农业科学》2018 年第 11 期。

米臻：《〈诗三家义集疏〉辑佚失误考辨举隅》，《中南大学学报》（社会科学版）2018 年第 2 期。

苗体君：《刘少奇与西柏坡精神的形成》，《忻州师范学院学报》2018 年第 6 期。

苗体君：《彭德怀在西南三线建设时期的群众路线思想与实践》，《沈阳干部学刊》2018 年第 1 期。

莫泽：《长沙五一广场东汉简牍的整理保护》，《中国文物报》2018 年 8 月 3 日，第 7 版。

莫志斌：《李富春军队政治工作思想探析——以长征途中签发的文件为

中心的考察》，《遵义师范学院学报》2018 年第 2 期。

南岳佛教协会：《南岳佛教 "四个强化" 促教风转变》，《中国宗教》2018 年第 8 期。

倪正芳：《尘埃仍未落定——读莫美长篇历史小说〈墨雨〉》，《湖南人文科技学院学报》2018 年第 1 期。

聂世忠：《"绘画之乡" 邵阳地域美术风貌谈》，《邵阳学院学报》（社会科学版）2018 年第 5 期。

欧阳哲生：《从维新烈士到思想彗星——梁启超笔下的谭嗣同》，《读书》2018 年第 12 期。

潘敬国：《刘少奇与新中国外交的几个第一次》，《湘潮》2018 年第 7 期。

裴倩妙：《佛国画僧　超世髡残》，硕士学位论文，内蒙古师范大学，2018。

彭芳：《少数民族音乐舞蹈的旅游价值实现——以湘西土家族摆手舞为例》，《贵州民族研究》2018 年第 9 期。

彭昊：《以湖湘文化的创新性发展推进文化强省建设》，《湖南日报》2018 年 10 月 23 日，第 14 版。

彭厚文、蔡佳：《毛泽东与民主建国会》，《党的文献》2018 年第 6 期。

彭莉：《基于湖湘文化背景的文化创意产品设计研究》，《湖南包装》2018 年第 6 期。

彭璐：《论蔡和森对党的作风建设的历史贡献》，《世纪桥》2018 年第 10 期。

平英志、袁咏红：《湖湘文化对宋教仁外交思想的影响》，《湖州师范学院学报》2018 年第 11 期。

戚文闯：《超越与局限：魏源 "师夷长技以制夷" 的长时段考察》，《理论月刊》2018 年第 7 期。

戚郁旻、吴国良：《浅谈髡残山水画中的笔墨特征》，《艺术科技》2018 年第 8 期。

齐继伟：《〈岳麓书院藏秦简（肆）〉补释四则》，《出土文献》第 12 辑，中西书局，2018。

齐婷婷：《毛泽东宗教观研究》，硕士学位论文，聊城大学，2018。

齐作献：《张之洞诗歌与湖湘文化关系研究》，硕士学位论文，湖北师范大学，2018。

钱基博著，秦仪整理《依据湘学先辈之治学方法以说明本院之一年级国文教学——新生学习指导讲话》，《湖南科技学院学报》2018年第8期。

钱敏：《曾国藩家训家教思想的构成与启示》，《湖北经济学院学报》（人文社会科学版）2018年第12期。

乔建军、宫东红：《论贺龙在晋绥边区的文化建设及推动作用》，《吕梁学院学报》2018年第3期。

秦薰陶著，秦仪整理《湘学述要》，《湖南科技学院学报》2018年第8期。

秦仪：《月岩南宋淳熙间祷雨题刻初探》，《湖南科技学院学报》2018年第1期。

邱海玲：《百战归来再读书——曾国藩的读书与修身》，《枣庄学院学报》2018年第3期。

邱明：《从天时地利人和看毛泽东为什么选择井冈山》，《四川民族学院学报》2018年第5期。

任晓伟：《〈孙子兵法〉对革命时期毛泽东军事战略思想的影响》，《中国延安干部学院学报》2018年第2期。

任阳：《基于地域文化视角的校园文化探析——湖湘文化景观建设在中南大学的运用》，《高校后勤研究》2018年第3期。

单印飞：《秦代县级属吏的迁转路径——以里耶秦简为中心》，《鲁东大学学报》（哲学社会科学版）2018年第1期。

尚小明：《以新史料辨析宋教仁案》，《社会科学论坛》2018年第4期。

申圣超、舒大刚：《论张栻的孝道思想》，《中国哲学史》2018年第2期。

沈鹤：《刘少奇马克思主义的理论书要认真学》，《新湘评论》2018年第21期。

圣辉：《黄兴先辈的"无我"精神源自佛教的影响》，《法音》2018年第10期。

石燕婷：《髡残题画书法与审美意蕴探析》，《中国书法报》2018年11月27日。

史海燕：《毛泽东调查研究思想的形成、内涵及启示》，《贵阳市委党校学报》2018 年第 5 期。

舒大刚、吴光、刘学智、张新民、朱汉民：《百花齐放 百家争鸣——地域学术论辩大会纪实》，《地域儒学研究》2018 年第 2 期。

宋彦斌：《"一带一路"背景下湖南民族民间音乐传播研究》，《大众文艺》2018 年第 12 期。

苏俊林：《走马楼吴简所见盐米的初步整理与研究》，《盐业史研究》2018 年第 1 期。

孙光耀：《从〈讨粤匪檄〉看曾国藩对太平天国的舆论反击》，《河北北方学院学报》（社会科学版）2018 年第 6 期。

孙翰文：《毛泽东战略防御思想研究》，硕士学位论文，广西民族大学，2018。

孙亚芳：《毛泽东农村教育思想与农村青年马克思主义者培养探究》，《中共南昌市委党校学报》2018 年第 5 期。

孙兆华、王子今：《里耶秦简牍户籍文书妻从夫姓蠡测》，《中国人民大学学报》2018 年第 3 期。

孙振涛：《巫文化视角下的唐诗"竹"意象考》，《世界竹藤通讯》2018 年第 2 期。

谭群、邓攀：《向深处开掘、向高处攀登——2018 年湖南儿童文学概述》，湖南少年儿童出版社内部供稿，2019 年 5 月 5 日。

谭志满、谭晓宇：《苗族杀猪还愿仪式的宗教内涵与文化意义——以湘西山江毛都塘村田野调查为例》，《宗教学研究》2018 年第 3 期。

汤浩：《凝士以礼：理学导向下的湘军"节制"机制分析》，《湖南大学学报》（社会科学版）2018 年第 2 期。

唐海花：《从馆藏文献看湖湘文化对洋务运动的影响——以长沙博物馆藏〈皇朝经世文编〉〈海国图志〉为起点》，《文物天地》2018 年第 3 期。

唐海欧、周争蔚、廖玉美：《益阳民俗体育"虾子起拱"的历史嬗变与价值》，《城市学刊》2018 年第 4 期。

唐文滔：《论湖南花鼓戏〈洗菜心〉的艺术及演唱特征》，《湘南学院学报》2018 年第 1 期。

唐亚新：《给湖湘文化插上互联网翅膀》，《湖南日报》2018 年 8 月 20

日，第 5 版。

唐正芒、王昕伟：《毛泽东日常口头谈话中的人民战争思想解读——以新民主主义革命时期为主要研究范畴》，《延安大学学报》（社会科学版）2018 年第 6 期。

唐正芒、张春丽：《毛泽东日常谈话中的林业生态思想解读》，《毛泽东研究》2018 年第 2 期。

陶富源：《〈实践论〉〈矛盾论〉的深远指导意义》，《江淮论坛》2018 年第 3 期。

陶新华：《走马楼吴简所见百姓对政府租税的直接逋欠》，《中国社会经济史研究》2018 年第 4 期。

滕琪：《"南北殊派本代兴"——何绍基碑学书论中的苏、黄影响》，《中国书法》2018 年第 2 期。

田丰：《王船山"四圣一揆"思想的诠释学解读》，《陕西师范大学学报》（哲学社会科学版）2018 年第 4 期。

田浩：《朱熹与张栻、吕祖谦互动述略》，《湖南大学学报》（社会科学版）2018 年第 1 期。

田景正、张宁惠、汪丹丹：《徐特立教学思想特色分析》，《教育文化论坛》2018 年第 2 期。

田小玲：《湖南的汉学教育与近代学风的嬗变——以张舜徽道家思想为中心》，《普洱学院学报》2018 年第 6 期。

田瑶、曾满林：《新媒体时代衡阳民俗文化的传播策略》，《新闻研究导刊》2018 年第 18 期。

万里：《周敦颐与佛教关系再考证》，《船山学刊》2018 年第 1 期。

汪逸：《论蔡和森〈中国共产党史的发展（提纲）〉对中共党史学的贡献》，《合肥师范学院学报》2018 年第 1 期。

王病除著，秦仪整理《论"湘学"》，《湖南科技学院学报》2018 年第 8 期。

王朝辉：《王夫之的德育思想探析》，《中外企业家》2018 年第 8 期。

王方领：《左宗棠治水论析——基于〈光绪朝硃批奏折〉的考察》，《唐山师范学院学报》2018 年第 2 期。

王改彦：《建国初期毛泽东反贫困思想——对新时代精准扶贫工作的启

示》，《陕西学前师范学院学报》2018 年第 12 期。

王红、陈沛琦：《侗族古歌中的生死观研究》，《艺苑》2018 年第 6 期。

王泓：《左宗棠家风：内容、体系与价值》，《学术交流》2018 年第 4 期。

王惠荣：《略论道光朝京师学者的学术交游——以魏源和曾国藩为例》，《安徽史学》2018 年第 5 期。

王纪鹏：《遵义会议与毛泽东在党内领导地位的确立》，《西部学刊》2018 年第 4 期。

王娇：《近代湖南佛教文化复兴研究》，硕士学位论文，山东师范大学，2018。

王锦强：《湖南湘绣：飞针走线绘形神》，《收藏界》2018 年第 6 期。

王凯丽：《历史与记忆——近代湖湘文化再思考》，《中国民族博览》2018 年第 1 期。

王蕾：《从阎真小说看中国传统"知行观"对当代知识分子的影响》，《中国文学研究》2018 年第 2 期。

王澧华：《李元度佚文〈翁君（学本）神道碑铭〉辑考》，《湘学研究》2018 年下辑（总第 12 辑），湖南人民出版社，2018。

王立新：《胡安国两弟考述》，《船山学刊》2018 年第 1 期。

王立新：《隐山何来与胡安国衬墓者何人》，《湖南科技学院学报》2018 年第 8 期。

王亮：《浅谈洞庭湖区民歌民俗旅游经济开发研究》，《黄河之声》2018 年第 2 期。

王露：《任弼时家风的重要价值与现实启示》，《湖南广播电视大学学报》2018 年第 1 期。

王明洋：《试论罗荣桓政治工作思想对高校思想政治教育的启示》，《长沙航空职业技术学院学报》2018 年第 2 期。

王平：《民俗信仰中的图式遗存——湖南民间木刻纸马现状评析》，《艺术教育》2018 年第 1 期。

王全志：《王兴国与船山学的不解之缘》，《湖南科技学院学报》2018 年第 12 期。

王生云、周群芳：《儒家经典之诠释与捍卫——以王夫之乾坤并建易学为例》，《船山学刊》2018 年第 6 期。

　　王帅：《新时期以来湖南诗歌的巫性审美特征》，硕士学位论文，湖南理工学院，2018。

　　王朔：《东汉县廷行政运作的过程和模式——以长沙五一广场东汉简为中心》，《华中师范大学学报》（人文社会科学版）2018 年第 6 期。

　　王晚霞：《濂溪学在朝鲜半岛的传播与影响》，《河南师范大学学报》2018 年第 1 期。

　　王薇、谢一槐：《家具创新设计中湖湘文化元素的融入研究》，《大众文艺》2018 年第 4 期。

　　王锡财：《刘少奇对党建理论的丰富》，《湖南日报》2018 年 12 月 1 日。

　　王祥：《毛泽东宗教思想及其当代启示》，《科学与无神论》2018 年第 5 期。

　　王向清：《王闿运获"名满天下、谤满天下"的矛盾评价探微》，《湖南大学学报》（社会科学版）2018 年第 2 期。

　　王向清：《王闿运紧张人生解读》，《湖湘论坛》2018 年第 4 期。

　　王晓天：《郭嵩焘〈送葆刺史亨移守常德〉诗二首考析——常德诗墙碑刻诗释疑一则》，《武陵学刊》2018 年第 2 期。

　　王晓天：《郭嵩焘新化行吟考——道光、咸丰间郭嵩焘的两次新化之行》，《船山学刊》2018 年第 2 期。

　　王兴国：《两个遗民典范：释大错与王船山》，《船山学刊》2018 年第 3 期。

　　王兴伊：《张家界古人堤出土木牍"治赤谷方"源自西域乌孙考》，《图书馆杂志》2018 年第 10 期。

　　王勇：《里耶秦简所见秦迁陵县粮食支出机构的权责》，《中国农史》2018 年第 4 期。

　　王玉强：《刘少奇〈论共产党员的修养〉创作原因研究》，《党的文献》2018 年第 1 期。

　　王园红：《秦简〈仓律〉集释及相关问题研究》，硕士学位论文，湖南大学，2018。

　　王月琴、夏从亚：《新民主主义革命时期毛泽东社会心理建设思想及其当代启示》，《毛泽东思想研究》2018 年第 6 期。

王赟鹏：《新中国成立前夕毛泽东中国经济复兴思想探析》，《毛泽东研究》2018年第1期。

王泽应：《船山的文化自觉、文化自信和文化自强精神论》，《中原文化研究》2018年第5期。

王志力：《论毛泽东在遵义会议核心领导地位的确定》，《党史博采（下）》2018年第10期。

王志丽：《湖南城步苗族山歌研究》，《艺术评鉴》2018年第13期。

王志丽：《湖南城步苗族婚嫁歌曲的音乐特征及文化内涵》，《艺术评鉴》2018年第14期。

王子今：《里耶秦简"邮利足"考》，《首都师范大学学报》（社会科学版）2018年第2期。

魏饴：《史前"人文洞庭"与地方院校"以文化人"新探》，《武陵学刊》2018年第4期。

魏义霞：《论谭嗣同的专业教育思想》，《理论与现代化》2018年第3期。

魏义霞：《谭嗣同视界中的教学关系》，《燕山大学学报》（哲学社会科学版）2018年第4期。

温俊萍：《岳麓书院藏秦简〈质日〉研究综述》，《简牍学研究》2018年。

文静：《刘少奇党建思想研究》，硕士学位论文，贵州大学，2018。

文巧凤：《论湖南风俗民歌——以婚丧嫁娶民歌为例》，硕士学位论文，湖南师范大学，2018。

文霞：《秦简所见"敖童"再探》，《石家庄学院学报》2018年第2期。

邬移生：《湖湘文化蕴含的社会主义核心价值观教育的当代价值》，《科教导刊（下旬）》2018年第11期。

吴方基：《里耶秦简"付受"与地方国有财物流转运营》，《中华文化论坛》2018年第4期。

吴戬：《贺麟思想建构中的船山学渊源》，《衡阳师范学院学报》2018年第2期。

吴戬：《试论王夫之对熊十力思想的影响》，《衡阳师范学院学报》2018年第5期。

吴金明：《近期考古遗存视域下的湖湘文化地位辨正》，《船山学刊》2018 年第 3 期。

吴武英：《湖湘文化融入高职思政课教学探析》，《当代教育实践与教学研究》2018 年第 5 期。

吴仰湘：《"纵横计不就"：王闿运光绪四年"出山入川"发微》，《湖南大学学报》（社会科学版）2018 年第 2 期。

吴桢婧：《"霸蛮"：湖湘文化高度自信的独特标识》，《吉首大学学报》2018 年第 2 期。

吴正锋：《论现代湘籍作家与湖湘文化精神的关系》，《江汉论坛》2018 年第 7 期。

伍春辉：《徐特立教育理念与思想史论》，《求索》2018 年第 6 期。

伍妍、陈杉：《瑶族雷神形象的演变及其文化意蕴》，《中华文化论坛》2018 年第 1 期。

武端利：《民初总理人选的博弈——熊希龄任北洋总理前赴京面商袁世凯一事考论》，《社会科学论坛》2018 年第 4 期。

夏剑钦编撰《刘善涵年表》，《湘学研究》2018 年上辑（总第 11 辑），湖南人民出版社，2018。

夏金凤：《湖湘文化在陶瓷产品设计中的运用及其存在的问题与对策探析》，《美与时代（上）》2018 年第 2 期。

夏蓉：《戴嘉猷永州诗刻考述》，《湖南科技学院学报》2018 年第 2 期。

夏雨雨：《口述历史人物访谈工作实践——以湖南图书馆抗战老兵口述历史工作为例》，《图书馆》2018 年第 3 期。

夏中义：《从"白石诗草"看齐白石"诗画同源"——兼谈艺术史的"百年公论"》，《文艺研究》2018 年第 12 期。

向彪：《大西洞后洞的发现及其意义》，《怀化学院学报》2018 年第 8 期。

向怀安：《文化空间视阈下土家族梯玛文化传承研究——以湘西龙山县双坪村为个案》，硕士学位论文，湖北民族学院，2018。

向吉发：《"边城"裂缝：幻境与幻境解体——论沈从文的〈边城〉》，《扬州教育学院学报》2018 年第 12 期。

向娟：《坚守诗歌的另一种语境——梁尔源诗歌短评》，《文艺报》2018

年 3 月 30 日。

肖剑：《名家评刘鸿洲的绘画艺术》，《文艺生活（艺术中国）》2018 年第 11 期。

肖剑平、陈元桂：《论王船山德育思想及其当代价值》，《衡阳师范学院学报》2018 年第 5 期。

肖莉：《周敦颐的人格心理思想及其现代启示》，《江西社会科学》2012 年第 8 期。

肖如平、周志永：《从同僚到臣僚：谭延闿与蒋介石关系的演变（1926—1930）》，《民国档案》2018 年第 4 期。

肖三喜：《〈九成宫醴泉铭〉中笔画异化现象探析》，《中国书法》2018 年第 18 期。

肖伟：《弦歌不断 薪火相传——湖南通道侗族芦笙传承研究》，《贵州民族研究》2018 年第 2 期。

肖永明：《事实与建构："朱张会讲"叙述方式的演变》，《湖南大学学报》（社会科学版）2018 年第 1 期。

肖宗志：《杨载福研究的"后顾"与"前瞻"——兼与彭玉麟研究比较》，《船山学刊》2018 年第 6 期。

谢芳：《王船山货币伦理思想探微》，《湘潭大学学报》（哲学社会科学版）2018 年第 5 期。

谢凤飞：《张栻知静江府的心态观察与视像重构》，《桂林师范高等专科学校学报》2018 年第 6 期。

谢坤：《里耶秦简牍缀合八组》，《文献》2018 年第 3 期。

谢奇勇：《黎锦熙语文教育思想与"湘派语文"的打造》，《湖南第一师范学院学报》2018 年第 2 期。

谢卓芝：《刘少奇领导安源工人运动的方法策略及历史贡献——纪念刘少奇同志诞辰 120 周年》，《中国劳动关系学院学报》2018 年第 6 期。

熊敏秀、汤凌云：《胡宏"儒佛之辨"今辨》，《湖湘论坛》2018 年第 5 期。

熊焰：《论开启近代中国两次先风的思想家魏源》，《邵阳学院学报》（社会科学版）2018 年第 2 期。

胥紫翼：《〈岳麓书院藏秦简〉（壹—肆）字形与音义关系研究》，硕士学位论文，湖南大学，2018。

徐畅：《长沙走马楼三国吴简基本性质研究平议》，《出土文献》第 12 辑，中西书局，2018。

徐静波：《宋教仁的东京岁月及其所交往的日本人》，《汕头大学学报》（人文社会科学版）2018 年第 2 期。

徐克勤：《湖南推进宗教中国化的实践探索》，《中国宗教》2018 年第 8 期。

徐伟乐：《浅谈毛泽东军事思想在转战陕北过程中的丰富与发展——以三战三捷为例》，《延安日报》2018 年 1 月 4 日。

徐艳红、肖宗志：《弘扬湖湘精神　建设文化强省》，《湖南日报》2018 年 10 月 23 日，第 14 版。

徐益、翟婧媛：《地方原始剧种梅山傩戏的生存状况调查——以湖南新化田坪镇麻水塘村阳全宝坛班为例》，《湖南包装》2018 年第 4 期。

徐永东：《刘长卿湖湘诗略论》，《湘南学院学报》2018 年第 6 期。

许家星：《朱、张思想异同及理学演变——〈癸巳论语说〉之辩与〈四库提要〉之误》，《哲学研究》2018 年第 8 期。

许顺富：《毛泽东与五四时期湖南的新文化运动》，《衡阳师范学院学报》2018 年第 5 期。

薛涵：《山东抗日根据地成立初期罗荣桓的补偏救弊》，《泰山学院学报》2018 年第 5 期。

鄢海亮：《毛泽东〈论持久战〉版本研究》，《抗日战争研究》2018 年第 3 期。

闫冰、李淑贤：《熊希龄的儿童教育观》，《内蒙古师范大学学报》（教育科学版）2018 年第 9 期。

颜春英：《湖湘民俗文化对大筒艺术的发展与创新研究》，《文学教育（上）》2018 年第 4 期。

颜春英：《浅谈湖湘民俗文化对湖南花鼓戏的影响——评〈非遗保护与湖南花鼓戏研究〉》，《中国教育学刊》2018 年第 9 期。

晏诗洁、张微：《湖湘文化融入英语教学提升湖南文化软实力》，《文化创新比较研究》2018 年第 21 期。

阳赛玉：《湖南新化传统音乐融入旅游景区的策略初探》，《艺术科技》

2018 年第 8 期。

阳勇、楚艳辉：《贺龙与十万坪大捷》，《遵义师范学院学报》2018 年第 4 期。

杨超、罗金良：《世界哲学大会"纪念王船山圆桌会议"系列专题综述》，《船山学刊》2018 年第 5 期。

杨芬：《读长沙走马楼三国吴简札记三则》，《简牍学研究》2018 年。

杨国宜：《张浚、张栻的生平、学派和思想特点》，《南昌大学学报》（人文社会科学版）2018 年第 4 期。

杨海贵：《论贺龙寻找中国共产党的三次思想推动》，《江西科技师范大学学报》2018 年第 5 期。

杨宏雨、严哲文：《〈论联合政府〉：毛泽东对中国现代化的首次全方位设计》，《学术界》（月刊）2018 年第 12 期。

杨婧：《论左宗棠的军事体育思想》，《当代体育科技》2018 年第 12 期。

杨乔：《魏光焘对近代教育的贡献》，《湖湘论坛》2018 年第 5 期。

杨世文：《张栻教育哲学论略——以明伦教育为核心》，《江苏科技大学学报》（社会科学版）2018 年第 4 期。

杨肖：《中西会通的探索——论杨刚绘画创作》，《美术》2018 年第 10 期。

杨小明、庞雪晨：《论郭嵩焘与近代天文算学教育的引入》，《自然辩证法通讯》2018 年第 12 期。

杨英伟：《论周敦颐生态伦理思想的现代意义》，《中南林业科技大学学报》（社会科学版）2018 年第 3 期。

杨振庭、赵娜：《论许光达在晋西北抗战的贡献》，《党史博采》（理论）2018 年第 1 期。

杨铮铮：《略论王夫之的义利观》，《湖南科技学院学报》2018 年第 6 期。

杨芷萱：《晚清洋务运动中张之洞、左宗棠的"富国强兵"之策》，《文教资料》2018 年第 18 期。

杨志强：《刘少奇对毛泽东党内核心领导地位确立的贡献》，《毛泽东研究》2018 年第 5 期。

杨柱才：《周濂溪的著作和他的思想》，《湖南科技学院学报》2018 年第 4 期。

尧育飞：《藏书家叶启勋所用纸笺及其生活变迁》，《公共图书馆》2018 年第 1 期。

姚广利：《毛泽东的领袖魅力论析》，《天中学刊》2018 年第 6 期。

伊强：《长沙五一广场东汉简牍中的"例"及相关职官问题初论》，《简帛》第 16 辑，上海古籍出版社，2018。

易蕾：《湖南文学作品的湖湘文化背景及文化精神探索》，《文学教育》2018 年第 1 期。

易子薇：《陈凤梧月岩、浯溪诗刻及其在湖南的行迹》，《湖南科技学院学报》2018 年第 1 期。

尹虹、朱永华、彭艺：《发展湖湘文化须坚定正确的价值选择》，《湖南日报》2018 年 9 月 10 日，第 8 版。

尹同君、于斌：《罗荣桓政治工作方法和艺术》，《中国领导科学》2018 年第 6 期。

于安龙：《毛泽东对遵义会议的历史贡献》，《临沂大学学报》2018 年第 4 期。

于祥成：《论清代湖南乡村书院的社会教化》，《湖南大学学报》（社会科学版）2018 年第 4 期。

于振波：《岳麓书院藏秦简始皇禁伐树木诏考异》，《湖南大学学报》（社会科学版）2018 年第 3 期。

余津铭：《里耶秦简"续食简"研究》，《简帛》第 16 辑，上海古籍出版社，2018。

余文娟、颜水生：《评韩少功研究资料（增补本）》，《学术评论》2018 年第 10 期。

余志超：《湘西道教解冤释结科仪及其功能研究》，硕士学位论文，吉首大学，2018。

庾伟：《基于湖湘文化背景的湖南高职院校教育教学研究》，《大众文艺》2018 年第 10 期。

张艾琪：《漆器工艺在"御品梅山"黑茶包装设计中的应用研究》，硕士学位论文，湖南工业大学，2018。

张超：《刘少奇对马克思主义党建理论中国化的贡献》，《学习时报》2018 年 8 月 27 日。

张春龙、杨先云：《湖南张家界市古人堤汉简释文补正续（上）》，《简牍学研究》2018 年。

张春秋：《魏晋玄学与王夫之儿童美育思想比较研究》，硕士学位论文，淮北师范大学，2018。

张春新：《陈少梅艺术概观》，《美术观察》2018 年第 10 期。

张丰乾：《"通"的哲学——周敦颐的思与行》，《船山学刊》2018 年第 5 期。

张枫林：《王夫之生态哲学思想体系的阐释》，《自然辩证法研究》2018 年第 11 期。

张官妹：《濂溪学"君子"内涵及现实意义》，《湖南科技学院学报》2018 年第 7 期。

张光俊：《湖南滩头年画的艺术特色》，《美术》2018 年第 8 期。

张恒烟：《曾熙尺牍书法管窥》，《书法》2018 年第 9 期。

张恒艳：《陶铸的高等教育思想探析》，《党史博采》2018 年第 6 期。

张红颖、张宗登：《年味中的女红艺术——湖南安仁"元宵米塑"的文化表征与价值诠释》，《南京艺术学院学报（美术与设计）》2018 年第 5 期。

张继驰：《瑶族星斗崇拜及其文化特质探析》，《世界宗教文化》2018 年第 3 期。

张建军：《智均力敌——虞世南〈贤兄帖〉〈去月帖〉、欧阳询〈脚气帖〉赏析》，《书法赏评》2018 年第 6 期。

张杰：《蔡和森对中国马克思主义史学的奠基性理论贡献》，《史学理论研究》2018 年第 3 期。

《长沙抢米风潮史料四则》，张金艳译，牛桂晓校，《湘学研究》2018 年下辑（总第 12 辑），湖南人民出版社，2018。

张京华：《理学是一个历史形态》，《湖南科技学院学报》2018 年第 4 期。

张京华：《濂溪理学的哲学意蕴》，《湖南社会科学》2018 年第 1 期。

张君昱、温子怡、单婉茹、石磐、闻字文：《侗族大歌保护与传承的路径及思考——以湖南怀化通道地区为例》，《视听》2018 年第 1 期。

张立群：《"丁玲传"的历史与现实——兼及现代作家传记写作的若干问题》，《人文杂志》2018 年第 10 期。

张良田、陈敏华：《秉承湖湘风范，打造"湘派语文"——访湖南省中语会理事长张良田》，《湖南教育》2018 年第 12 期。

张琳：《老司城民间信仰表现形态及价值研究》，硕士学位论文，吉首大学，2018。

张孟孟：《中华人民共和国成立后毛泽东外交思想的目标、实践和特点》，《世纪桥》2018 年第 8 期。

张曦元：《湖南花鼓戏与现代音响设计的碰撞与磨合》，《艺海》2018 年第 12 期。

张晓宇、李小毛：《浅谈利用湘西民间美术资源构建师范专业美术特色课堂》，《美术教育研究》2018 年第 18 期。

张秀：《基于〈论十大关系〉中毛泽东经济思想对当今市场经济的几点思考》，《经济研究导刊》2018 年第 4 期。

张玉山、杨灿、刘芳芳：《长沙窑陶瓷雕塑狮子浅析》，《美术观察》2018 年第 6 期。

张昭祥：《"吾随物性"的修复理念与实践——以何绍基"尚有要作"七言联的修复为例》，《中国书画》2018 年第 12 期。

张智炳：《礼学经世：从京师到地方的视角转换——曾国藩学术思想补说》，《都市文化研究》2018 年第 2 期。

章林、梁尚华：《"十大关系"与新时代中国社会的发展——重读毛泽东〈论十大关系〉》，《云南社会主义学院学报》2018 年第 4 期。

章士钊著，秦仪整理《湘学概略》，《湖南科技学院学报》2018 年第 8 期。

赵承凤：《传承红色基因　弘扬济南战役精神——兼谈济南战役中毛泽东军事思想和〈孙子兵法〉的运用》，《孙子研究》2018 年第 4 期。

赵福超：《毛泽东在遵义会议前后的军事思想分析》，《吉首大学学报》（社会科学版）2018 年第 3 期。

赵晶、陈晓玲：《管窥民国时期（1912—1949 年）湖湘服饰文化的变迁》，《湖南工程学院学报》（社会科学版）2018 年第 3 期。

赵全：《理学与佛老渊源管窥——以〈太极图说〉为例》，《淮北职业技术学院学报》2018 年第 2 期。

赵维玺、侯育婧：《防范保全和均利：魏光焘与中法云南矿务交涉》，《曲靖师范学院学报》2018 年第 5 期。

赵维玺：《魏光焘抚新刍议》，《西北民族论丛》第 16 辑，社会科学文献出版社，2018。

赵维玺：《左宗棠参劾林寿图案考论》，《暨南学报》（哲学社会科学版）2018 年第 8 期。

赵维玺：《左宗棠与吉尔洪额、金顺互控案考》，《西域研究》2018 年第 1 期。

赵炜：《红军长征与毛泽东领导核心地位的逐步确立》，《中国延安干部学院学报》2018 年第 1 期。

赵勇：《论湖湘文化的独特品质》，《传播力研究》2018 年第 9 期。

珍荷：《陈少梅　当代唐伯虎》，《中国拍卖》2018 年第 1 期。

郑佳明：《晚清大战略中的曾国藩》，《湘学研究》2018 年第 1 期。

郑林华：《一生以学术报国为追求的杨树达》，《湘潮》2018 年第 9 期。

郑任钊：《魏源"别开闿域"的公羊学》，《湖南大学学报》（社会科学版）2018 年第 5 期。

郑毅：《自然与人关系中的价值追求——以金岳霖哲学思想为中心》，《南京航空航天大学学报》（社会科学版）2018 年第 4 期。

钟姝娟：《胡林翼友朋手札十四通》，《文献》2018 年第 3 期。

周兵：《毛泽东对新中国农垦事业的三大贡献》，《湘潭大学学报》（哲学社会科学版）2018 年第 6 期。

周飞战：《感性、理性与悟性——谈怀素的狂草书法创作》，《美与时代（下）》2018 年第 10 期。

周海生：《论曾国藩政治规矩的生成机制》，《湖南人文科技学院学报》2018 年第 1 期。

周厚东：《从〈离骚〉看屈原的情感世界》，《中学语文教学参考》2018 年第 36 期。

周会凌：《"乡绅形象"的正面铸就与"乡土中国"的文化沉思——论陶少鸿长篇小说〈百年不孤〉》，《湖南工业大学学报》（社会科学版）2018 年第 2 期。

周健：《改折与海运：胡林翼改革与 19 世纪后半期的湖北漕务》，《清史研究》2018 年第 1 期。

周乐：《浅议湘西土家族摆手舞的文化形态和艺术特征》，《黄河之声》2018 年第 23 期。

周妙：《湖南花瑶舞蹈特征及其民俗生态文化研究》，《当代音乐》2018 年第 5 期。

周玮：《湖湘文化融入高校社会主义核心价值观教育的方法与路径研究》，《改革与开放》2018 年第 6 期。

周昕、陈安民：《周敦颐道德教育思想及现代价值》，《中南林业科技大学学报》（社会科学版）2010 年第 3 期。

周雪婷、徐俊：《〈边城〉译介中的叙事建构研究》，《牡丹江大学学报》2018 年第 12 期。

周亚平：《唐群英的湘女气质与湘学精神特质》，《湖南科技学院学报》2018 年第 6 期。

周延飞：《毛泽东人民经济思想研究》，《中共成都市委党校学报》2018 年第 5 期。

周志永：《谭延闿与济南惨案中的对日政策研究》，《党史研究与教学》2018 年第 5 期。

朱德贵、齐丹丹：《岳麓秦简律令文书所见借贷关系探讨》，《史学集刊》2018 年第 2 期。

朱德贵：《岳麓秦简课役年龄中的几个问题》，《简牍学研究》2018 年。

朱迪光：《20 世纪马克思主义视阈下船山学研究的汇集与创新——萧萐父、许苏民〈王夫之评传〉研究》，《船山学刊》2018 年第 1 期。

朱汉民、杨超：《船山于朱子、阳明"知行之辩"互斥模式之解构》，《湖南大学学报》（社会科学版）2018 年第 6 期。

朱汉民：《湖湘学人对周敦颐的历史记忆与文化诠释》，《湖南科技学院学报》2018 年第 4 期。

朱汉民：《湘学学统与岳麓书院》，《孔学堂》2018 年第 2 期。

朱皓轩：《〈永顺土司金石录〉史料类型与价值初探》，《黔南民族师范学院学报》2018 年第 5 期。

朱继东：《〈共产党人〉发刊词：毛泽东党建思想的经典文献》，《党建》2018 年第 2 期。

朱圣明：《秦代地方官员的文书传递职权——以里耶秦简异地同级文书为中心的考察》，《南都学坛》2018 年第 1 期。

朱薇：《任弼时对毛泽东党内核心地位确立的历史贡献》，《党的文献》2018 年第 4 期。

朱咏北：《当下湖南花鼓戏传承的主要问题与发展思路》，《当代音乐》2018 年第 12 期。

朱与墨：《城南书院涵养的社会主义核心价值观论略》，《城市学刊》2018 年第 3 期。

宗乐：《〈深山茆屋〉山水挂盘赏析》，《陶瓷科学与艺术》2018 年第 10 期。

邹啸宇：《义利互斥，还是义利交融——张栻义利之辨重探》，《道德与文明》2018 年第 5 期。

邹旭：《屈原文化与湖湘文化的内在逻辑探究》，《湖南工业职业技术学院学报》2018 年第 4 期。

左宗棠著，杨锡贵整理《楚军营制》，《湘学研究》2018 年上辑（总第 11 辑），湖南人民出版社，2018。

后 记

湘学研究院自2012年成立以来，即组织团队编纂《湘学年鉴》；2016年将《湘学年鉴》改版为《湘学研究报告》。当年编纂的研究报告反映上年度湘学研究相关成果状况、特征、意义及需要加强研究的问题等，以利于研究者更加全面、准确地把握湘学研究动态，从而更好地为湘学研究服务。

以前的湘学研究年度报告书名体现的是上年度的年份，为与研究报告体例及书名格式相符合，从今年开始，书名即体现本年度年份，因此，本书为《湘学研究报告（2019）》。各章编纂者依次为：

第一章：毛健；

第二章第一、二节，第三章第四节：彭秋归；

第二章第三节，第三章第一、二、三节：李斌；

第四章：杨斌；

第五章：杨乔；

第六章：郭钦；

第七章：马延炜；

"湘学研究基地及成果"：钟兴永、周星林、易永卿、李国春、雷昌仁；

附录其余部分：李超。

全书由刘建武、贺培育、李斌统审。

由于编者水平有限，也因资料收集的局限，疏漏及不当之处在所难免，敬请学界同人和广大读者不吝赐正，为今后《湘学研究报告》的编纂工作提出宝贵建议。

编写组

2019 年 8 月 22 日

图书在版编目（CIP）数据

湘学研究报告. 2019 / 贺培育主编. —— 北京：社
会科学文献出版社，2020.7
ISBN 978 - 7 - 5201 - 6516 - 7

Ⅰ.①湘…　Ⅱ.①贺…　Ⅲ.①学术思想 - 思想史 - 研
究报告 - 湖南 - 2019　Ⅳ.①B2

中国版本图书馆 CIP 数据核字（2020）第 059737 号

湘学研究报告（2019）

主　　编／贺培育

出 版 人／谢寿光
责任编辑／周雪林
文稿编辑／汪延平

出　　版／社会科学文献出版社·城市和绿色发展分社（010）59367143
　　　　　　地址：北京市北三环中路甲 29 号院华龙大厦　邮编：100029
　　　　　　网址：www. ssap. com. cn
发　　行／市场营销中心（010）59367081　59367083
印　　装／三河市尚艺印装有限公司

规　　格／开 本：787mm × 1092mm　1/16
　　　　　　印 张：17.25　字 数：283 千字
版　　次／2020 年 7 月第 1 版　2020 年 7 月第 1 次印刷
书　　号／ISBN 978 - 7 - 5201 - 6516 - 7
定　　价／88.00 元